光绪二十九年（1903），六合创始人张澜先生（三排右一）、盛克勤先生（三排右四）赴日本留学前与老师和留日同学合影

2012 年 3 月 31 日，全国人大常委会副委员长、民盟中央主席蒋树声（右二），市委书记刘宏建（右一）为《张澜画传》首发仪式揭幕。揭幕真丝红绸由六合集团特制

2010 年 5 月 6 日，全国政协副主席、民盟中央第一副主席张梅颖（右一），民盟中央副主席、省政协副主席、民盟四川省委主委吴正德（右二），市委书记刘宏建（左二），市政协主席杜光辉（左一）为张澜铜像揭幕。揭幕真丝红绸由六合集团特制

领导关怀

2002年6月13日，省委书记周永康（前排右），省委副书记、副省长蒋巨峰（二排左一）在六合集团董事长、总经理胡光明（前排左）陪同下到企业调研

六合集团志

张梅颖

1912~2011

四川南充六合（集团）有限责任公司 编

光明日报出版社

图书在版编目（CIP）数据

六合集团志：1912~2011 / 四川南充六合（集团）有限责任公司编.
–北京：光明日报出版社，2012.11

ISBN 978–7–5112–3506–0

Ⅰ.①六…　Ⅱ.①四…　Ⅲ.①丝绸工业–工业企业–企业集团–概况–南充市–1912~2011　Ⅳ.①F426.81

中国版本图书馆 CIP 数据核字（2012）第 271285 号

六合集团志：1912~2011

编　　者：四川南充六合（集团）有限责任公司

出 版 人：朱　庆　　　终 审 人：孙献涛
责任编辑：曹　杨　　　设计制作：力扬文化
责任校对：傅泉泽　　　责任印制：曹　净

出版发行：光明日报出版社
地　　址：北京市东城区珠市口东大街 5 号，100062
电　　话：010–67078258（咨询），67078870（发行），67078235（邮购）
传　　真：010–67078227，67078255
网　　址：http://book.gmw.cn
E – mail：gmcbs@gmw.cn　caoyang@gmw.cn
法律顾问：北京市洪范广住律师事务所徐波律师

ISBN 978-7-5112-3506-0

印　　刷：成都蓉军广告印务有限公司
装　　订：成都蓉军广告印务有限公司
本书如有破损、缺页、装订错误，请与本社发行部联系调换

开　本：787×1092 毫米　1/16
字　数：275 千字　　　印　张：11
版　次：2012 年 11 月第 1 版　　　印　次：2012 年 11 月第 1 次印刷
书　号：ISBN 978–7–5112–3506–0
定　价：268.00 元

1996 年 5 月 31 日，省委书记谢世杰（左三）在市委书记李正培（左二）陪同下到企业调研

2007 年 10 月 17 日，国家发改委副主任欧新黔（左二）在市长高先海（左三），六合集团董事长、总经理任立荣（左一）陪同下到企业调研

2006 年 6 月 28 日，省委书记张学忠（左二），省长张中伟（左一）在市委书记王宁（左三），六合集团董事长、总经理任立荣（左四）陪同下到企业调研

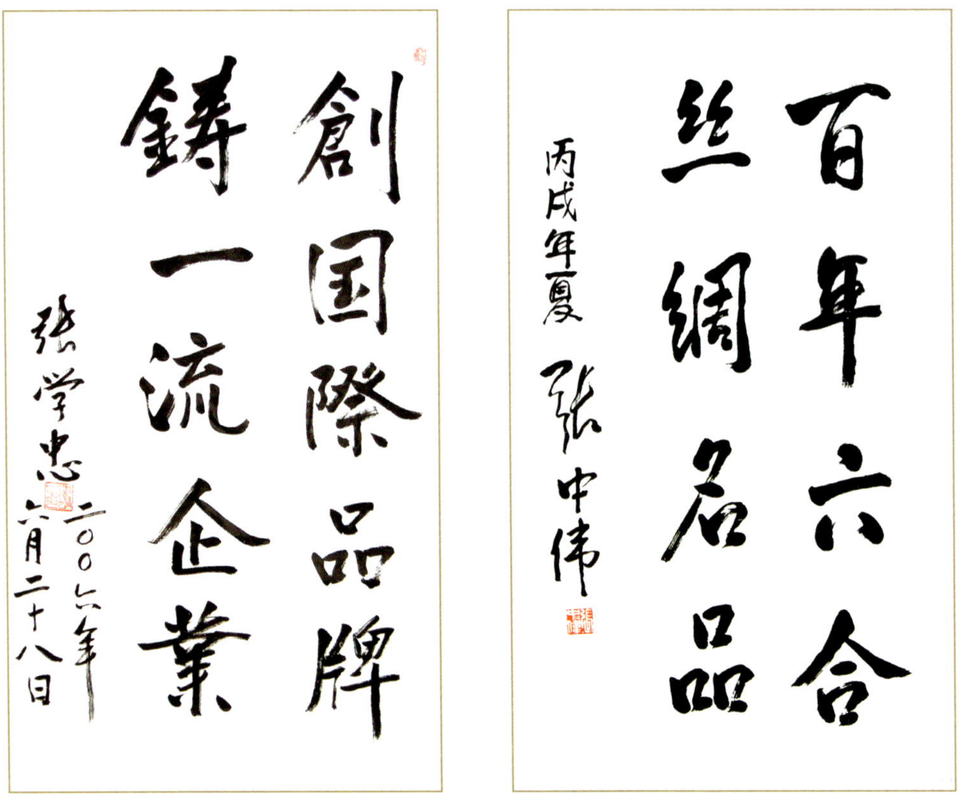

2006 年 6 月，省委书记张学忠、省长张中伟为六合集团题字

2007 年 10 月 21 日，原济南军区副司令员钟声琴中将（中）到企业参观

1990 年 6 月，邓小平夫人卓琳（中）在北京中国妇女儿童用品博览会上参观南充第二丝绸厂产品

1996 年 5 月 17 日，国防科工委后勤部副政委罗箭少将（中）回到缫丝车间为缫丝工送茧

2005 年 3 月，市委书记王宁（右二）在六合集团董事长、总经理胡光明（右三）陪同下到企业调研

2009 年 5 月 5 日，市委书记刘宏建（中），副市长胡光明（左一）在六合集团董事长、总经理任立荣（右二）陪同下到企业调研

2010 年 8 月 14 日，商务部市场运行司司长、国家茧丝办主任王炳南（右二）在市委常委、市国资委党委书记冯斌（右三），六合集团董事长、总经理任立荣（右一）陪同下到企业调研

2010 年 8 月 14 日，中国丝绸协会会长弋辉（左一）在六合集团党委书记、副董事长宋立新（中）陪同下到企业调研

2012 年 7 月 5 日，中国丝绸协会会长杨永元（左二）在副市长谢和友（右三），六合集团董事长、总经理任立荣（左四）陪同下到企业调研

历史记忆

民国17年（1918）六合院

1950年四川丝业公司南充丝二厂前后大门

20 世纪 30 年代
六合丝厂选茧

20 世纪 40 年代
四川丝业公司南充丝二厂缫丝

20 世纪 40 年代四川丝业公司南充丝二厂编绞

經濟部執照

茲因何北衡等設立四川絲業股份有限公司呈請所在地主管官署登記本部查核相符合依公司法施行法第三十一條發給執照以資憑證

摘錄登記事項如左

公司名稱 四川絲業股份有限公司

所營事業 一生絲之製造及推銷事項 二蠶種之製造事項 三絲綢之染織事項 四其他與蠶絲業有關之事項

股份總銀數 國幣壹仟貳佰萬元分為拾貳萬股

每股銀數 國幣壹佰元

每股已繳銀數 繳足

本店所在地 重慶陝西路九十二號

部長 翁文灝

商業司司長

中華民國三十一年一月十三日

右給四川絲業股份有限公司收執

股份有限公司設字第七二三號

民国 31 年（1942）四川丝业股份有限公司执照

民国 36 年（1947）12 月四川丝业公司南充丝二厂全体职员合影

1952 年 2 月四川丝业公司第一期业务学习班教职员与南充丝二厂全体同学合影

1955年6月1日南充丝二厂托儿所全体儿童及保育员合影

1959年元月先进集体合影

20世纪60年代职工下班学习“老三篇”

1958年3月先进生产（工作）者合影

1977 年 3 月 17 日先进团支部合影

20 世纪 70 年代立缫车间

20 世纪 80 年代返丝车间

1950年至1983年部分厂级领导合影

1983 年 11 月南充第二丝绸厂厂级领导和中层干部合影

20 世纪 70 年代南充丝二厂女民兵小分队

1984 年 12 月 29 日南充第二丝绸厂公安科成立

20 世纪 80 年代南充第二丝绸厂在嘉陵江边开展团日活动

20 世纪 80 年代职工小乐队

20 世纪 80 年代职工拔河比赛

20 世纪 60 年代南充丝二厂前大门

20 世纪 70 年代南充丝二厂全景

20 世纪 50 年代修建的职工集体宿舍

20 世纪 80 年代职工子弟校

1986 年南充第二丝绸厂自行研制的国内第一台筒子缫丝机

20世纪80年代职工交通车

企业风貌

1994 年竣工
的职教大楼

2010年六合院

服装车间外景

剑杆织机车间外景

集团公司鹿鹤园中的南充市“十大古树名木”——百年古桑

20 世纪 30 年代植下的银杏树

自动缫车间

剑杆织机车间

电子提花织机车间

经纬车间

宽幅炼染车间

服装生产车间

经纬络丝

织绸挡车

织绸装造

织绸检验

污水处理厂

燃气锅炉

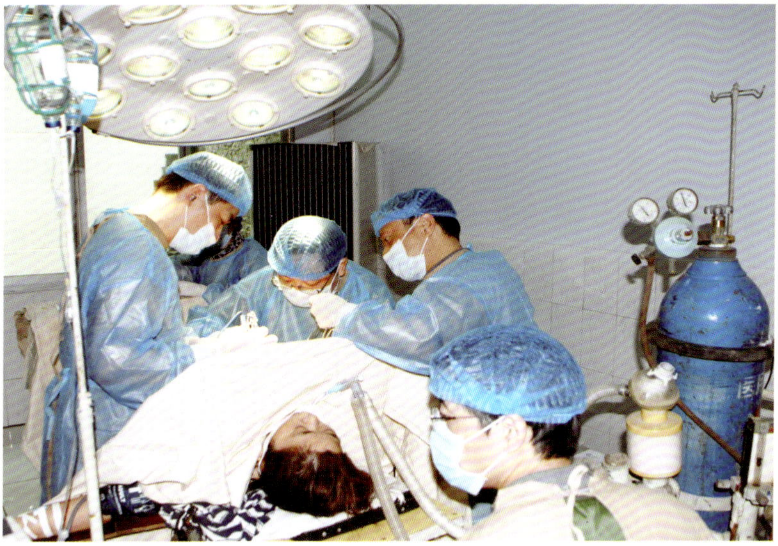

职工医院为患者做手术

职工医院住院部

职工住宅小区

党群活动

2011 年 6 月庆祝建党 90 周年重温入党誓词

2012 年 7 月组织党员参观红岩村

2009 年 3 月六合集团职工代表大会

2012 年 4 月工会工作总结表彰会

2008 年 1 月
集团公司领导慰问困难职工

2008 年集团公司职工为“5·12”汶川特大地震灾区捐款

2011 年 6 月
党建知识竞赛

职工培训

南充第二丝绸厂电视中专财会专业90届毕业留影

织绸操作技术装纡比赛

织绸挡车工修绸比赛

电工安装电器比赛

计算机文字录入比赛

织绸质量分析

质量管理培训

质量管理学习

劳模风采

第八届全国人大代表、1984年省劳动模范、全国缫丝操作能手陈明琼

1995年全国劳动模范、省缫丝操作能手罗家玉（左），全国缫丝操作能手王红（右）

2001 年全国“五一”劳动奖章获得者牵经工王秋华

2005 年四川省劳动模范织绸挡车工宋怀英

2010 年全国纺织工业劳动模范织绸挡车工张国芬

2010 年四川省劳动模范织绸挡车工王淑珍

文体活动

20 世纪 80 年代厂川剧团全体演职员合影

20 世纪 80 年代职工文艺演出

20世纪90年代职工篮球运动会

职工拔河比赛

1990 年 8 月南充首届丝绸节第二丝绸厂时装表演

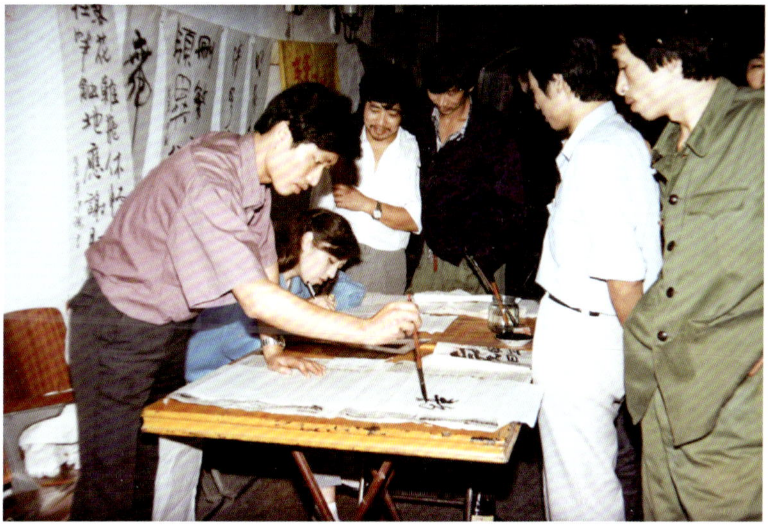

职工书法表演

2011 年 6 月中央电视台在六合院内拍摄电影《情系凌云山》

丝绸产品

20 世纪初使用的金鹿牌商标

1997 年 1 月注册的六合商标

2011 年 8 月注册的百年六合商标

真丝提花床上用品

床上用品展示厅

真丝睡衣

六合丝绸产品旗舰店

蚕丝被

真丝工艺品

真丝披肩

丝绸时装

六合丝绸
Century Liuhe

中国绸都
南充六合丝绸
The silk capital of China
Nanchong Liuhe silk

Liuhe Silk 六合丝绸
国家旅游产品定点生产企业
LIUHE
六合丝绸

六合丝绸
LIU HE
六合

南充六合服饰有限责任公司
六合
NC LIUHE GARMENT CO.,LTD

六合丝绸产品专卖店

获奖荣誉

在 1915 年巴拿马国际博览会上，果山蚕业社（六合丝厂前身）金鹿牌生丝获金质奖章。图为奖章正反面图案和中国馆全景

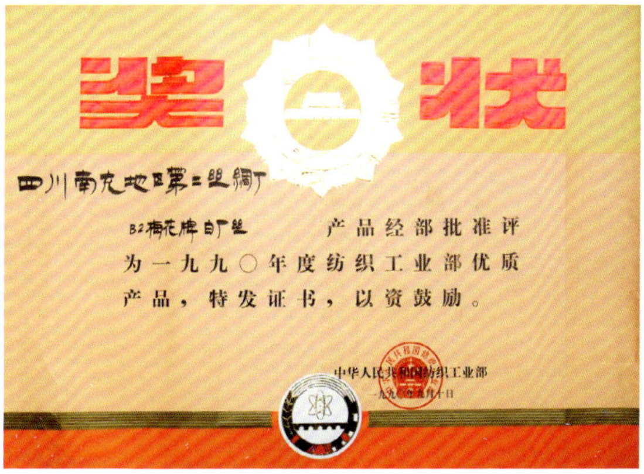

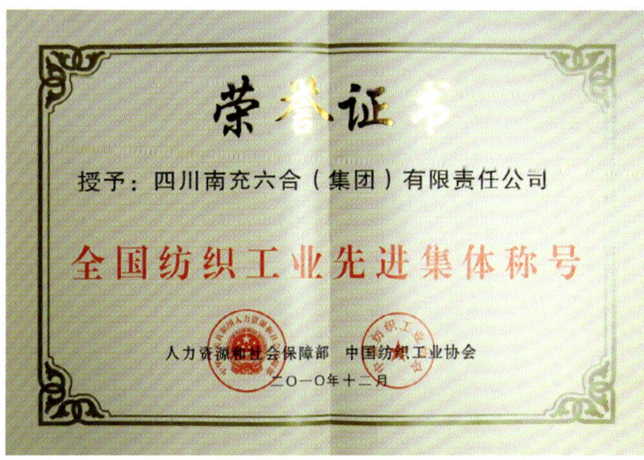

企业先后获全国、省部级荣誉50多项

2012年9月《六合集团志》评审会

2012年9月《六合集团志》编纂委员会成员与编纂办公室工作人员合影

《六合集团志》编纂委员会

（2011 年 12 月）

主　　任：任立荣

副 主 任：宋立新　黄裕君

委　　员：姚　刚　李亚波　任光明　王泽泉　陈于思

王蜀英　李永春

《六合集团志》编纂办公室

（2011 年 12 月）

主　　任：任光明

副 主 任：李永春

成　　员：蒲凌云　赵　冰

特邀主编：罗永师

图片编辑：李永春

编　　务：王　华　蒲凌云　龙建伟　赵　冰

百年丝路忆沧桑

——《六合集团志》序

绚丽的丝绸，源于中国，享誉世界，有着5000多年的悠久历史，堪称“国之瑰宝”。

南充，物华天宝，地灵人杰。据《华阳国志》记载，早在3000多年前的西周初年，这里的丝绸品就成为王室贡品，其丝绸生产历久不衰，延绵至今。被誉为“蜀中学子半门生”的著名民主人士张澜先生为南充丝绸的发展与改良立下了卓著的功劳，创立了果山蚕业社，创办了六合丝厂，亦即现在的四川南充六合（集团）有限责任公司。

百年以来，六合集团经历过旧中国民族工业之路的曲折，拥有过新中国成立之后的复兴，出现过频发政治运动冲击之下的波动，承受过经济体制转型企业改制之中的阵痛。百年六合，浸润着有志先驱的励精心血，饱含着数代员工的顽强劳作。一路之上，既有低谷艰危年代的失落和抗争，也有兴盛繁荣岁月的欢愉和振奋。六合集团的历史，可以看成是中国丝绸工业轨迹的一个精细缩影与真实写照。斗转星移，历经沧桑，现今的六合集团，已是集缫丝、织绸、炼染、服装、家纺制品、旅游产品等于一体具备完整产业链的大型综合丝绸企业，诸多产品位列国内行业前茅、畅销国际市场，利税倍增，创汇丰厚。百年老企青春焕发、活力蓬勃，成为嘉陵江畔一颗璀璨的明珠，更是中国丝绸业界一面生辉的旗帜。

六合百年，欣逢盛世。盛世修志，是为资政育人，更为感悟明志。我们要纪念那些创造奇迹的劳动者，记住他们的业绩，弘扬他们的精神，不断开创丝绸事业新局面。我们更要以史为鉴，教育后来者，发人以深思，给人以启迪，催人以奋进，为丝绸事业薪火相传续写春秋。

《六合集团志》，辛勤二载，付梓在即，匆匆披阅，感慨之情，不尽言表。

是为序。

中国丝绸协会会长

2012年9月于北京

凡　例

一、本志以马列主义、毛泽东思想、邓小平理论、“三个代表”重要思想和科学发展观为指导，坚持辩证唯物主义和历史唯物主义的观点，客观记述四川南充六合（集团）有限责任公司百年发展历史，突出企业特色和时代特点，力求思想性、科学性、资料性相统一。

二、本志记述的时间为1912年至2011年，为保持南充丝绸历史的连续性，上限适当上溯。

三、本志由志首、主体部分和志尾组成。志首设序、凡例、概述、大事记；主体部分按事以类从的原则，设企业沿革、企业生产、产品销售、企业管理、企业改革、企业文化、企业科技、生活和文化设施、支援地方经济建设、名优产品、省部级奖励、人物；志尾由附录、编后记组成。

四、本志遵循“详近略远、横分类目、竖写史实”的原则。采用述、记、志、传、图、表、录等体裁，以志为主。

五、本志采用条目体，设类目、条目、子目3个层次。全志条目统一用黑体字加【　】表示。

六、本志采用现代汉语书面语，全志用第三人称进行编纂。

七、本志数字用法、行文规则，执行《出版物上数字用法的规定》、《中华人民共和国法定计量单位》等有关国家标准和规定。

八、本志执行《中华人民共和国保密法》的有关规定。

九、本志1949年10月1日前纪年采用历史朝代纪年，括注公元纪年；1949年10月1日后采用公元纪年；世纪和年代均使用阿拉伯数字。

十、本志中使用的解放前（后）时间短语系指1949年12月10日南充县城解放前（后）。

十一、本志中的四川南充六合（集团）有限责任公司，从其前身创办到2011年，百年间变更了12次名称，部分条目附表标题统一使用六合集团称谓。

十二、本志大事记以编年体为主，辅以纪事本末体。

十三、本志人物类设人物传、人物简介、人物名录。人物传中人物遵守“生不立传”原则，立传人物按卒年排序，生卒年不祥按活动时间排序，人物简介中人物按生年排序。人物名录中人物按担任厂级领导职务或获得荣誉时间先后排序。

十四、本志使用的资料、数据取材于四川南充六合（集团）有限责任公司档案室和各处室、各生产单位；《南充蚕丝志》（1991年版）；《南充市志》（2010年版）中的（工业分志）、（桑蚕丝绸分志）。

目　录

企业沿革

企业生产

产品销售

企业管理

企业改革

企业文化

企业科技

生活和文化设施

支援地方经济建设

名优产品

省部级奖励

人　物

人物传

人物简介

人物名录

附　录

概　述

四川南充六合（集团）有限责任公司（简称六合集团），始建于民国元年（1912），位于南充市高坪区都京镇丝纺服装工业集中区（原南充县都京坝），距南充市中心城——顺庆城区10公里，离嘉陵江约1公里。历经百年，至2011年，六合集团已发展成为以缫丝、织绸、炼染为主业，丝绸产品、旅游产品为主导产品，集科研、新产品开发和对外贸易为一体、国内当前唯一具有百年历史的国有大二型丝绸生产企业。2011年，六合集团占地300亩，有员工2100多人，拥有自动缫丝机7组5440绪缫丝能力，织绸、炼染、缝纫等设备1350台（套），年产优质桑蚕丝121吨、炼白1400万米、生产交织纯真丝中高档服装面料1000万米、各类中高档服装121万套，丝绸和服装生产水平位居全国前列，是POLO、G2000、U2等国际著名品牌服装在西部地区最大的出口生产基地。2011年，完成工业总产值3.64亿元，工业增加值7198万元，实现产品销售收入2.71亿元（加工产品计产值不算销售收入），出口创汇675万美元，上交税金668.86万元。

（一）

民国元年（1912），西充县占山场富商傅骏三在南充县都京坝创办兴隆丝厂，首开南充采用机器进行缫丝织绸生产的先河。民国3年（1914），张澜与盛克勤、王行先、奚致和等在南充县城（今顺庆区）南门坝创办果山蚕业社，传授孵蚕种、栽桑养蚕、改良蚕种的新技术，并购置60部脚踏缫丝车缫制扬返丝，首创南充缫制匀度扬返丝之例。民国4年（1915），何慎之携南充吉庆丝厂、阆中泰丰丝厂、果山蚕业社缫制的蚕丝参加巴拿马万国博览会获头等奖。民国5年（1916），果山蚕业社遭洪灾淹没。

民国6年（1917），盛克勤与王理臣、李锡中、聂森森、李书五、王行先、袁柱禹等人集资白银5万两，租借南充县城学院街（今顺庆区学院街）玄庙观创办六合丝厂。果山蚕业社灾后剩余资产和未走的技术人员加入六合丝厂，股东会推选盛克勤任厂长。

民国9年（1920），南充县商人常俊民（常德源）、罗玉廷、韩德、杨成之等合资，在南充县城内小北街（今顺庆区内小北街）雍家祠堂创办合记丝厂。民国10年（1921），合记丝厂会同重庆“德合恒”商号老板胡露轩合资购买兴隆丝厂后更名为同德丝厂，专事缫丝。民国13年（1924），六合丝厂缫制的“金鹿牌”生丝获国际博览会金质奖。民国17年（1928），同德丝厂购置蒸汽锅炉和发电机，南充首次用蒸汽煮茧缫丝和电灯照明。民国18年（1929），六合丝厂迁至南充县都京坝，毗邻同德丝厂新建。

民国20年（1931），因世界经济危机、日本生丝在华倾销和“九一八”事变等原因，上海丝价猛跌，南充境内各丝厂歇业。六合丝厂、同德丝厂为共渡难关，合并更名为同六丝厂，成为当时全省第一大缫丝厂。同六丝厂增设了工务主任和事务主任职位，分管生产技术和后勤工作。同六丝厂每年收茧季节都派人到南充、西充、岳池、阆中、射洪等县租地修炕，在乡场集市直接向蚕农收购蚕茧，并在炕上烘茧。这种收茧烘茧方式被各丝厂效法，成为以后各丝厂在乡、场设立茧庄的雏形。民国22年（1933），上海丝价仍猛跌，给同六丝厂造成致命打击，被迫在民国22年（1933）1月加入四川大华生丝贸易股份有限公司（简称四川大华公司）。四川大华公司采取"代缫加工"的方式安排同六丝厂生产。四川大华公司因经营不得法，于民国24年（1935）5月停业。民国25年（1936）5月，四川省政府将四川大华公司改组成四川丝业股份有限公司（简称四川丝业公司），实行官商合办，对茧丝绸进行统制，同六丝厂更名为四川丝业公司第二制丝厂（简称南充丝二厂），南充丝二厂缫制的蚕丝由四川丝业公司统一销售。其间，民国15年至29年（1926～1940），因厂主百般阻挠成立工会，无端开除工人，工人回厂上班要找人担保等，被逼无奈的工人在中共南充地下组织的领导下，发动了3次工人运动，全都获胜。

民国30年（1941），四川桑蚕丝绸业出现转机，南充丝二厂抓住机遇，招收工人，将江苏、浙江逃亡到四川的桑蚕丝绸技术人员，甚至留学海外精通蚕丝业的人才吸收入厂，添置设备，扩大生产，创造品牌，年蚕丝产量占四川丝业公司年丝产量的50%以上，年工业产值占四川丝业公司年工业产值的30%以上，缫制的蚕丝大都出口，被缫丝界同仁誉为"世界缫丝业大厂之最"。

民国34年（1945），抗日战争胜利后因国民党反动派发动全面内战，南充丝二厂又陷入困境。1949年12月初，南充解放前夕，厂长李科进在中共中央政策的感召及中共南充地下组织的劝告下，作出了保护南充丝二厂、迎接南充解放的抉择，并组织工人护厂。12月10日，南充县城解放，南充丝二厂806部座缫车、618部扬返机、1308名工人回归人民政府。

（二）

1950年1月9日，南充军事管制委员会委派军代表段振家接管南充丝二厂，组织职工于6月22日复工生产，同时大抓职工文化技术教育，建设企业文化，提高全厂职工文化技术素质。至1959年，职工文盲率由1950年的90%降至2%，获四川省人民委员会（省政府）职工教育先进单位称誉，培养出了任全芳、王碧等一批全省、全国缫丝能手和缫丝种子手。创办的南充丝绸行业的第一份企业报——《丝声报》，在西南地区蚕丝界产生了较大影响。

1951年，南充丝二厂开展生产改革运动，以学习苏联经验为重点，建立 管理机构和规章制度，开展企业管理工作。计划管理试行的日作业计划，被西南蚕丝公司肯定为计划管理样板，在西南蚕丝界推广。在生产改革运动中，南充丝二厂学习南充丝三厂创造的"五提二十五索"操作法，在扬返场推广运动下丝法，将座缫车改为回转式，将立缫班组合车改为两班双人车，在选茧场全面推广"大集体流水作业法"，大幅度提高了生产效率。把学习“马恒昌操作法”和生产改革运动同步进行，缫丝车间座缫六台成绩突出，荣获“马恒昌小组”称号，组长赵柏林赴京参加1952年“五一”观礼，受到毛泽东、朱德、周恩来等党和国家领导人的接见，激发了全厂职工的生产积极性。是年，全厂1700名职工，开动800台缫丝机，缫制的137吨蚕丝全部达到出口质量标准。1954年，南充丝二厂首次超额完成西南蚕丝公司下达的7项经济指标，被西南蚕丝公司授予红旗厂称号。此后至20世纪70年代，省、地区的多项奖励都被厂获得并保持，上级领导机关和人民群众称厂为“红旗不过江”的工厂。

1958年，南充丝二厂在贯彻全国丝绸工业大跃进会议精神中，采取土洋结合的方式自制织绸机，发展织绸生产，5年后因确保生丝出口停止织绸。12月，西南蚕丝公司撤销，原西南蚕丝公司南充办事处管理的西充、蓬安、营山、岳池、广安、武胜蚕茧收购站，划归南充丝二厂管理，南充丝二厂开始实行蚕茧自收自用。1959年，开展缫丝技术革新活动，缫制的蚕丝质量达到4A级以上，创生丝质量高品位历史纪录。1960年，纺织工业部副部长荣毅仁到厂主持召开全国缫丝生产现场会，推广南充丝二厂抓蚕丝质量的经验。“大跃进”期间，南充丝二厂受工业生产建设高速度的影响，为适应全国各行各业大跃进的形势，盲目地提出了“半年超日本”的奋斗目标，大搞“副产超主产、主产无成本”，利用蚕蛹、茧衣、屑物等原料，大办了17个“卫星工厂”，生产的产品因大多无销路存放时间过久全部报废，各项生产技术指标大滑坡。

“大跃进”期间，全区农村大量毁桑，蚕茧产量锐减，南充3家大型缫丝厂1960年~1962年每年都停产待料3至4个月。南充丝二厂从1960年开始抽调800名男职工去农村帮助生产队发展桑蚕生产；组织1000名以女职工为主的建设队伍参加修建南溪（南充—溪口）铁路；利用待料停产的时机对职工进行技术培训和文化学习；组织职工开荒种菜养猪，被评为全省“搞好职工生活，促进生产发展”的红旗厂，中央新闻电影制片厂拍摄成纪录片在全国各地放映。

“文化大革命”运动中，南充丝二厂缫丝产量降到了南充解放以来的最低点，1968年~1970年连续3年亏损，累达306万元。南充丝二厂的党政领导，广大共产党员和职工群众，顶着“唯生产力”的压力，克服困难，冲破阻力，坚持生产，尽量挽回经济损失，1971年扭亏为盈，盈利88万元。1972年，投资购置织绸设备，恢复织绸生产。

（三）

中共十一届三中全会后，随着党的工作重点的转移，南充丝二厂抓住中共南充地委、南充地区行署把桑蚕丝绸业作为发展南充经济的骨干产业来抓的机遇，制定了调整产品结构、上丝扩绸抓质量、开发品种拓市场的发展方针，从扩大企业自主权入手，努力促使自己由生产型向生产经营型的转变。继而开展企业全面整顿、推行厂长（经理）负责制、实施经营承包、进行横向经济联合、开发新产品、采取多元化经营，加快了发展步伐。至1983年，由单一的缫丝发展成为缫丝织绸的综合型生产企业，更名为四川省南充地区第二丝绸厂（简称南充第二丝绸厂）。1986年~1990年，南充第二丝绸厂被省政府命名为省级先进企业，所生产的19/21D白厂丝、12017桑宫绉等10个产品被省政府、纺织工业部评为优质产品，并被省计划经济委员会和省对外经济贸易厅命名为丝绸出口专厂，开发的双宫绸类系列产品获省政府科技进步二等奖。1990 年，南充第二丝绸厂固定资产原值达 3301 万元，职工 4434 人，丝织机 424 台，缫丝能力达 17300 绪。1990 年 ~1993 年，南充第二丝绸厂积极组织产品参加了 4 届中国·四川·南充丝绸节，向中外客户宣传企业优势、展示企业产品，拓宽了国际国内丝绸销售市场。其间，1992 年，南充第二丝绸厂改组更名为四川南充嘉丽华丝绸集团公司。

1994 年，国际丝绸市场销售不畅，国内丝绸市场销售疲软，市内又出现多渠道收茧抢茧，抬高茧价 1 倍以上，嘉丽华集团陷入困境。1996 年 10 月 16 日，嘉丽华集团因生产订单锐减，生产任务严重不足，开机率只 20% 左右，前缫车间近 1000 名职工面临下岗，一时不能理解和承受，到市政府上访，阻断嘉陵江白塔大桥交通。

1997 年 ~1998 年 5 月，嘉丽华集团开展建立现代企业制度试点工作，实施减员增效分块搞活，但未触动产权制度，收效甚微。在中共四川省委、四川省人民政府、中共南充市委、南充市人民政府出台的一系列丝绸工业解困扶持政策的支持下，嘉丽华集团剥离有效资产和债务，于 1998 年 7 月组建六合集团。嘉丽华集团于 1999 年 8 月破产。六合集团领导班子解困先扶志，在领导和员工中树立起创新、合作和敬业的精神，以强烈的责任心和使命感，坚持“以人为本，以德治厂”方针，勇于创新，在南充丝绸行业率先推行“人事制度、分配制度和劳动用工制度”三项改革，破除了长期存在的“大锅饭”和“平均主义”，极大地调动了员工的生产积极性。坚持抓解困的同时抓发展，抓改革的同时抓稳定，抓传统产业的同时抓产品结构调整。用改革推动解困发展，用发展解决前进中的困难和问题，创造了运用有效资产、分块搞活、盘活存量资产、挖掘各种资源发挥最佳效益、发展技术含量高附加值高的支柱主导产品的成功经验。以只图所得，不图所有，牺牲局部利益，着眼长远发展的眼光招商引资，向外地客户提供优惠条件寻求合作伙伴，借助外来技术、资金，加快传统产业结构调整，承接东部产业转移，迎得了浴火重生的重大发展机遇。营销上，六合集团推行内部模拟法人制度，改变以前集团公司“一本账”的做法，各子公司、分厂之间形成卖方和买方的关系。对营销人员取消固定工资，实行销售额提成制，形成了生产围绕营销转，营销围绕市场转的局面。在外部，与竞争对手建立合作伙伴关系，实施大市场扩张战略，互补优势，共同拓宽销售市场，利益共享，实现双赢。

六合集团在调整产业、产品结构时积极推进技术进步，注重打造“六合”品牌。至 2011 年，六合集团由原料型生产企业转变成终端产品服装生产供应商，建立了多元化、多层次、多渠道的新产品合作开发模式和经营性的开发实体，形成了“生产一代、开发一代、储备一代”的良性机制，研制开发的双宫绸、蛹蚕白纤维与生丝、绵竹纤维与生丝、棉交织面料等多个新产品在国内外丝绸销售市场独占鳌头，环保型丝绸制品在欧美市场占有很大份额。培育的“六合”、“百年六合”牌产品不仅在国内丝绸销售市场有名气，在国际丝绸销售市场也颇负盛名。

六合集团在解困谋发展中推进 5 大转变，积极主动与退休职工、下岗职工、家庭有困难的职工交心谈心，耐心细致答疑释惑，按照丝绸解困政策，及时解决职工合理诉求。六合集团自身不能解决的问题，积极向市政府汇报，争取政策解决，将不稳定因素化解在萌发之前。

六合集团浴火重生获得更大发展，不仅铸造了南充丝绸业的新辉煌，而且为国有企业成功改革积累了经验。谢世杰、周永康、张学忠、张中伟、秦玉琴、石广生等10多位省、部级领导先后到六合集团视察，肯定六合集团的成功经验，并在全省推广。

（四）

六合集团已走过艰辛创业与辉煌同存的100年，经过几代人的不懈努力，已形成厚重的人才、技术、设备、产品优势。经过20世纪90年代和21世纪初的改组、改造、改革，发展成为集缫丝、织绸、服装、炼染、家纺制品、旅游产品、仓储及其配套服务为一体拥有完整产业链的企业集团和西部地区丝绸行业的标杆企业。

六合集团规划紧紧抓住国家新一轮西部大开发、东桑西移、丝绸产业大转移的机遇，在又好又快的发展中实现自我超越，到“十二五”规划末期把六合集团打造成为中国一流的丝绸企业，把六合产品打造成为国际知名品牌，为把南充建设成为川东北区域中心城市和成渝经济区北部中心城市做出应有的贡献。

大事记

民国元年（1912）

西充县占山场富商傅骏三在南充县都京坝创办兴隆丝厂，开业缫丝织绸。

民国3年（1914）

7月，张澜因袁世凯解散国会返回南充，与盛克勤、王行先、奚致和等在南充县城南门坝创办果山蚕业社，为南充培养桑蚕丝绸技术人才，并购置脚踏车60部缫制扬返丝，开南充缫制匀度扬返丝之先例。

民国4年（1915）

果山蚕业社缫制的扬返丝参加巴拿马万国博览会获头等奖。

民国6年（1917）

盛克勤、王理臣等6人集资在南充县城学院街玄庙观创办六合丝厂，生产的“金鹿”牌生丝质量名列南充蚕丝业之首。民国13年（1924）获国际博览会金质奖。民国18年（1929），六合丝厂迁至南充县都京坝，毗邻同德丝厂新建。

民国8年（1919）

盛克勤撰写的《发展我国之蚕丝业》的学术论文在重庆《商务日报》上发表。

民国 9 年（1920）

南充商人常俊民（常德源），会同重庆“德合恒”商号老板胡露轩合资购买兴隆丝厂，更名为同德丝厂。民国 12 年（1923）接并南充县城大北街（今顺庆区大北街）顺和丝厂。民国 17 年（1928），从上海购置缫丝铁车（座缫车）、复摇车、锅炉，首开南充机械化缫丝。当时，老百姓称该厂为“锅炉厂”。

民国 15 年（1926）

4 月，中共南充地下组织——中共川北支部吴季蟠、李介、任启愤等先后到六合丝厂、同德丝厂发动工人建立工会组织，六合丝厂厂主百般阻挠。7 月 7 日，罗瑞卿、李介、任启愤等到六合丝厂作宣传演说。厂主唆使工头、打手破坏并殴打演讲人员，引发“七七”工潮。“七七”工潮以胜利告终。

民国 18 年（1929）

中共南充地下组织派遣党团员和积极分子到六合、同德等丝厂开办工人夜校，讲授文化知识和革命理论。

民国 19 年（1930）

7 月，缫丝工任兴发缫大纤度丝 1 根，被工头揪下车位毒打，厂方又对其开除，引起全厂工人愤慨罢工。

六合丝厂厂长盛克勤赴日本考察蚕丝业，回国后著有《日本蚕丝业视察概略》一书，3 年后四川大华公司上海办事处将此书加以校订后交上海美成印刷公司付梓出版，是南充最早介绍国外蚕丝业的专著。

民国 20 年（1931）

六合丝厂与同德丝厂合并更名为同六丝厂。

民国 21 年（1932）

同六丝厂工人陈自蓉、黄大泰、黄长明、任南金、冯开伦等要求厂主增加工资，缩短工时，厂主勾结国民党 21 军对工人进行镇压，抓走 9 人，开除 3 人后引发工潮。

民国 26 年（1937）

同六丝厂纳入四川丝业公司，更名为四川丝业公司第二制丝厂，南充老百姓习惯称其为南充丝二厂。

民国 27 年（1938）

7 月，南充丝二厂建立了两个中共地下支部，黎春廷、何云才分别担任支部书记，是南充丝绸企业中建立最早的中共地下支部。支部成立后，提出了“改善生活、保障工人健康”的口号，立即得到工人拥护。

10 月，厂主开除工人，引发“抢茧”风潮。

是年，印度丝商到厂订购 60D 粗丝 36 吨。

民国 28 年（1939）

南充丝二厂生丝质量由无等级提高到 C 级。

民国 29 年（1940）

南充丝二厂工人参加南充丝厂工人联合大罢工，大罢工以胜利结束；是年，云南“茂恒商号”派人到厂坐收 100D 双宫丝。

民国 34 年（1945）

南充丝二厂用春白一级蚕茧缫出 24/26D 匀度为 84 分的 A 级丝 20 箱（1181.5 公斤），成为四川最早缫出 A 级丝的丝厂。

民国 35 年（1946）

6 月，四川省主席王陵基陪同美国纽约州州长胡朴民参观南充丝二厂，厂长李科进借机宣传工人的技术水平和生丝品质等优势，扩大了南充丝二厂在外界的影响力。

是年，厂长李科进提出了“质量第一、缫折第二、出丝量第三”的缫丝方针，对南充丝二厂提高生丝质量起到了较大的促进作用。

民国 36 年（1947）

12 月，法币贬值，物价猛涨，工人推选苏淮河、袁承柏、黄忠义、刘长先等为代表，要求厂方发大米，厂方不允，罢工 3 天，迫使厂方用大米发实物工资。

11 月，工人开展护厂斗争，抵制资方抽走资本、关闭工厂。

1949 年

12 月初，南充临近解放，厂长李科进在中共中央政策的感召下，作出保护工厂、迎接解放的抉择，并组织工人以废锅炉、废铁等设置路障，阻止国民党溃军对南充丝二厂的破坏。

1950 年

1 月 9 日，南充军事管制委员会派军代表段振家接管南充丝二厂。

2 月，南充军事管制委员会任命李科进为厂长；工人工资实行折实工资，月工资比 1949 年提高 2 倍以上。

5 月，中共南充地委书记孙先余到厂检查恢复生产准备情况，研究从产业工人中培养干部工作。

6 月 22 日，全厂复工生产。

9 月 10 日，川北行署副主任刘聚奎、川北区总工会主席武毅到厂指导民主改革运动。

9 月 20 日，工人自动组织“清算委员会”，开展“反贪污、查匪特”活动。

10 月，工人踊跃参加为抗美援朝捐献川丝号战斗机活动。

11 月，揪出潜伏于职工队伍中的反共救国军头目胡祉明、樊光辉等人，并送交南充市公安局。

12 月，成立南充丝二厂工会筹备委员会。

是年，新民主主义青年团川北区工作委员会在南充丝二厂开展建团工作；郑淑全、刘伦碧、卿登方、罗潜龙、胡金山、谢琼莲获川北行署劳动模范称誉。

1951 年

3 月 23 日，反共救国军头目胡祉明在都京坝茶盘寺被人民政府镇压。

5 月 1 日，开始实施《中华人民共和国劳动保险条例》，自此，工人享受劳动保险待遇。

7 月，成立中国共产党南充丝二厂支部委员会，在工人中发展党员。邓跃勤、李富庚、赵柏林、练海臣、兰素华（女）、陈炳忠、张维新、康素芳（女）首批入党。

6 月，开展学习马恒昌竞赛活动，座缫六台成绩突出，荣获“马恒昌小组”称号。

7 月，后缫 12 名绞丝工，每日自动延长两小时工作时间，日绞丝量由 400 柄增至 700 柄。

9 月 10 日，成立消费合作社，开设商店，供应职工生活日用品。

1952 年

5 月 1 日，“马恒昌小组”代表赵柏林赴北京观礼，受到毛泽东、朱德、周恩来等党和国家领导人的接见。

是月，开办职工疗养所、医务所、职工俱乐部、洗澡堂等职工福利设施。

12 月，成立中苏友好协会，全厂 95% 以上的工人参加协会。

是年，四川丝业公司撤销，成立西南蚕丝公司，四川丝业公司第二制丝厂更名为西南蚕丝公司第二制丝厂；赵柏林荣获全国劳动模范称誉；建立南充丝二厂工会委员会，邓耀勤任厂工会主席。

1953 年

12 月，设置职工教育专职干部，专司工人业余文化学习。

是年，厂由公私合营过渡为全民所有制企业；厂设监察室，副厂长史承烈（老红军）兼任主任；成立工会委员会；新增设立缫机 422 部、柴油发电机 2 部（66.5 千瓦），改设 180 匹马力、200 千瓦柴油发电机一部，职工增至 3365 人；工作时间由原每天 9 小时改为 8 小时；厂推广“立缫工作法”；供水由蒸汽泵改为电动泵抽水，每天供水 2000 吨；厂试行的日作业计划管理，被西南蚕丝公司肯定为计划管理样板，在云南、贵州、四川丝绸行业中推广。

1954 年

1 月 9 日 ~2 月 5 日，发生流行性白喉，425 人带菌，143 人患病住院治疗，支付医药费 15430 元。

3 月，屑物场工务长兰素华赴北京参加全国妇女代表大会。

4 月，开展向“五一”国际劳动节献礼活动，丝产量提高 33%。

9 月 1 日，南充专区第一份丝绸企业报——南充丝二厂《丝声报》创刊，西南纺管局局长刘瞻称赞它起到了“推动生产、宣传先进”的作用。

10 月 5 日，工会举办文化扫盲班，学期 3 个月，300 职工入学，100 人毕业。

10 月 17 日，厂党委决定试行集体劳动合同。

12 月，图书室藏书达 5000 余册。

12 月，全面超额完成国家计划，获西南蚕丝公司“红旗厂”称誉。

是年，学习外省经验，将千叶式煮茧机改为蒸汽煮茧机，每小时节约水 140 吨，提高解舒率 3.5% ~7.2%，降低缫折 3.7 公斤 ~5 公斤；蒋素碧（女）荣获省劳动模范称号；李雪峰任厂党委书记兼厂长。

1955 年

1 月 21 日，发起全厂职工签名运动，以响应世界和平理事会常委会的世界和平倡议，坚决反对在世界使用原子弹，

3 月 4 日，厂图书室和南充市文化馆联合举办庆“三八”妇女节图片全市巡回展示。

5 月，锅炉房实行联合烧煤，每担丝煤耗由 4 月份的 1772 公斤降至 1240 公斤。

7 月，召开中共南充丝二厂第一次党员代表大会，李雪峰当选为厂党委书记。

1956 年

3 月 27 日，职工业余学校正式开学，业余学校设高中部、初中部、小学部。每周上课 6 小时。

5 月 20 日，厂党委开办首期“党训班”培训积极分子 115 人。

5 月 22 日，《人民日报》载：西南蚕丝公司第二制丝厂的扩建工程已经在 4 月底正式动工，扩建后这个厂将增加一万绪最新式的自动缫丝设备。成为一座规模巨大的丝厂。

5 月，青年女工谢增玉赴北京参加全国纺织工业先进生产者代表大会。

6 月 22 日，成立工资改革委员会，改革原则是：按劳付酬，反对平均主义。

6 月 25 日，嘉陵江沿岸发生特大洪灾，南充市段洪峰高达 275.44 米，南充丝二厂停工 11 小时，少产生丝 7.5 公担。

8 月 30 日，制定缫丝工艺先进生产水平标准；新建扬返工场及设备投入使用。

12 月 7 日，女工粟明玉被选为出席全国工会积极分子代表大会代表。

是年，推行苏联一长制（厂长负责制）管理体制；谢增玉（女）荣获全国劳动模范称誉。

1957 年

1 月，南充专区蚕丝事业办事处撤销，蚕茧收购站按县就近划给各丝厂管理，西充、岳池、蓬安、营山、广安、武胜 6 个县的茧站划给南充丝二厂管理，蚕茧自购自用。

3 月，召开首届职工代表大会。

8 月，开展“整风反右”运动，错将 8 位职工划为右派分子。中共十一届三中全会后，对错划为右派分子的 8 位职工全部进行了纠正。

11 月 29 日，厂党委决定下放第一批 33 名干部到生产第一线当工人。

12 月 20 日，刘成莲出席中国工会第八次全国代表大会。

1958 年

1 月，张久文任副厂长，主持厂的行政工作。

1 月，中共南充丝二厂委员会提出两年内全厂实现“十一化”、“三多”、“四普及”的奋斗目标，赶上全国大跃进步伐。(即动力运转高速化、手工业操作机械化、生产程度简单化、生产安全文明化、材料使用节约化、管理工作民主化、干部劳动经常化、生活作风无产化、除四害讲卫生经常化、生活福利合理化、红透专深全面化；一厂多厂、一人多艺、一物多用；普及中等教育和文化教育，普及文体活动、普及卫生习惯、普及政治理论教育)。

7 月 16 日，召开中共南充丝二厂第二届党员代表大会，张久文当选为厂党委书记。

10 月 24 日，参加市工交系统劳动竞赛，被评为“得红旗、乘火箭”第一名。

12 月 9 日，缫丝女工龙玉萍被南充市人民政府命名为“工人诗人”。

是年，精简科室 8 个，下放干部 117 人，对 150 名职工进行退职退休处理；宣传科办 32 开油印本诗刊《红花》，出 3 期后停办；任全芳（女）荣获省劳动模范称号。

1959 年

3 月 27 日，厂科协成立并召开厂科协第一次会员大会，选出科协主席、副主席。下设制丝技术研究室、蚕丝综合利用研究室、机械设备研究室、医药卫生研究室、科学技术普及室。

4 月 18 日，纺织工业部丝纺工业工作团视察南充丝二厂，对生产出 5A 高品位生丝给予高度评价。

4 月 26 日，中央卫生检查团到厂检查指导工作。

8 月 29 日，召开全体职工誓师大会并向南充市工业界各兄弟单位发起向国庆十周年献厚礼挑战书，保证提前完成全年生产任务。获得全市企业的热烈响应。

8 月 31 日，厂在停电期间以人力代电，三千职工在河边端水，做到了停水停电不停产，确保生产任务的完成，受到省委工业工作团的通报表扬。

9 月 5 日，四川省公安厅在厂召开全省轻工业系统保卫工作现场会。

11 月 1 日，四川省丝纺工业标兵比武大会在厂召开。

是年，开展“反右倾、鼓干劲”运动，2 位职工错划为“右倾分子”，1962 年纠正；自编自演的《缫丝五姊妹》节目参加全国职工文艺调演获奖，并拍成电影；生丝质量达到 5A 和 6A，首创全省缫丝行业质量新纪录；西南蚕丝公司撤销，西南蚕丝公司第二制丝厂划交南充专署管理，更名为四川省南充专区第二缫丝厂。

1960 年

3 月，纺织工业部在南充丝二厂召开全国缫丝生产现场会，纺织工业部副部长荣毅仁到厂视察。

3 月，韩应科任厂长，赵柏林任厂党委书记。

5 月 4 日，国家主席刘少奇在成都接见龙玉萍，刘少奇叮嘱龙玉萍“人年轻，需要的知识很多，今后还要加倍努力学习”。

6 月 7 日，中共南充地委在南充丝二厂举行以上“跃进班”和“义务班”为主要形式的夺红旗大竞赛，继续开展工业大跃进。

是年，获文化部、全国总工会“文化活动先进单位”称号；厂体育协会获“全国体育先进集体”称号；曾建国、冯成业根据厂工运史，编写出六场现代川剧《寒风怒火》；因缺乏缫丝茧，组织 1000 名职工参加修建南溪（南充—溪口）铁路，800 名职工去农村发展桑蚕生产。

1961 年

1 月 6 日，中央新闻电影制片厂到厂拍摄“大种蔬菜、大养生猪、搞好生活、促进生产”的新闻纪录片。

是月，开展“十红、十比、十好”活动（即质量红，比贯彻产质并举方针，保证完成各项生产指标好；生产红、比按时完成生产指标好；节约红，比节约原燃材料及降低费用好；技术革新红，比革新项目多、工效高好；安全红，比贯彻操作规程、消灭安全事故好；企业管理红，比干部坚持“四同”贯彻党的路线方针政策好；考勤红，比大搞清洁卫生好；副业生产红，比大种蔬菜好；支援农业红，比积肥运肥好；思想红，比干劲、工作出色好）。

6 月 7 日，549 名职工因食用变质食物中毒，经抢救全部治愈，全厂停产 48 小时。

10 月，组织干部职工学习《国营工业企业工作条例（草案）》，制定了贯彻细则。

1962 年

1 月，中共南充丝二厂委员会提出“副产超主产，生产无成本”的年度工作目标口号。到年底各项生产指标均低于 1957 年。

10 月，收回省管，更名为四川省南充第二缫丝厂。

是年，厂级干部带头，利用工余时间，率领工人在厂附近的南瓜山种植松树，至 2011 年，种植的松树已成林。

1963 年

开展城市社会主义教育运动，主要内容是反贪污盗窃、反投机倒把、反铺张浪费、反分散主义和官僚主义运动，又称“五反”运动或“小四清”运动；因缺缫丝茧停产 3 个月。

1964 年

2 月，与南充市河东公社实行厂社结合，任有义兼任中共南充市河东公社委员会第一书记。1966 年 5 月，“文化大革命”运动开展后厂社结合停止。

6 月 16 日，发生锅炉吊包事故，损失 18.90 万元。

是年，派“三结合”（干部、工人、技术人员结合）队伍去乐山丝厂学习后，创造出“三人互助、六人配合”的劳动组合形式，提高了劳动生产率；成立四川省南充第二缫丝厂制丝职业学校，首届招收 96 名学员，开办制丝、原料 2 个专业，学制 3 年，毕业后分配到厂工作。

1965 年

大抓毛主席著作学习活动，在全省 11 家省属丝绸厂评比中名列第一。

1966 年

2 月，召开中共南充丝二厂第三届代表大会，赵柏林当选为厂党委书记。

5月初，开展“四清”运动（1964年12月3日，中共中央规定城市的社会主义教育运动并称“四清”运动，不再叫“五反”运动）。

8月，开展破“四旧”（旧思想、旧文化、旧风俗、旧习惯）活动，业余川剧团的剧装道具全部被烧毁，光荣台的雕栋画阁被拆除，花盆和旧式家具用品被砸毁。

9月5日，南充发生“九五”事件，中共南充地委从南充丝二厂抽调200名工人去保地委，之后地委对“九五”事件进行了平反。

1967年

1月，在上海“一月风暴”的影响下，厂被造反派夺权，厂级领导及中层干部靠边站，生产处于无序状态。

3月9日，中国人民解放军南充驻军代表到厂执行“三支、两军”任务

7月22日，南充丝二厂两派群众组织钢钎仗上升到武装械斗。

1968年

首次出现亏损，亏损额93.54万元。

1969年

4月15日，成立南充丝二厂革命委员会，黄文选（军代表）任厂革命委员会主任。

5月，改企业建制为军队建制。1971年恢复企业建制。

1970年

7月，成立中共南充丝二厂革命委员会核心小组。

8月，下属岳池茧站工人王成兴、严礼清和临时工李学贵下井清理污泥，被一氧化碳窒息致死。

9月，各派群众组织交出“派旗”、“派章”和派性材料，车间成立革命领导小组，恢复生产班组建制，生产秩序渐次好转。

是年，大搞综合利用，变废为宝，利用蚕蛹生产蚕蛹肥皂，利用煤炭渣生产煤渣砖和水泥。

1971 年

1月6日，开展整党建党、整团建团工作，5月底结束。

2月，开展增产节约运动，职工拣回废旧钢材17030公斤，拣回磁眼46公斤、972件公物还家。

5月24日至27日，召开中共南充丝二厂第四届党代会，赵志祥（军代表）当选为厂党委书记。

是年，赵志祥兼任厂革委会主任；职工医疗所扩建为职工医院，设置病床100张。

1972 年

3月，厂文艺宣传队受南充驻军委托，赴通江、巴中革命老区慰问。

4月1日，拨出1间房屋，用卖粪便款购置3台缝纫机，组织4名待业人员，创办起南充地区丝绸行业第一家劳动服务公司。

5月15日，厂一货车运送评茧仪器去蓬安茧站，驾驶员明兴田违章沿途搭人，车行至南充县新民公社伍家埡口拐弯处，因下雨路滑，操纵不当造成翻车，致5人死亡，3人受伤。

10月23日，省轻工业局（1983年更名为省轻工业厅）在南充召开全省丝绸质量评比会议，南充丝二厂被评为质量好的企业。

是年，扭转了长达40个月的亏损，盈利87万元。

1973 年

5月，恢复工会组织。

8月，缫丝女工、全国缫丝种子手王碧当选为中共“十大”代表。

11月，轻工业部在浙江湖州丝厂召开全国缫丝经验交流会，南充丝二厂技术室主任吴栋参加会议，担任四川缫丝技术组组长。会后，吴栋参与了主持（73）操作经验的制订。

是年，省轻工业局和重庆商检局在南充丝二厂开展生丝出口检验，推行生丝出口以厂检为主的检验办法。

1974 年

6月21日，“五·七”工厂丝绵组临时工田应会，不慎失脚滑进煮茧锅被烫伤，烫伤面积达97%，经抢救无效死亡。

是年，厂子弟校43名职工子女上山下乡。

1975年

2月，学习“上海经验”，成立厂民兵指挥部。

5月15日，新建蓬安县骑龙茧站（厂管辖），施工中房屋垮塌，砸死3人，砸伤16人，经济损失3万余元。

9月，自购两辆客车，开始开通由厂至南充市城区内的公交车。

是年，刘成莲任厂党委书记兼厂革委会主任。

1976年

6月，创办“七二一”工人大学，1978年停办。

7月，研制的“CD78－1型”自动循环热风烘茧机在岳池坪滩茧站安装调试成功，9月投入使用。

是年，全厂发生大小安全事故22起，重伤3人，轻伤14人，经济损失达13万元。

1977年

5月28日，职工宿舍发生火灾，烧毁房屋820平方米。

12月，国家恢复高考，职工王敬东、何泉江分别考入四川大学和西南师范学院。

1978年

3月，厂管茧站上交南充地区丝绸工业公司管理，厂的缫丝原料由南充地区丝绸工业公司实行定点调拨。

是年，35名工程技术人员评定了技术职称。

1979年

3月26日，撤销南充丝二厂革命委员会，恢复厂党委领导下的厂长负责制。

10月，建成10吨煤粉锅炉一座，配套建成750千瓦发电机组，既解决了全厂生产需要的蒸汽，又发电自用。

12月6日，新建的快速水处理沉淀池投入使用，日处理浑水8000吨~10000吨。

是年，根据中共十一届三中全会精神，平反冤假错案，对60名干部、工人落实了政策；厂获省“大庆式企业”称号。

1980年

1月26日，被列为全省扩大企业自主权试点企业。

11月27日，召开中共南充丝二厂第5届党代会，刘成莲当选为厂党委书记。

是年，吴栋任厂长。

1981年

5月13日，纺织工业部副部长郝建秀到厂视察。

7月13日，嘉陵江沿岸发生特大洪灾，14日，南充丝二厂锅炉码头取水泵被淹，全厂供水供电中断。15日，南充市洪峰高达276.25米，嘉陵江白塔大桥公路交通中断，住南充市内的职工无法到厂上班，是日晨全厂停工3天，减少产值25万元，925户职工受灾，18日恢复生产。灾后省、地工会和地区轻工业局拨款支持南充丝二厂恢复生产，重建家园。

是年，成立工人纠察队，对全厂进行昼夜巡查，维护生产和治安秩序。改建职工俱乐部竣工，有座位1607个。

1982年

1月，参加南充地区丝绸工业公司组织的攻克“3.20”高地（品质达到3A，缫折降低20公斤）的厂际竞赛，年度评比获第2名。

5月29日，召开第九届职工代表大会，通过《南充丝二厂职工守则》和《南充丝二厂职工奖惩实施细则》。

6月18日，瑞士屈德公司经理屈德尔与意大利罗塞蒂到厂参观访问。

10月，新建1607个座位的工人俱乐部落成。

11月25日，缫丝女工胡世珍荣获“全国缫丝种子手”称号。

是年，开展企业全面整顿工作。1983年1月验收合格，成为南充地区最早完成企业全面整顿工作的企业。

1983年

1月10日，召开中共南充第二丝绸厂第六届代表大会，冯启秀当选为厂党委书记。

是年，缫丝能手谢桂芳（女）当选为第六届全国人大代表；秦建银被评为全国工会积极分子；陈永清被评为全国“五好”家庭；力织车间青年女工胡玉兰首创万米无次品绸的优异成绩；四川省南充地区第二缫丝厂更名为四川省南充地区第二丝绸厂（简称南充第二丝绸厂）。

1984 年

3 月，为少数职工退休改年龄，受到南充地区行署通报批评和处罚，企业主要领导人受处分。

9 月 3 日，中国丝绸公司董事长高修到厂视察。

11 月 7 日，与上海领带厂合办南充第一家丝绸领带厂——泸嘉联合领带厂。

12 月 29 日，成立南充第二丝绸厂公安科。

是年，王敬东任厂党委书记，梁文炳任厂长；陈明琼（女）荣获省劳动模范称号。

1985 年

1 月，被南充地区行署列为全区第一批推行厂长（经理）负责制试点企业。

1 月，完成机构改革，原有的 39 个车间（部门）精简至 29 个，32 个科室精简至 22 个，中层干部的任用由任命制改为聘用制和任期制，采取自荐和职工推荐、群众评议、组织人事部门考察相结合的办法重新任命中层干部。

3 月 20 日 ~4 月 20 日，厂工会举办“做主人、提建议、献计策、争效益”的有奖竞赛活动。

3 月 25 日 ~11 月 20 日，全厂 678 名党员参加整党工作。

4 月 26 日，中国丝绸公司总经理王明俊到厂视察。

是月，厂工会开展创办“职工之家”活动，年底，经四川省总工会南充地区办事处验收合格，并颁发了南充地区第一个“职工之家”合格证书。

10 月 12 日，副省长蒲海清到厂视察。

1986 年

1 月，制定南充第二丝绸厂工资改革实施方案细则。

3 月 23 日，召开中共南充第二丝绸厂第七届党代会，王敬东当选为厂党委书记。

6 月，被省计划经济委员会、省对外经济贸易厅命名为丝绸出口专厂。

9 月 22 日，投资 789 万元扩建丝织机 220 台及配套设备，改造危房 4000 平方米。

9 月，举办经济核算人员二级核算业务培训班，内部二级核算（厂内银行）工作全部展开。

10 月 15 日，用无息贷款 55 万元，改造原料及成品库房 4300 平方米。

12 月 1 日，立缫车间就业前培训班学员邓晓琼在学习缫丝时，发生整个头发和头皮被缫丝机全部拔掉的严重安全事故。

是年，改革用工制度，采取就业前培训，招收合同制工人的形式，解决了 125 名职工子女就业；筹资安装闭路电视；制定了每月 15 日为厂长接待日制度。全年，厂长、副厂长共接待职工 2201 人次；前缫缫丝工人王红（女）、何莉（女）荣获全国缫丝操作能手称号。

1987 年

1 月，制定了“抓紧技改求发展，加强管理上等级，努力开发新品种，节能降耗挖潜力，提高质量保出口，坚持改革增效益”的工作方针。

3 月 29 日，南充地区茧丝绸公司同意修建职工集体宿舍 6900 平方米、职工家属宿舍 6100 平方米，所需资金 175 万元，除省丝绸公司下拨专项资金 100 万元外，余下 75 万元由厂自筹解决。

5 月 30 日，南充地区茧丝绸公司与厂签订承包经营委托书，委托厂长梁文炳全权负责厂的生产经营工作，全面履行承包经营合同。

10 月，在第二次全国工业普查中，被省丝绸公司授予“行业省级先进单位”。

11 月 26 日，力织二车间发生火灾，147 号织机台面上的经线烧掉 1/3，造成产品报废。

是年，全厂开展了历时 4 个多月的职工技术练兵大赛，参赛车间 15 个，参加人数占全厂职工总数的 87. 03%；南充第二丝绸厂派出 300 名职工赴南充县、营山县等区、乡发展蚕桑生产；投资 20 万元，增建厂电视卫星地面接收站；14000 多平方米的职工宿舍竣工，100 多户职工喜迁新居；南充第二丝绸厂获纺织工业部颁发的“国家二级节能企业”证书；南充地区行署授予厂工会“先进职工之家”称号；19/21D 白厂丝获四川省优秀产品称号；15681 真丝绫获四川省优质产品称号；开发新产品 4 个，总产量 83 万米，总产值 435 万元，实现税利 125 万元，出口 31 万米，创汇 62 万美元；南充第二丝绸厂实现利税总额 588. 59 万元，比上年增长 31. 30%，其中实现利润 336. 51 万元，比上年增长 26. 55%。

1988 年

1 月，建立起“厂长全面负责，党委保证监督，职工民主管理”的企业新领导体制。

2 月 2 日，联合海南省澄迈县金川丝绸公司，开办“澄迈县金燕丝织厂”，迈出了参与发展沿海经济的步伐。

6 月 30 日，南充县绸厂被厂兼并后更名为南充第二丝绸厂龙门分厂。

11 月 5 日，开始实行厂技师聘任制。

12 月 27 日，始建厂经济民警分队，编制 30 人。

12 月底，4000 平方米职工家属宿舍竣工。

是年，对服装厂进行公开招标承包，职工王建军中标承包服装厂；12017 桑宫绉产品被评为四川省优秀新产品，获省优质产品称号；南充第二丝绸厂实现利润 392 万元，上缴税金 472 万元，被省人民政府授予“省级先进企业”称号。

1989 年

1 月 2 日，梁文炳兼任厂党委书记。

2 月 24 日，南充供电局将南充第二丝绸厂 750kw 发电机组并入系统运行。

5 月 26 日，副厂长黄河主持全面工作，行使法人代表职权。

8 月 9 日，黄河任南充第二丝绸厂厂长。

8 月，厂党委、厂行政领导与 724 名职工代表进行民主对话，解答了职工代表提出的 64 条咨询意见，当月落实 25 个问题。

10 月，在省自动缫操作技术比赛中，蒋碧蓉（女）获“省自动缫操作能手”称号。

11 月，出资自建一条从南充县河东配气站到企业的天然气专管，次年 2 月竣工投入使用，成为南充首家使用民用天然气的厂家；

是年，8800 平方米厂房 148 台织机扩绸工程竣工；6000 平方米职工集体宿舍和 4142 平方米职工家属宿舍竣工；研制的双宫绸系列产品通过省级鉴定，获省科技进步二等奖。

1990 年

2 月 3 日，天然气输气管网工程申请验收。

4 月 1 日起，职工乘车由发车票改发交通费补贴，在职职工每人每月 2.40 元，退休职工每人每月 1.20 元。

5 月 8 日至 5 月 9 日，生活服务公司更名为总务科，建筑公司更名为房管科，技改科更名科技科，丝设备科、绸设备科合并为设备科。

6 月 5 日，12102 双绉、13255 双宫绸、13459 双宫绸、C1342 宫美绉获省丝绸公司丝织品优质产品。

6 月 13 日，重新修订厂《职工奖惩条例实施细则》。

6 月 23 日，厂投资 14 万元，增购 2 辆 CQ－643 型双门客车，为接送职工上下班。是月，生产的 12017 桑宫绉、C1342 宫美绉参加全国妇联、机电工业部、轻工业部、纺织工业部、农业部、商业部、国家医药管理局、北京市人民政府在北京联合举办的《中国妇女儿童用品四十年》博览会荣获银奖。

7 月 23 日，全厂档案集中统一管理，成立综合档案室。

8 月 25 日至 29 日，为参加中国·四川·南充丝绸节，成立了领导小组，扎大型彩车一辆，组织了 20 人的服装模特表演队、15 人的管乐队、162 人的 3 个游行服装表演队。

9 月 30 日，尚国英任厂党委书记，周绍君任厂纪委书记。

12 月 7 日，制定了厂调资升级实施方案。

12 月 29 日，获省级档案管理先进企业。

12 月，梅花牌 100/220 双宫丝、B2 梅花牌 19/22D 白厂丝获纺织工业部优质产品称号。

是年，真丝花维绸、宫美绉参加第十一届亚运会购物中心展销，被组委会评为优质产品。

1991 年

4 月 2 日，成立厂老年协会。

4 月 20 日，罗家玉、朱术勇获省级缫丝织绸单项操作比赛优胜个人。

6 月，因缫丝茧短缺，全厂停产 22 天，停产期间职工工资按 75% 计发，不发奖金。

7 月，举办厂设备操作运动会，刘章元等 22 人获厂级设备操作能手称号。

8 月 3 日，公布实施住房制度改革办法。

8 月 23 日，黄裕君任厂工会主席。

8 月 25 日，时装模特队参加中国·四川·南充第二届丝绸节比赛获二等奖，灯展获一等奖。

10 月 23 日，获国家二级档案管理企业称号；新建 20 吨燃煤锅炉配套 1500kw 发电机组的热电联产锅炉投入运行，系我省丝绸企业中首家余热发电项目；自行设计制作的省内第一套缫丝“混、剥、选”联动生产线投入运行。

11 月 26 日，撤销成都联营部。

是年，职工文敏获“中国丝绸工业总公司操作能手”称号。

1992 年

1 月，被列入全省转换企业经营机制、增强企业活力的大中型试点企业。

3 月 11 日，贯彻国家职工养老保险制度改革，开始实行养老保险缴费。

3 月 27 日 ~28 日，中共南充第二丝绸厂召开第八届党代会，尚国英当选为厂党委书记，周绍君当选为厂纪委书记。

4 月，特招 28 名文艺、体育、时装模特等专业人才。

6 月，职工罗家玉、聂红波等 10 人获省缫丝、复摇单项操作能手。

6 月，开始实行厂《来宾备忘》登记制度。

8 月，成立厂职称改革领导小组，实施职称改革。

8 月 25 日 ~29 日，中国·四川·南充第三届丝绸节期间，时装表演获团体第一，服装设计获优秀奖，灯展获二等奖，新产品获金奖，销售额创纪录。

10 月，南充第二丝绸厂更名为四川南充嘉丽华丝绸集团公司（简称嘉丽华集团），黄河任总经理。

10月18日，取得丝绸自营进出口经营权，并在海南省兴办“海口金川企业发展公司”。

是月，被省确定为丝绸行业大型企业；职工庄维富等14人获嘉丽华集团首批技师任职资格。

11月，被全国总工会授予“全国模范职工之家”称号。

12月18日，召开嘉丽华集团成立暨南充第二丝绸厂建厂80周年庆典大会。

12月，成立嘉丽华集团党委、纪委、工会，尚国英任党委书记，周绍君任纪委书记，黄裕君任工会主席。

1993年

1月，制定了《嘉丽华集团职工内部退休暂行办法》，一次性办理478人退休。

2月，撤销服装、领带分厂，组建服装公司。

3月，制定《嘉丽华集团富余人员安置实施细则》，妥善安置富余人员544人；投资160万元，将自营公路改造成水泥路；与红旗坝村共同投资兴建南充京华丝厂。

6月，职工医院在南充市平城街27号设分院。

7月，外经贸部同意嘉丽华集团经营丝绸进出口业务，系全国第一家自营进出口权的丝绸企业，并成立进出口公司。

8月，试行岗位技能工资制。

8月18日，香港信报财经新闻载：中信实业集团宁发国际投资公司将控股51%收购四川南充嘉丽华集团有限责任公司。

8月25日至29日，组织产品参加中国·四川·南充第四届丝绸节。

11月，与香港鹰皇发展有限公司合资经营四川嘉鹰实业有限公司，生产经营电脑提花商标、标识、唛头（包括涤纶丝）、包芯丝等产品。

12月，纪念毛泽东诞辰100周年，举办《红太阳颂歌》歌咏比赛。

是年，投资140万元，新建职工住宅楼一栋；发行内部集资债券共筹资147万元。

1994年

3月，热电厂工段长、工程师李守富上班时触到万伏高压排身亡。

4月9日，举办首届南充市职工歌手大赛。

5月，聘任田茂炎等10人为第二批工人技师。丝织工程技术人员任赐斌发明的2/2重平边组织开口机申请到国家专利。

6月，中共南充市委任命冯斌为嘉丽华集团工作组组长，兼任副总经理。

9月，实行职工生活补贴，岗位工种职工每人每月15元，其他岗位职工每人每月12元，离退休（含病退）和长病休职工每人每月6元。

11 月，设立成都办事处；成立嘉丽华房地产综合开发公司。

是年，投资 40 万元，引进摩托罗拉寻呼设备，建嘉丽华寻呼台。投资 100 万元，购置中加合资生产的数字程控交换机。投资 80 万元，建立了计算机管理系统。进口日本制造的工业平缝机 150 台及配套辅机，建起四川丝绸行业中最先进的高档时装生产线。

是年，在北京举办的全国商品博览会上，国内贸易部部长张皓若参观嘉丽华集团的参展产品后称赞说“南充嘉丽华集团领带厂生产的领带很有竞争力”，四川省省长萧秧称赞说“嘉丽华集团领带厂生产的领带很受韩国人的欢迎和青睐，我们在韩国招商就是用的这种领带”。

1995 年

10 月，与台湾吉盈机械实业有限公司合资成立四川嘉美纺织有限公司，生产经营真丝针织无底缝内裤。

10 月，压缩立缫缫丝设备 6 组、自动缫丝机一组、织绸机 52 台、人员 788 人。

是年，修建 3500 平方米的微利商品房。

1996 年

1 月，四川嘉美纺织有限公司召开第一次董事会。嘉丽华集团投入嘉鹰、嘉美两公司的投资总额达到 940 万元。

4 月，因严重亏损，职工工资水平下浮 5% ~15%。

5 月，宋立新任嘉丽华集团党委书记。

5 月 17 日，为纪念罗瑞卿 90 周年诞辰，罗瑞卿之子国防科工委后勤部副政委、少将罗箭（1970 年下放南充丝二厂前缫车间工作）回到阔别 20 年的嘉丽华集团访问。

5 月 31 日，中共四川省委书记谢世杰到嘉丽华集团视察。

9 月，举行“迎八运”第七套广播体操比赛。

10 月 16 日，因调整产品结构，压缩缫丝上丝织产品，部分员工下岗，引发员工到市人民政府上访，阻断嘉陵江白塔大桥交通，经疏导解散，群众称为嘉丽华事件。

10 月 20 日，南充市茧丝绸公司副经理胡光明兼任嘉丽华集团总经理。

1997 年

1 月，举办学习邯钢经验培训班两期，每期 80 人，实行全脱产培训。

3 月，成立嘉丽华集团再就业服务中心，妥善安置各类富余人员 1700 余人。

4 月，实行“周五”工作制。

9 月，投资 380 万元兴办普格华茂丝绸有限公司，经营蚕茧、丝、绸缎及蚕丝下足原料及副产品。

11 月，常务副市长杜元耀、副市长吕友清在市政府后楼三会议室主持研究实施嘉丽华集团“减负增效，分块搞活，资产重组”方案。

1998 年

7 月，剥离嘉丽华集团的有效资产 7169 万元和负债 2629 万元，组建四川南充六合（集团）有限责任公司（简称六合集团）。嘉丽华集团分离后负债仍高达 1.1 亿元。

7 月，胡光明任六合集团董事长、总经理。

9 月，王蜀英任六合集团监事会主席。

9 月，制定六合集团工资分配方案。

12 月，成立六合集团兴欣实业公司。

1999 年

4 月，开始缴纳职工失业保险个人缴费部分。

8 月 24 日，南充市中级人民法院宣布嘉丽华集团破产。

8 月 27 日，六合集团职工子弟校移交南充市高坪区教育局管理。

10 月，成立六合集团汽车运输公司。

12 月，一次性办理 600 名职工退休。

12 月，嘉丽华集团破产清算终结，清算组与六合集团正式办理破产清算资产移交。

是年，六合集团生产的四川省名牌产品 19/22D 白厂丝亏损，被省黄牌警告，经过两年的努力，黄牌警告取消，2000 年 4 月 20 日恢复 19/22D 白厂丝名牌产品称号。

2000 年

2 月，王蜀英任六合集团工会主席。

5 月 26 日，宋立新任中共六合集团党委书记，张家玲任中共六合集团纪委书记。

7 月 14 日，王光富以 25 万元买断六合集团下属的南充六合房地产开发公司、南充六合建筑工程公司。

是年，六合集团缫丝规模达到 14000 绪，其中立缫机 10320 绪。之后缫丝规模压缩，淘汰 D201B156 立缫机 8 组、ZD721 自动缫丝机 4 组、压缩立缫 8800 绪。

2001 年

3 月 21 日，中共四川省委副书记杨崇汇到六合集团视察。

4月，南充市公交公司出资85万元买断六合集团公路客运经营权以及客车和维修设备。

6月30日，以每年600元买断职工工龄，2792名职工与六合集团正式解除劳动关系。7月31日，与六合集团解除劳动关系的732人户口迁回原户籍所在地落户。

8月，外经贸部部长石广生关注六合集团的服装出口，指示外经部在解决实际问题上给予支持。

10月22日，南充市民政局将原南充丝二厂在20世纪60年代初精简的81人的定额生活困难补助纳入民政部门管理。

10月29日，将计划生育、独生子女证办理、家属区安全、治安管理等工作移交给都京镇政府。

是月，中共四川省委常委、组织部部长李建华到六合集团视察。

12月6日，向市广播电视局申请收转《凤凰卫视中文台》，2002年1月1日起，六合集团职工及家属可收看此台节目。

12月27日，四川省政协主席秦玉琴到六合集团调研。

2002年

1月11日，与深圳金维服装有限公司、香港怡德实业公司共同出资600万元，组建中外合资企业——四川金合纺织有限公司。

2月28日，设立织绸总厂。

3月7日，中共四川省委常委、省总工会主席甘道明到六合集团调研。

5月23日，整体购买原南泰丝绸集团公司剑杆织机24台及其配套设备。

5月30日，将六合集团自营公路移交高坪区交通局管理。

6月3日，中共四川省委书记周永康到六合集团视察。

8月，四川金合纺织有限公司正式投产，填补了四川中高档天然纤维交织面料生产空白。

是年，四川金嘉服装公司扩建工程竣工，成为四川最大的出口服装生产基地。

2003年

4月21日，成立非典型性肺炎应急领导小组，胡光明任组长，宋立新、王蜀英任副组长。

4月12日，南充市人民政府市长杜光辉，副市长李志杰在六合集团总经理胡光明等陪同下赴深圳考察洽谈六合集团与美国保利集团投资公司合资项目和金嘉服装公司合资扩能项目。

6月26日，3520名离退休职工正式纳入城镇基本医疗保险。

9月，王蜀英当选中国工会第十四次全国代表大会代表。

2004 年

9 月 1 日，能源公司望江取水站发现取水口出现大面积油污染，及时向市环保局报告并停止取水，停产造成六合集团直接经济损失 22.23 万元，影响供水 2 天。

2005 年

6 月，投入 200 万元实施煤改气工程，淘汰 10 吨、20 吨燃煤锅炉各 1 台，新上 1 台 8 吨燃气锅炉，实现稳定达标排放。

9 月，任立荣任六合集团董事长、总经理。

9 月 16 日，130 名退休职工到市委上访，要求解决退休待遇偏低的问题。

10 月 13 日，任立荣任四川省丝绸商会副会长。

2006 年

6 月 28 日，中共四川省委书记张学忠，省委副书记、省长张中伟到六合集团视察，张学忠为六合集团题词“创国际品牌，铸一流企业”，张忠伟题词“百年六合，丝绸名品”、“科技兴企”。

10 月 23 日，组建六合炼染公司。

11 月 6 日，团中央下派博士生牛新生任六合集团副董事长、副总经理，任期一年。

12 月 1 日，六合缫丝厂股份制改造成功。

是年，投资 360 万元，修建省内丝绸企业第一家污水处理厂，实现了废水达标排放。投资 2500 万元购置 36 台意大利宽幅剑杆织机和国产配套经纬设备投入生产运行。

2007 年

1 月 12 日，制定出员工工资标准及工资管理办法（试行）。

9 月 7 日，污水处理厂竣工，试运行达到排放标准，经南充市环保局验收合格。

9 月 18 日，兑现 2001 年 6 月企业改制后 500 余人的安置券。

10 月 21 日，济南军区原副司令员、中将钟声琴到六合集团参观。

11 月 6 日，六合集团通过 ISO 9001 质量管理体系认证。

11 月 7 日，国家发改委副主任欧新黔到六合集团调研。

11 月 13 日，完成了缫丝设备技术升级换代，淘汰了老式自动缫丝机和高能耗煮茧机，购置了国内最先进的新型自动缫丝机和节能煮茧机。

是年，实现销售收入3.63亿元，上缴税金1038.82万元，出口创汇1316.75万美元，创历史纪录；六合集团启动“百年六合”品牌建设，并将“百年六合”确定为商标名称，开展商标设计。

2008 年

3月28日，为解决困难职工住房问题，经南充市国资委同意，将购置的厂区外停车场土地9772.5平方米划拨给都京镇人民政府修建经济房和廉租房。

5月12日，在四川汶川8级大地震中，集团厂房、设备、住宅毁损严重，经济损失达1732万元。

5月13日，调整六合集团董事会成员，任立荣继任董事长、总经理。

是年，六合集团被四川省人民政府授予“四川老字号”企业称号；投资800多万元，新建厂房2400平方米、搬迁设备120台（套）、维修厂房8000平方米、职工住房1462.68平方米，完成灾后重建工作；投资1350万元，引进24台进口剑杆织机及经纬配套设备，进行第二期剑杆织机技改，形成生产100万米各种高档家纺面料的能力。

2009 年

4月14日，成立户表改造工程领导小组，将原职工家属宿舍的电表改造为一户一表。

4月28日，四川新维服装公司暨产业转移一期工程竣工投产。

6月11日，中共四川省委常委、省总工会主席李登菊到六合集团调研。

8月6日，成立甲型H1N1流感防控工作领导小组，负责对甲型H1N1流感的防控。

9月，六合集团被团省委授予青年就业创业见习基地。

2010 年

4月19日，污水处理厂在废水排放口安装自动在线监控监测仪。

8月14日，全国茧丝绸工作会及“高峰论坛”在南充召开，商务部市场运行司司长、国家茧丝办主任王炳南、中国茧丝绸协会会长弋辉率与会代表近200人到六合集团参观。

12月26日，被授予国家纺织工业先进集体。

是月，张国芬被授予全国纺织工业劳动模范。

是年，购置10台电子大提花龙头，集成10台剑杆提花织机，生产遮幅大提花面料。

2011 年

1 月 20 日，制定出“十二五”发展规划纲要。

4 月 28 日，被四川省总工会授予“四川省五一劳动奖状”称号。

6 月，中央电视台六频道在六合集团拍摄电影《情系凌云山》。

7 月 5 日，成立资产租赁竞标领导小组，租赁的资产全部进行招投标。

11 月 9 日，成立百年庆典筹备委员会和“六合集团志”编纂办公室，为百年庆典作准备和筹备编纂《六合集团志》。

12 月 13 日，启动《六合集团志》编纂工作，特邀原南充市轻工业局调研员、《南充市志》特邀副总编罗永师担任主编。

12 月 20 日，73 岁退休职工龙玉萍撰著的《红花》诗集由中国文联出版社出版，龙玉萍被中国作协接纳为会员。

是年，六合集团新购进 10 台电子大提花龙头，形成 20 台剑杆提花织机规模；新建 60 万米宽幅面料炼染生产线；采用烟道余热回收技术对锅炉进行节能改造，节能率达 7.85%，全年节约天然气 9.43 万立方米。

企业沿革

民国元年至2年（1912～1913），六合集团的前身——兴隆丝厂和果山蚕业社分别在南充县都京坝和南门坝创立。民国6年（1917），盛克勤、王理臣等6人集资在南充县城学院街玄庙观创办六合丝厂。果山蚕业社技术人员和剩余资产并入六合丝厂。民国9年（1920），常俊民、杨成之等人集资在南充县城内小北街雍家祠堂创办合记丝厂，民国10年（1921）购买兴隆丝厂后更名为同德丝厂，民国13年（1924），与重庆“德合恒”商号老板胡露轩合资后将厂址迁往南充县都京坝。民国18年（1929），六合丝厂迁至南充县都京坝。民国20年（1931），六合丝厂、同德丝厂合并，更名为同六丝厂，为当时四川第一大丝厂。民国22年（1933），同六丝厂纳入四川大华生丝公司，成为其成员厂。民国26年（1937），同六丝厂纳入四川丝业公司后更名为四川丝业公司第二制丝厂（简称南充丝二厂）。

1952年4月25日，四川丝业公司第二制丝厂更名为西南蚕丝公司第二制丝厂。1959年12月6日，西南蚕丝公司第二制丝厂更名为四川省南充专区第二缫丝厂。1962年10月23日，复更名为四川省南充第二缫丝厂。1969年4月15日，再更名为四川省南充地区第二缫丝厂。1983年，四川省南充地区第二缫丝厂更名为四川省南充地区第二丝绸厂。1992年12月18日，四川省南充地区第二丝绸厂更名为四川南充嘉丽华丝绸集团公司。1998年7月，剥离四川南充嘉丽华丝绸集团有效资产和债务，组建四川南充六合（集团）有限责任公司，7月15日正式登记注册成立至今。

【兴隆丝厂】民国元年（1912），西充县占山场（今占山乡）富商傅骏三，投资万两白银，在南充县都京坝备置的60亩土地上，创办兴隆丝厂，傅骏三自任厂长。厂部设管事、账房和跑街先生（打听市场行情的人），账房和跑街先生系傅亲友，并从潼川（三台县）聘4名缫丝织绸技术人员作技术指导。是时，兴隆丝厂有木质缫丝车、织绸机各40台，工人150名，缫丝为座缫。缫丝原料——蚕茧，系每年春茧上市（当时南充域内只养一季春蚕），厂里派出人员到西充、岳池、射洪、盐亭等县的乡场进行收购。缫丝系季节性生产，生产的产品有直缫丝、摇经丝、绸缎三种。生产的直缫丝不出售，直接加工成摇经丝，织成湖绉和花绸，运往成都、重庆、云南等地出售。年产生丝200多关担（1关担为100公斤），产湖绉、花绸1800匹，年产值近2万银币。民国6年（1917），傅骏三病逝，由其侄傅如培续办，因经营不善连续3年亏损，民国10年（1921）被同德丝厂收购。

【六合丝厂】民国3年（1914），张澜、盛克勤、王行先、奚致和等在南充县城南门坝创建果山蚕业社，为南充培养栽桑养蚕、缫丝织绸人才，并购置脚踏缫丝车60台，有工人100人缫制匀度扬返丝。民国5年（1916），果山蚕业社遭遇洪灾，损失惨重。民国6年（1917），盛克勤与王理臣、李锡中、聂森森、李书五、王行先、袁柱禹等6人集资白银5万两，租借南充县城学院街玄庙观创建六合丝厂，果山蚕业社剩余资产和技术人员并入六合丝厂，股东会推选盛克勤任厂长。六合丝厂缫丝用的蚕茧仍由厂里派人春茧上市时到乡场收购，生产的“金鹿”牌生丝，质量名列南充蚕丝业之首，每担生丝高于其他丝厂10块大洋。民国18年（1929），盛克勤与重庆“德合恒”商号老板胡露轩等人合资，集资白银5万两，将六合丝厂迁到南充县都京坝，毗邻同德丝厂新建。新建的六合丝厂占地28000平方米，建缫丝房4幢、办公楼1幢、工人宿舍2幢、食堂1幢、选茧工场1幢，安装座缫车440台、复摇机260台、煮茧机1台、锅炉1台、大小柴油机6台、发电机2台、车床及刨床各1台，生产的蚕丝由重庆德合恒转运上海销售。民国20年（1931），六合丝厂与同德丝厂合并后更名为同六丝厂。

【同德丝厂】民国9年（1920），南充县商人常俊民（常德源）、罗玉廷、韩德、杨成之等合资，在南充县城内小北街雍家祠堂开办合记丝厂。民国10年（1921），合记丝厂会同重庆“德合恒”商号老板胡露轩，合资购买兴隆丝厂厂房和设备后更名为同德丝厂，专事缫丝，股东会推选常俊民担任厂长。蚕茧是春蚕上市时厂里派人到乡场上收购。民国14年（1925），同德丝厂股东会集资白银5万两增修厂房，购置蒸汽锅炉1台，添置其他设备，扩大缫丝生产能力。是年，缫丝车达300台，工人400人，年产生丝180关担。民国17年（1928），添置缫丝车246部、蒸汽发电机2台，使用电灯照明缫丝，年产生丝350关担，成为南充当时最大的缫丝厂之一。生产的14旦尼尔黄细丝，用木船运往重庆，交德合恒商号验收后转上海久大丝栈（生丝交易所）销国外。民国20年（1931），同德丝厂、六合丝厂合并后更名为同六丝厂。

【同六丝厂】民国20年（1931），南充蚕丝业正盛时节却因世界经济危机的影响，日本生丝以质优进入上海市场廉价抛售，上海丝价猛跌，川北生丝每关担由1100两银跌到270两银，南充、西充土丝每100两价仅49元，惨称生丝与豆芽同价时期。同德丝厂、德合丝厂（南充丝三厂）两厂被迫按成本价的1/7抛售。为共渡难关、走出困境，六合丝厂与同德丝厂合并，更名为同六丝厂，盛克勤任厂长。8月，盛克勤因中暑热猝然辞世后由胡叔怡接任厂长。是时，同六丝厂有缫丝机近1000台，工人1200人，系全省第一大缫丝厂。同六丝厂生产的黄丝、白丝运往上海销售。

民国22年（1933）1月12日，四川善后督办总署为图川丝振兴，在重庆设立川丝整理委员会，川丝整理委员会将全省11家铁机大丝厂联组成四川大华公司，同六丝厂纳入四川大华公司，仍在原厂生产。四川大华公司属官商合办公司，省银行贷款25万元银币给同六丝厂采购蚕茧，采取“代缫加工”方式进行生产，生产的产品交四川大华公司出售，四川大华公司因经营不得其法，于民国24年（1935）5月25日宣布停业。

【南充丝二厂】民国26年（1937）5月8日，四川省政府将四川大华公司改组成四川丝业公司，实行官商合办，对茧丝绸进行统制。同时，把南充的同六丝厂更名为四川丝业公司第二制丝厂（南充丝二厂），胡叔怡仍任厂长。民国 30 年（1941），四川省政府被迫开放蚕丝业统制，给南充丝二厂带来了发展机遇，上任的厂长乔纪六从重庆同浮丝厂购回意大利铣台面五绪座缫车 120 台，扩大缫丝规模。20 世纪 40 年代，南充丝二厂有缫丝车 1000 多台，复摇机 626 台，工人 1600 多名，年生丝产量占四川丝业公司丝产量的 50% 以上，年产值占四川丝业公司年产值的 30% 以上，生丝大都出口。民国 36 年（1947），《中蚕通讯》第一卷 34 期登载的缫丝企业情况资料称：当时全国最大的缫丝企业缫丝车均在 800 台以下，因此，南充丝二厂被缫丝界同仁誉为“世界缫丝业大厂之最”。

1949 年 12 月 10 日，南充县城解放。1951 年 1 月 9 日，南充军事管制委员会委派军代表段振家接管南充丝二厂。1952 年 4 月 25 日，四川丝业公司更名为西南蚕丝公司，四川丝业公司第二制丝厂亦更名为西南蚕丝公司第二制丝厂，群众仍称南充丝二厂。此时，南充丝二厂已完成民主改革，成为南充最大的全民所有制企业。

1958 年 3 月，西南蚕丝公司撤销，丝绸生产管理工作移交四川省轻工业厅。次年，四川省轻工业厅将原西南蚕丝公司管理的第二、第三、第四（阆中丝厂）丝厂下放给南充专区管理，12 月 6 日，西南蚕丝公司第二制丝厂更名为四川省南充专区第二缫丝厂。1962 年 10 月 23 日，南充专区的各国营丝绸企业上收四川省轻工业厅管理，四川省南充专区第二缫丝厂更名为四川省南充第二缫丝厂。1969 年 4 月 15 日，四川省革命委员会将省管的丝绸企业下放给各地区管理，四川省南充第二缫丝厂更名为四川省南充地区第二缫丝厂。不论南充丝二厂的全称怎样变更，群众仍习惯称之为南充丝二厂。

【四川省南充地区第二丝绸厂】1958 年，南充丝二厂自制木质织绸机 44 部，开始织绸。1963 年停止织绸。1972 年，设立织绸车间恢复织绸，至 1983 年，织机由 1972 年的 46 台增加至 288 台，老式铁木织机全部淘汰，年丝织品产量由 1972 年的 19 万米增至 253 万米，40 个品种先后投产，南充丝二厂已由单一的缫丝生产发展成缫丝织绸的综合性生产企业。1983 年，更名为四川省南充地区第二丝绸厂。

1985 年 8 月，南充第二丝绸厂实行内设机构改革，设置“八大部”、“三公司”。“八大部”、“三公司”管理体制执行至 1992 年底。

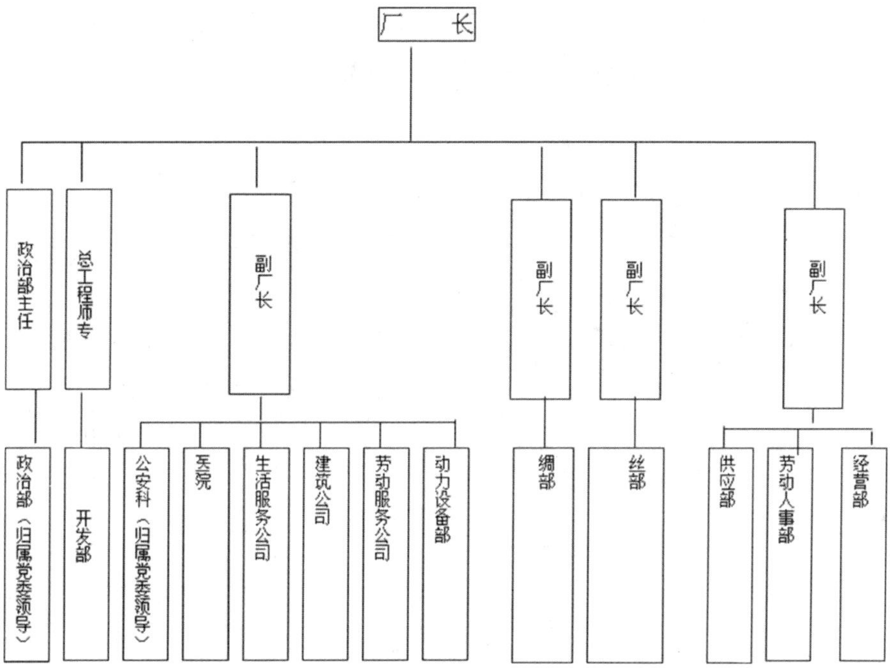

【**四川南充嘉丽华丝绸集团公司**】1992 年 12 月 18 日，南充第二丝绸厂改组更名为四川南充嘉丽华丝绸集团公司（简称嘉丽华集团），在原南充第二丝绸厂的基础上先后组建缫丝厂、织绸厂、纺织配件厂、热电厂、服装公司、领带厂、物资供应公司、建筑公司、汽车运输公司、原料供销公司、万隆服务公司、双益公司、华府公司、嘉丽华房地产综合开发公司、嘉丽华寻呼台；投资联办京华丝厂、高坪区丝绸厂、《华商报》；嘉丽华集团参股的企业有金丰房地产开发股份有限公司、阆中丝绸集团股份有限公司；中外合资创办的企业有四川嘉鹰纺织有限公司。嘉丽华集团在北京、深圳、杭州、成都、重庆等地开设有办事处，内设总经理办公室、计划处、财务处、劳动人事处、销售处、物资供应处、仓库管理处。蚕茧供销公司、建筑公司、汽车运输公司、万隆服务公司、华府公司、双益实业公司、服装公司、制丝生产技术科、织绸生产技术科、公安科、退休职工管理科、科研所、检验测试中心。党委群团机构设立公司党委办公室、组织人事处、宣传教育处、监督检查工作部、处室党支部办公室、工会、团委。

1994 年以后，国际丝绸市场销售不畅，国内丝绸市场疲软，市内又出现多渠道收购抢茧，提高茧价 1 倍以上，全市茧丝绸行业出现巨额亏损，嘉丽华集团亦现亏。至 1999 年因连年亏损，嘉丽华集团负债率高达 160% 而申请破产，8 月 24 日南充市中级人民法院宣告嘉丽华集团破产，随即成立清算组接管企业。清算组将嘉丽华集团全部人员、破产清算资产 5390.18 万元移交给四川南充六合（集团）有限责任公司经营、管理。2001 年 5 月 31 日，对原嘉丽华集团的 2792 名职工以 600 元/年的工龄安置标准买断工龄，与企业正式解除劳动关系。

【**四川南充六合（集团）有限责任公司**】1998 年 7 月，经南充市国有资产管理局、南充市体改委批复同意，从嘉丽华集团剥离有效资产 7619 万元和负债 2629 万元组建

"四川南充六合（集团）有限责任公司"，7 月 15 日正式登记注册成立。

四川南充六合（集团）有限责任公司结构示意图

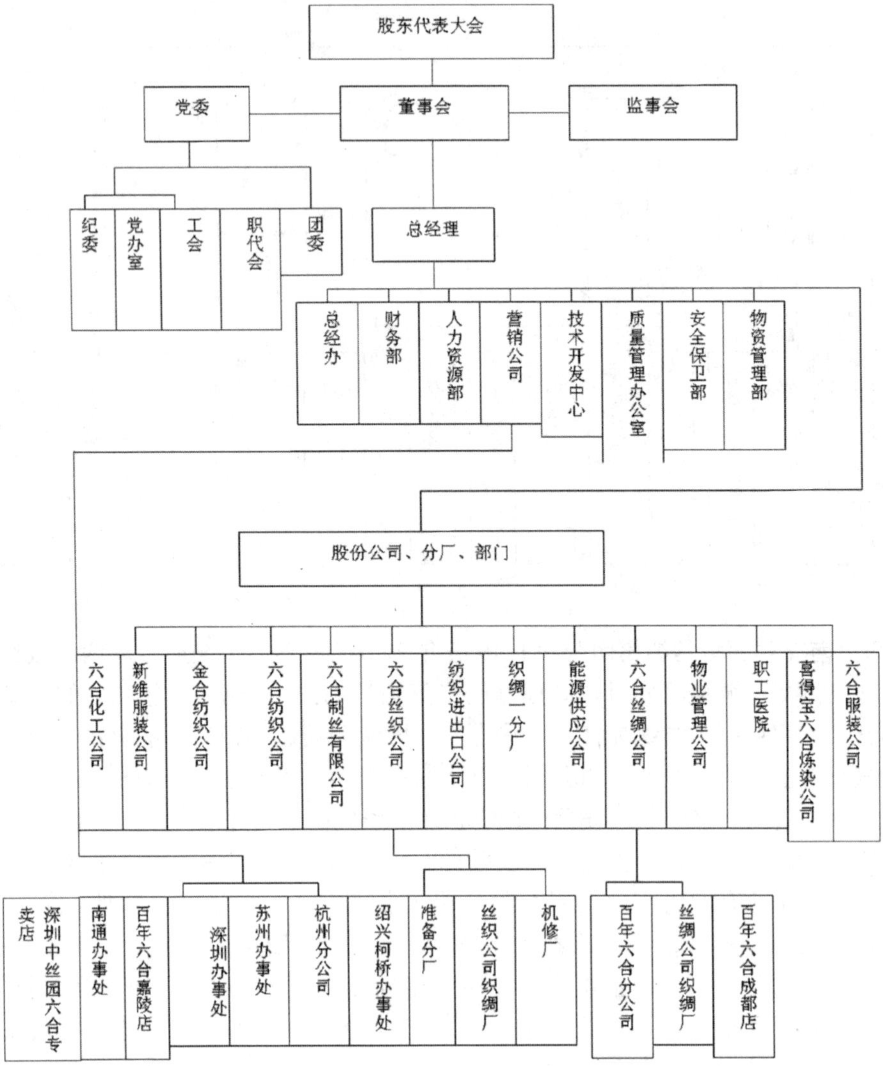

至 2011 年，六合集团注册资金达 4540 万元（国有独资），占地 165 亩，职工 1600 余人，拥有平缝机 800 台、剑杆织机 89 台、有梭织机 450 台、自动缫丝机 9 组等设备，管辖四川新维服装公司、六合服装有限公司、金合纺织有限公司、六合制丝公司、六合丝织公司、六合纺织公司、六合炼整分厂、六合丝绸公司等 14 个独立和非独立的子公司和分公司，形成了年产优质桑蚕丝 250 吨、交织及纯真丝中高档服装面料 1000 余万米、各式高档服装、领带、丝巾、真丝内衣等旅游制品 300 万件（套）、坯绸炼白 1400 万米的生产能力。是四川旅游产品定点生产企业，POLO、G2000、U2 等国际著名品牌服装在西部地区最大的出口加工基地，四川省政府首批小巨人企业，获中国纺织行业先进集体、全国丝绸企业 40 强。产品远销美国、日本、韩国、东南亚及中国香港、澳门等 30 多个国家和地区。

企业生产

民国元年至9年（1912～1920），兴隆丝厂既缫丝又织绸。民国6年（1917）至1957年，六合丝厂、同德丝厂、同六丝厂、南充丝二厂只缫丝不织绸。1958年至1962年，南充丝二厂以缫丝为主并生产部分绸缎产品。1963年～1971年，又只缫丝不织绸。1972年，恢复织绸生产。1984年～1990年，南充第二丝绸厂在保持原有产品的同时，调整产业、产品结构，增加丝绸服装生产，以服装生产促进丝绸生产，以丝绸面料保证服装生产，提高产品附加值。随即开展横向经济联合，引进上海服装十四厂和上海领带厂，生产丝绸出口产品，POLO、G2000、U2等国际著名品牌服装均由南充六合集团生产。至2011年，六合集团已发展成为集缫丝、织绸、炼染、丝绸产成品生产为一体，拥有完整产业链，具有百年丝绸生产历史的企业集团，从原料型生产转变成为消费者终端产品的生产。

【缫丝原料】缫丝原料为蚕茧。兴隆丝厂、六合丝厂、同德丝厂、同六丝厂的蚕茧均采取每年春茧上市时，厂方派出人员到西充、射洪、盐亭、岳池等县的乡场，与卖茧方对议收购，或通过当地掮客（经纪人）撮合收购。收茧量具是竹制篾篼平品硬刮。收茧价格不定，一般采用肉眼估价，厂方收茧人员与蚕农议价等方式作价。收茧无固定房屋，大多租用庙宇、祠堂或民间空房设立收茧点，设置临时土炕灶，采取边收边烘杀蛹。一季收购的蚕茧只够工厂生产半年，不足部分工厂自行去外地购运。

民国26年（1937）10月，四川省政府颁布《管理蚕丝业办法大纲》，赋予四川丝业公司独家制造改良蚕种、独家收购改良蚕茧的特权。四川丝业公司在南充、阆中、西充等生产改良蚕茧的县设茧庄收购蚕茧。是时，同六丝厂纳入四川丝业公司后更名为四川丝业公司第二制丝厂，其缫丝为“代缫加工”，缫丝茧由四川丝业公司“统一收购，统一分配”。因四川丝业公司收茧价格过低，有时低于土茧价，南充境内蚕农毁桑严重。四川丝业公司分配给南充丝二厂的蚕茧只够生产8个月。缫丝茧统收统分的蚕茧收购体制持续至1956年。其间，1950年～1956年，南充丝二厂的缫丝茧先后由四川丝业公司、西南蚕丝公司调给。

1950年～1956年蚕茧调给量统计表

年份	分配的蚕茧数量（公斤）	年份	分配的蚕茧数量（公斤）
1950	1329112	1951	1098354
1952	1730106	1953	1441178
1954	1896419	1955	2157305
1956	1844212		

1957年，西南蚕丝公司南充办事处撤销，南充丝二厂接管西充、岳池、蓬安、营山、广安、武胜6县共计21个茧站，89付炕灶。实行自抓蚕桑生产和蚕茧收烘。如遇蚕茧歉收，由省、地轻工主管部门负责调剂缫丝茧。1963年，武胜县的茧站划归南充丝三厂后至1977年，南充丝二厂的茧站增至66个，炕灶增至247付，修建茧站，添置炕灶共计投资200万元，新建的茧站建筑面积达5500平方米。

南充丝二厂（1957年~1977年）自办原料时期蚕茧收烘数量统计表

年份	数量（公斤）	年份	数量（公斤）
1957	1462786	1958	1688116
1959	1804967	1960	1839954
1961	1544361	1962	1388626
1963	1170343	1964	1402174
1965	1683140	1966	1935632
1967	2212900	1968	2837256
1969	299776	1970	3298427
1971	3659705	1972	3500287
1973	3896589	1974	4553544
1975	3703131	1976	4313356
1977	4415110		

南充丝二厂自办原料时期的蚕茧收购价格一律按国家物价政策执行。20世纪50年代末期，按5等9级的蚕茧价格收购蚕茧。20世纪60年代，对蚕茧收购价格作了简化。1970年~1976年，执行鲜茧干壳量分级，50公分鲜茧干壳量，每相差0.3公分为1级。新法评级的基础级规定，50公分鲜壳茧干壳量73公分，上车率90%，色泽净度正常。每公斤2.3元。每公斤升或降1级，增加或减少0.1元。上车率和色泽匀度均采取肉眼鉴定。评级方法，均干壳量用50公分鲜光茧，采取一定量粒办法抽样，剖开后取出肾及肾皮，将茧壳烘至无水衡量，以无水茧壳作定级依据。收购蚕茧时选出的下足茧，收购价格仍按国家物价政策执行。双宫茧每公斤1.6元；黄斑、柴印、蛆壳、棉花茧，每公斤1.2元；白茧、薄皮茧每公斤0.6元。1977年，内部调拨双宫干茧，按每公斤5.5元计价。外调干茧，按每公斤8.20元计价。

1978年2月5日，南充地区丝绸工业公司成立，南充丝二厂原属的西充、岳池、蓬安、营山、广安5县的茧站移交南充地区丝绸工业公司经营管理，各国营丝厂缫丝茧实行原庄调拨，调拨价格按国家物价部门规定的价格执行，实行收茧成本加费用、加管理费的价格计价，每年分配1次，新茧收购结束，再根据蚕茧丰歉情况作小调整。1984年，南充地区茧丝绸公司按照“三保”、“两定”（保名牌、保出口、保绢纺、定消耗、定茧站）的原则分配缫丝茧，保证全区国营、二轻、乡镇缫丝企业缫丝茧的需要量。1985年，继续按“三保”、“两定”的原则分配缫丝茧。

南充地区茧丝绸公司（1978年~1985年）调拨给南充丝绸二厂的蚕茧量（干茧）

年份	调拨数（公斤）	年份	调拨数（公斤）
1978	1449802	1979	2136515
1980	1996857	1981	1952665
1982	1984494	1983	1901335
1984	1702423	1985	1674100

1986年~2001年，蚕茧收购、调拨仍由地、市茧丝绸公司（市茧丝绸行办、市茧丝绸协调办）负责，其间，地、市也曾一度将南充、西充、仪陇、蓬安4县的蚕茧收购下放到县，导致南充撤地建市后全市多渠道收购经营蚕茧，发生蚕茧大战，抬高茧价1倍以上。南充市人民政府又先后将南充、西充、仪陇3县的蚕茧收购收回市上，只留蓬安县作体改试点。1986年，南充地区茧丝绸公司原庄调拨给南充第二丝绸厂蚕茧1324770公斤，而到2001年，南充市茧丝绸协调办只调给六合集团蚕茧774290公斤，减少42%。1986年~2001年，地市茧丝绸公司共计调给六合集团蚕茧1627737公斤。2002年8月，市茧丝绸管理体制改革后不再对企业调拨蚕茧，各企业生产需要的蚕茧收购按市场机制运作。2002年~2006年，六合公司每年从嘉陵区、顺庆区、阆中市、南部县、仪陇县、重庆市江津等蚕茧公司采购300000公斤左右蚕茧；2007年~2011年，六合集团每年从嘉陵区、顺庆区、阆中市、南部县、仪陇县、重庆市江津、重庆市奉节、宜宾市高县、广西宜州、攀枝花等蚕茧公司采购450000公斤左右蚕茧。

【缫丝阶段】民国元年（1912）至2011年，六合集团缫丝生产经历了手工作坊缫丝、座缫、立缫、自动缫4个发展阶段。2011年，缫丝生产全为自动缫丝。

手工作坊缫丝　民国元年（1912），兴隆丝厂创办时，用40台土制木质缫丝车缫丝，缫制直缫丝和摇经丝。

直缫丝一般缫三绪头，缫丝工用脚踏木车作动力，每绪8粒~12粒，黄色土茧，用普通煮饭的铁锅架在简易灶上煮茧。学徒工烧火，每个学徒工负责烧2个灶，每灶规定每时烧柴40斤。一个缫丝工产量为3匹（每匹1.6两），不计时间，完成3匹产量后下班。

摇经丝亦用脚踏木车，其工艺不同于直缫丝有三处，一是正头（不接头）；二是丝较细，每窝只有七粒黄茧；三是绕丝的篗子特别大，围径在一尺以上，每工日每个缫丝工缫5两丝。

六合丝厂、同德丝厂创办时，亦用木质缫丝车进行缫丝。民国14年（1925），生丝产销两旺，同德丝厂增修厂房，添置250台木质缫丝车扩大缫丝生产。

座缫　民国14年（1925），生丝产销两旺，同德丝厂在添置250台木质缫丝车扩大缫丝生产后仍满足不了生丝市场需要，又购置日本信州式座缫车246部，分两通，使用锅炉动力。民国17年（1928），同德丝厂又添置铁质座缫车246部，计四通，有492部车位。年产丝350公担，耗用缫丝茧40万斤。用土茧制丝，其茧层薄、解舒难、色泽差，品质一般为14旦尼尔（是时，国际生丝市场无匀度要求）。

民国19年（1930），六合丝厂购置日本信州式座缫车444台。六合丝厂、同德丝厂都购置了煮茧机，改进了煮茧技术，缫丝锅里设置了水管和蒸汽管，分季节生产，每年生产6个月左右。六合丝厂生产的条份为14旦尼尔、21旦尼尔，条份好、匀度高、色泽佳，为国际生丝市场畅销品，在上海生丝市场上供不应求。六合丝厂生产的生丝质量为四川省内各丝厂追赶的目标。

民国26年（1937），从重庆同孚丝厂拆回意大利式铣台面五绪座缫车120部，缫21旦尼尔细丝，年产生丝600公担，质量为C级。是时，南充丝二厂系四川丝业公司管辖的7家丝厂中最大的丝厂，缫丝机台和年产值占四川丝业公司的1/3，年产生丝占四川丝业公司的50%，生产的生丝直接外销，每年销售印度条份丝（60旦尼尔）600公担，销售泰国（100旦尼尔）80公担。

1950年，南充丝二厂有座缫车444部。1953年，座缫3级茧五绪改为六绪，车速每分钟228转，生产效率大幅度提高。是年，缫丝行业立缫车大量投入、座缫车被逐渐淘汰，至1975年，座缫车减至96部。1977年，为利用下脚茧生产土丝和双宫丝，保留了2部52个车位。其余座缫车全部拆除安装立缫车，工人分别充实到立缫后缫及茧站。至2011年，仍用座缫机生产粗条份丝。

立缫　1950年，为满足缫制匀度扬返丝出口，川北行署对生产土丝实行限制，提倡用立缫车进行缫丝。1953年，南充丝二厂购置立缫车2台52个车位。至1956年，共有208部立缫车。最初的立缫车是双人车，后改为3人组合车，1965年改为单人操作。1975年，有立缫车526部，年缫生丝5500公担～6000公担，占南充地区生丝产量的50%、全省年生丝生产量的20%以上，其中90%以上的生丝出口。1985年，立缫车增至11440绪。1990年，南充第二丝绸厂淘汰B201B型4000绪立缫机，上6组A型CD－12400绪立缫机。2003年，立缫全部淘汰。

自动缫　1956年，南充丝二厂引进1台日本“多摩式”定粒自动缫丝车，投产1年后拆除交遂宁丝厂。1974年，又购置1台无锡生产的D101定纤式自动缫丝车，因缺少设备配件，1977年拆除。1983年，购置4台四川资中纺机厂生产的ZD721定纤式自动缫丝车，1台400绪，20个车位，12人操作，节约人力一倍多。至2011年，自动缫丝机增加至11组，缫丝能力为3968绪。

【缫丝工序】缫丝工序有混、剥、选茧、煮茧、缫丝、复摇、整理包装、屑物处理等工序。

混茧　扩大茧批，平衡茧质，解决尴尬纤度。民国时期，人工混茧，茧尘很大。南充解放后，南充丝二厂混茧逐步发展到机械混茧，除尘一体化。

剥茧　清光绪元年（1875），《西充县志》记载，“回柚（采茧俗称为回柚）后就要剥茧（将茧子外一层蒙透子剥去）。语云：蚕忙不如茧忙，毛茧最易发蒸，

一蒸不好做丝，须一二日剥完、薄摊”。兴隆丝厂、六合丝厂、同德丝厂、同六丝厂大都缫制低档丝粗丝，一般不剥除茧衣。民国26年（1937），南充丝二厂剥茧仍沿用民间剥茧方法，用手在茧篓内轮翻搅动将毛茧的茧衣剥去，每个工日剥茧20公斤以上。民国27年（1938），开始设置剥茧工场，人工剥茧，每人每个工日剥茧20公斤以上。民国36年（1947），在全省首用手摇剥茧机剥茧，台时产量达到10公斤以上。1953年，学习南充丝三厂使用电动剥茧机剥茧，大幅度提高工效的经验，结合厂里实际，制定了毛茧

剥光率指标，对剥茧实行严格的工艺技术检查。1959 年，为便于工人掌握剥茧操作法，组织技术人员编写了剥茧操作歌："铺茧稀密要相当，手对刀口毛茧光，杂物阻塞要拉快，拉掉茧衣要正常"。1977 年，使用快速电动联合选剥机剥茧，台时产量提高到 120 公斤～150 公斤，剥光率达 92%。至 2011 年，六合集团亦采用快速电动联合选剥机剥茧。

选茧 清光绪《西充县志》载"选茧是边剥茧边选茧。剥茧时，将大茧（一名同宫）、双头、尿茧、柴凹茧、细茧逐一分析易贮"。六合、同德、同六丝厂均设选茧工场，选茧定额每工日 6 公斤～7 公斤。民国 29 年（1940），南充丝二厂按生产 76. 78 分匀度丝、60 旦尼尔粗丝和 100 旦尼尔双宫丝所需原料，制定选茧标准和各级茧成数为：一级茧 10% 以上；二级茧 60% 以上；三级茧 40% 以上；余为四级和下脚茧。选茧操作工序是：选茧工先把光茧倒在木板选茧台上，然后四面围坐，从光茧中选出统级茧、四级茧、蛆茧、双头、白茧和重黄斑等下脚茧。上车茧和下脚茧由 1 人单独作业。

1954 年，采用荧光选茧，在选茧台面下，设灯光透视，把夹杂于级茧中的印头、内染、死笼等下脚茧剔选干净，使级茧质量提高 1% ～2%。是年，自制选剥联合机，选剥工序增添复选（翻茧）。只选统号茧时，第一道工序选下脚茧，第二道工序选四级茧，每个工作台 12 个人；分大、小统茧时，第一道工序选下脚茧，第二道工序选大统茧，第三道工序选四级茧，每个工作台 16 个人，复选工仍在木板上选茧。

1962 年，制定选剥场管理员责任制，换庄选茧之前，召集生产组长验收研究样板，校对目光，混茧按庄口比例分包，一轮 20 包均匀混合。选茧分级比率开差以 3% 为限，200 粒茧重量开差以 3 克为限，每公斤粒数上下不超过 5 粒。每天上午，会同煮茧技术员检查选茧质量，不合标准者退回重选。收工时，级茧全部入库。

20 世纪 70 年代后期，南充丝二厂缫制高品位丝，采取精选分级或分型的工艺，严格选出次茧，使茧粒整齐保持在 60% 以上。同时，根据茧质，结合缫丝等级制定工艺要求，进行单庄或并庄选茧。

1978 年，南充地区轻工业局制定了《选剥茧操作考核办法》，对南充丝二厂剥茧工和选茧工考核水平记述如下：

南充地区轻工业局 1978 年对南充丝二厂选剥茧工操作水平考核表

左手次数（次/分）	右手次数（次/分）	选茧量（公斤/小时）	误选率（%）	剥光率（%）	传动带速度（米/分）	传动带宽度（厘米）	铺茧量（粒/50cm^2）
63. 20	67. 40	6. 15	2. 13	89. 98	7. 40	30	161

至 1985 年，南充地区茧丝绸公司不定期对南充第二丝绸厂选剥茧工操作水平进行考核评比。1986 年～2011 年，六合集团根据生产要求制定了选剥茧质量标准，其剥选茧质量标准是：

一、无级茧率：允许标准为 4%，3 包为一批，每批抽样 0. 5 公斤，对照标准样板，鉴定标准茧内的无级茧数量与全茧的百分率，并制定下脚茧粒数。

二、剥光茧率：标准为 95%，即剥光茧衣的光茧数与全茧粒量之比。

三、每公斤茧粒数，按标准设计，中心上下不超过 50 粒，为有利剥选茧工作，检查 200 粒茧量，对照设计标准的中心重量，允许误差在 2. 5 公分以下。

煮茧 民国元年至 13 年（1912～1924）、兴隆丝厂、六合丝厂、同德丝厂均采用普通饭锅和简易灶煮茧，并改分散煮茧为集中煮茧。煮茧灶长 2.4 米，宽 0.75 米，高 0.8 米，形如“丁”字，中间是“老虎灶”，两边各安置煮茧锅 6 口，从紧接灶口的锅起，两边各依次分高温部、中温部和低温部，按煮茧程序又分为高温渗透—低温渗透—前煮熟部—后煮熟部—出口部 5 个部分。煮茧时，用铜丝编成的圆形茧笼装好茧子，按一定顺序依次从高温渗透锅开始放入各部锅内煮熟。

民国 14 年至 17 年（1925～1928），六合丝厂、同德丝厂从上海购置日制天岛式循环机煮茧，每笼茧量 90 克。煮茧分挖茧、煮茧、接茧、选茧等工序。煮茧时在选尽双宫、蛆茧、血下脚茧后，以每笼干茧 90 克的重量倒入煮茧机茧笼内煮熟，送到缫丝工场的熟茧能保持内外层煮熟程度一致，丝胶经过适当溶解而解舒良好。

20 世纪 50 年代初，使用煮茧机煮茧。1953 年，改进煮茧工艺，开始按茧层厚簿、茧质好坏确定煮茧各部温度。1954 年，改千叶式全水煮茧为蒸汽渗透，煮茧技术内容有：煮茧机速度及实煮时间、煮茧机各部位温度、煮茧机各部位汤的浓度、蒸汽压力、渗透和煮熟程度等 9 项。20 世纪 60 年代初，制定出了煮茧质量标准和检验方法，煮茧质量标准包括适度合格率、吸水合格率、桶差及新茧有绪率。

适度合格率。适熟茧粒数与全桶茧粒数的比率，标准为 97%。其内容有适熟者（茧色为银质；手触软滑有弹性；绪丝松散；不花不斑）；偏熟者（茧色水灰；手触无弹性；绪丝量多，成团，不牢）；偏生者（茧色白；小花斑；弹性强）。

吸水合格率。茧腔汽泡 4 厘米，大小不超过 1 毫米煮熟茧在汤中不横列与沉底，能立于茧桶汤温中的茧占 75% 以上。

桶差。每桶 70 公分，每桶茧粒数按中心设计不相差 5 粒。

新茧有绪率。标准为 40%，在不增大单茧丝绪量的原则下可适当提高标准，热茧理绪测定有绪茧粒数，计算有绪率及单茧绪丝量。至 1985 年，南充第二丝绸厂煮茧无大的变化。1986 年～2011 年，六合集团煮茧工艺根据生产技术要求和茧质作了修改和完善，煮茧质量又有提高。

复摇 民国 27 年（1938），南充丝二厂已规定了复摇车速、车厢温度和丝片宽度。1953 年，重点解决了复摇车速不一的问题，全面推广下丝法。1958 年，总结出《六看浸水法》，即一看气；二看丝的干湿程度；三看丝条份的粗细；四看丝的厚簿程度；五看车速的快慢；六看温湿度的高低。同时，安装摇头喷雾器，以调节车间相对湿度。1959 年 2 月，南充专区轻工局集中全区缫丝和返丝标兵，在南充丝二厂举办选拔比赛，集所有标兵的操作特点，制定“（59）操作法”在全区缫丝行业推广。1965 年～1980 年，南充丝二厂贯彻（65）操作法、（73）操作经验、（80）操作法后，复摇操作技艺日臻精湛。至 2011 年，六合集团缫丝正品率持续保持先进水平。

整理包装 民国时期、兴隆丝厂、六合丝厂、同德丝厂、同六丝厂、南充丝二厂均设整理组，缫丝整理分绞丝、称丝、穿丝、配小丝、成柄、成大件等工序。从 20 世纪 50 年代起增加理号带、接断头、配色工序。其间，民国 19 年（1930），六合丝厂生产的 13/15 旦、20/22 旦扬返丝，经整理后每片重 67 克。仿日本信州式菊花心规格绞丝，绞长 30 厘米，每柄（把）30 绞，每件 30 柄，约 60 公斤。

1953 年，南充丝二厂成立肉眼检验室，1956 年，试制成肉眼检验斗型灯罩，用日光灯管代替自然光线进行外观检验。1958 年，开始自行抽样，肉眼检验。1964 年，试制大绞丝成功，每片丝净重125克，用42支双股漂白线编丝，4道4针5扎。在未编丝的一方距两角等距处，丝片宽靠右侧的1/3处留绪。绞线2.5转，不做菊花心，不栓绞头线。16绞1柄，成柄后用42支漂白线135根捆扎3道，用拷贝线和牛皮纸包好后，再用白纱绳捆扎2道。20世纪60年代后期，整理的双宫丝，每片丝净重80克，丝片宽75毫米，绞长310厘米，编丝后将丝片或角固着处稍搓揉，扯掉大茧片、蛹屑、大糙。绞丝右手转4转回转，不做菊花心。每柄48绞~54绞（6排，每排8绞~9绞，头尾倒置）、螺旋压紧后用6支漂白线40根成束捆3道后用打字纸、牛皮纸各1张包丝，再用纱捆绳捆扎3道。20世纪70年代至80年代，每柄双宫丝增加到50绞—60绞，成柄后改用42支135根本色线捆扎3道，用拷贝纸、牛皮纸各1张包丝，再用细纱绳捆扎2道。20世纪90年代至2011年，丝片重量除改为210克外，其包装方法未作大的改变。

屑物 民国时期，南充丝二厂设置屑物组，安排选茧工将好茧中的蛆茧、双宫茧、缫丝下脚料等屑物，扯成丝绵卖给南充县城内的客商扯制丝絮。缫丝选出的薄皮茧经脱水晒干打包后运销重庆丝商再转上海出售，每100公斤值银币20元~30元。丝绵销重庆，每100公斤值银币150元左右。蛹衬、吊壳、茧巴扯成丝筋，烘干后用麻袋装包卖给重庆绢纺厂作制绵球原料，蚕蛹卖给厂附近的农民作猪饲料。

1951年1月，南充丝二厂屑物场推广江浙“龙头凤尾扯茧筋法”，由扯吐工自收自扯。长吐长度约2米，形成龙头凤尾，头尾无硬结硬条，色泽漂洁不乌暗，无茧壳、蛹衬和蛹渣。扯吐日产量由1.8公斤提高到2.6公斤。1954年，购置长吐机、木质滞头机、安装洗筋机、脱水机、打包机等，加大了对缫丝屑物的处理。茧筋卖给重庆绢纺厂作制绵球原料，选出的薄皮蛹衬缫成粗条份丝作纺织原料，蚕蛹按省、专区主管部门的安排调拨给制皂企业生产肥皂。1973年，湿下脚由南充地区工业局下达指令性产销计划，长吐、滞头、茧衣、屑丝按计划调拨给南充地区绢纺厂作制绵球原料。1979年2月，与南充市河东公社16大队签订屑物产品扩散加工合同，将屑物场承包给16大队。自此，终止屑物产品生产。

【缫丝操作创新】 20世纪50年代初至80年代初，南充丝二厂各届领导、工程技术人员、广大缫丝职工特别是荣获全省全国缫丝能手（全国缫丝种子手）的职工，在继承六合丝厂缫丝工艺和缫丝操作法的基础上，认真钻研学习南充丝三厂党委书记董俊英根据缫丝职工冉碧华的缫丝操作法总结出的“五提二十五索绪工作法”、阆中丝厂“桂兰珍缫丝操作法”、“孟进珍索绪先进操作法”，结合实际加以改进提高，总结出缫丝职工何元珍、任世英、李玉蓉、杨莲玉、谢增玉、任桂芳、张桂芳、任显英、姚玉英、王碧、李正清、王蜀英、绪索职工邓中玉、陈玉华的先进缫丝索绪经验。择其要点记述于后。

操作经验：

剥茧操作顺口溜：

铺茧稀密要相当，手对刀口毛茧光；

杂物阻拦要拉快，拉掉茧衣要正常。

选茧操作：

双手运用，摊平翻快，一粒一捻，看准，捻快分清。

煮茧操作：

1. 渗透完全，煮熟均匀；

2. 低温下茧，使用中水；

3. 巡回检查，定压定温；

4. 看锅拿茧，热茧热缫。

立缫缫丝“三快，四好，一消灭”经验。“三快，四好，一消灭”是南充丝二厂一项煮茧精华经验。

它的内容是：

三快：

①视线巡回快。标准定每分钟有规律的巡回 8 次 ~ 10 次以上，次次有添有摘，不乱。

②双手添绪快。左右手均衡，添配为纲，站位置适中，手伸直，轻快，添绪每次在一秒到一秒五，落绪时间最长不超过 6 秒。

③辅助动作快。断头分断有计划的处理，始终照顾活窝子，除类不超过 5 秒，打结不超过 18 秒，寻头不超过 4 秒。

四好：

①定粒配茧好：消灭黑白窝，消灭时新时薄，定粒绝对准确，配茧始终保持有新有薄，有中层，各种茧的比例合标准。

②清洁工作好：工具整治，台面亮，地面清洁，心情舒畅。

③团结配合好：同心同德，有经验就学，有缺点就改，有问题就研究解决。

④工作精神好。

十项先进缫丝操作要点：

1. 定粒绝对准确，配茧厚薄均匀。

要点：消灭黑白窝子，消灭阵新阵薄，颗粒准确，见落就添。

2. 一巡三添不落空，眼睛经常盯窝子。

要点：巡回规律化，视线不离窝。

3. 辅助动作快，分段处理好。

要点：除类，做鞘，打结，退丝，穿磁眼，动作快，有计划。

4. 双手并用，左右分工。

要点：左右手一齐动，管好窝子不放松。

5. 手不离茧，需啥添啥。

要点：手上备茧，添绪及时。

6. 添摘靠拢板，添好随手摸。

要点：添摘动作轻，摸茧不起浪。

7. 站位适中，移动得当。

要点：站立姿势，平衡舒适，脚步移动，轻便灵活。

8. 台面清洁，工具定位。

要点：茧巴，蛹衬，屑丝分清堆放，工具用毕还原。

9. 双股紧捻，鞘下接结。

要点：捻得紧，过磁眼，就打结。

10. 单手做鞘，照顾窝子。

要点：一只手放燃绞，一只手添绪。

三项索绪先进操作要点：

1. 掌握四定，少索多提。

要点：有绪率要高，茧巴量要少，不垮层，容易理。

2. 理清摸净，不拉清丝。

要点：撒开理绪，手低精理，理清摸净。

3. 供应及时，机动配合。

做小缫折

建立标准样板

1. 蛹衬样板：有的工人对蛹衬与薄皮茧分辨不清，往往摘下的蛹衬近似薄皮茧，检查组在屑物中选出的，摇出了225米有效丝长。因此，除上技术课围绕这一环明确分析外，并在工场内建立蛹衬标准样板，使工人们能按标准掌握，技术员亦有标准检查。

2. 茧筋样板：为更好地贯彻“多提少索”，纠正索大茧筋的倾向，在车间建立茧筋样板，让工人明确掌握索理绪的好坏，控制茧筋的大小。有了样板，技术员也能根据样板标准，进行检查和指导。

3. 屑丝样板：扬返返丝工每人每公担丝屑丝不超过5克，每日收班后分别称重理，进行登记，以此作为评比依据，不但减少生丝的消耗，也促进了工人钻研技术，改进操作方法。

后缫扬返的顺口溜

接头掌握大篗角，大篗寻绪要准确；

打结绷伸要拉紧，接头长度毫米多。

生产经验

“五抓”，“四适当”，“三比”经验

1. 五抓

①抓生产关键及时；②抓汤温汤色，减少断头落绪；③抓定粒配茧和快速巡回；④抓缫丝工和索绪工的协作团结；⑤抓思想比干劲。

2. 四适当

①进茧适当；②摘蛹衬适当；③配茧适当；④汤温汤色掌握适当。

3. 三比

①比定粒；②比配茧；③比干劲。

“四要”、“五不准”经验

1. 四要

①要节约一粒茧一寸丝；②要低温快索；③要单手分理；④要起皱摘蛹。

2. 五不准

①不准浪费原料；②不准索大锅或干锅绪；③不准煮浮重索④不准双手总把理绪；⑤不准丢厚摘薄。

索绪操作法

“五提”索绪法

1. 操作的基本原则是“少索多提”。

2. 茧量汤量适宜，思想集中，手眼一线一次完成。

3. 动作是左手低握茧巴，右手轻如毛笔写字。

4. 分工清楚，操作规程细致统一。

5. 索绪次数少，减少茧动幅度。

“鸡啄米”理绪法

20世纪50年代，南充丝二厂依据中华人民共和国建立后制定的第一个立缫操作法（立缫统一操作法），结合厂的实际，形成了厂自己的“鸡啄米”理绪法，其要点是：

多提少索，有绪率70%以上，不拉清丝，理清蓬糙，每锅不超过一桶，摸净无绪茧。

【蚕丝产品】民国元年至9年（1912~1920），兴隆丝厂生产直缫丝、摇经丝。民国3年（1914）至1952年，果山蚕业社、六合丝厂、同德丝厂、同六丝厂、南充丝二厂生产的蚕丝产品有匀度扬返丝、金鹿牌生丝、金鹿鹤牌生丝、14旦尼尔黄细丝、60D粗丝、60D/80D、100D双宫丝。1953年~1985年，先后生产28/32D、30/40D、35/41D、9/11D、30/32D、19/22D等规格的扬返丝；80/100D、100/120D、100/150D、200/250D的双宫丝和150/200D的优质土丝。至1985年，共生产蚕丝11868吨，创税利11396万元，其中，10912吨蚕丝出口，为国家创外汇3亿美元。1986年~2011年，主要生产19/21D白厂丝、20/22D白厂丝、100/120D双宫丝等蚕丝产品。其间，1997年后蚕丝生产量逐年递减。2011年，缫丝能力降至3968绪，生产蚕丝121吨。

【绸缎产品】民国元年（1912），兴隆丝厂自制40台木织机使用自缫的直缫丝，生产湖绉和花绸，年产湖绉、花绸各1800匹。

1958年~1962年，南充丝二厂先后使用人力木织机、电动木织机织绸。1962年，织绸机达59台，主要生产电力纺、甲丝尼、溱绸产品，年产坯绸16万米。1963年，停止织绸。

1972年，设置织绸车间，购置46台织绸机，用厂自产的蚕丝恢复织绸，主要生产电力纺、白洋纺。1973年，开发生产软缎提花被面、绉类产品。至1985年，织机增至288台，织绸车间面积达8400平方米，产品花色品种达40个，其中17个花色品种投入批量生产，生坯绸一等品率提高到77.65%；1/3的花色品种出口。

1989年，南充第二丝绸厂新建8800平方米的新织绸车间，购进148台有梭织机，其中，购进南充纺织机械厂生产的GD604A型织机112台，配套经纬设备选用了当时国内最先进的GD系列大卷装设备。织绸原料主要有自产的厂丝和国家分配及企业自购的绢丝、人造丝、粘胶棉型短纤维、粘胶长丝、涤纶长丝等。真丝绸产品主要使用19/21D生丝、27/29D生丝、100/120D和100/150D双宫丝等。1990年，是南充第二丝绸厂生产经营高峰年。是年，在职职工4458人，年缫丝能力达到17300绪，生产丝346.46吨，被面4.09万米，提花绸21.53万米，阔幅丝织品231.31万米，完成工业总产值11648.97万元，实现销售收入14610万元，出口交货值6609万元，利税870万元。是年，开发出的C1342宫美绉提花绸新产品和双宫绸类系列产品均获四川省人民政府科技进步奖。1990年后，织绸原料除厂自产的蚕丝外，其他原料改为市场调供。1994年后，国际丝绸市场对坯绸的需求锐减，国内丝绸市场销售疲软，蚕丝原料价格大幅上涨，丝织开机率逐年走低。1998 年，嘉丽华集团改组为六合集团后以推行技术进步为手段，调整缫丝织绸品种结构，增加新品种，开拓市场为发展方向，增强了活力。2002 年，收购了安德实业公司（原南充丝三厂）闲置多年的 24 台进口剑杆织机及配套的经伟设备，当年搬迁当年投产，开发出适销对路的中厚型高档天然纤维交织面料。2003 年 ~2011 年，丝织生产着力开发新产品，先后研制开发出具有市场前景、较高科技含量、风格独特的新产品近 200 个。其中，大豆丝/生丝、大豆丝/棉/生丝、竹纤维/生丝、竹纤维/绢丝、色织绢/毛/棉等系列产品在国内处于领先水平。竹豆丝牛仔绸、色织绢麻斜纹格、特宽幅重磅绸等 25 个品种填补了四川省新型高档环保面料空白。至 2011 年，六合集团生产的丝织产品有上 100 个品种，大宗产品达 43 个。其中 13255 双宫绸、13459 双宫绸、1342 宫美绉、12107 桑宫绉、15681 真丝绫、10101 乔其纱、12102 双绉、C342 宫美绉、涤纶仿真丝等丝绸产品不但被评为省、部及丝绸行业的名、优、特、新产品，而且在市场上畅销。

【丝绸炼染】2005 年，铜梁县业主李大田与南充六合（集团）有限责任公司合资开办南充六合（集团）有限责任公司炼白分厂，李大田任分厂厂长，经营炼染业务。

南充六合（集团）有限责任公司炼白分厂建厂时因资金有限，只购置了 1 台小布铗拉幅机、1 台三联烘干机、1 台平光机、8 个方桶炼缸、8 个圆桶炼缸、4 台悬空吊挂行车等设备，月炼染绸缎 10 万 ~20 万米。2006 年，南充市顺发贸易公司收购李大田股份与六合集团合资成立南充六合炼染有限责任公司，月炼染绸缎 15 万 ~25 万米。2007 年，南充市顺发贸易公司退出，将股权转让给江苏杭州喜得宝公司和另一自然人。2008 年，南充六合（集团）有限责任公司、杭州喜得宝公司和另一自然人，3 家股东协商后更名为南充喜得宝六合炼染有限责任公司。是年，新购置 1 台三联烘干机、六台新型圈挂针吊式圈绸车，月炼染绸缎 90 万米。

2011 年，南充喜得宝六合炼染有限责任公司投资购买 1 台 340 型拉幅机、1 台 KS340 型平光机、2 台 340 型卷染机、1 台 tym01—340 烧毛机、新建 1200 平方米厂房，成为全国第 4 家宽幅丝绸家纺炼染企业。

【丝绸产成品生产】1981 年，南充丝二厂“五七”工厂开始生产蚕丝被。1984 年，南充第二丝绸厂开展横向经济联合，引进上海服装十四厂与上海领带厂，生产丝绸服装和丝绸领带。1986 年，生产丝绸睡衣。1998 年 ~2002 年，六合集团开展招商引资工作，引进深圳、香港的服装生产企业，生产丝绸出口服装。2007 年，开始生产家纺类丝绸产品。至 2011 年，六合集团成为中国西部地区最大的丝绸服装生产基地，POLO、G2000、U2 等国际著名品牌服装都在四川金嘉服装有限公司生产。

蚕丝被生产　1981 年，南充丝二厂“五七”厂开始生产蚕丝被，用双宫蚕丝制成手工丝绵片，由 4 个工人均匀用力拉扯绵片，纵横交错铺叠成被胎，外罩纱布外套。规格有 0. 3 公斤 ~3 公斤等 10 余个。1992 年，南充第二丝绸厂缫丝车间用机制丝绵片代替手工制丝绵片，丝绵片形成批量生产，年产丝绵 10 吨。2006 年，六合集团下辖的六合丝绸公司生产的蚕丝被系列精品，远销国际丝绸市场。2011 年，生产蚕丝被 10000 余床。

丝绸服装生产　1983 年，南充第二丝绸厂委派 22 名职工赴上海服装十四厂学习服装生产技术，学成回厂后成立服装生产车间，生产工作服、双绉衬衫、涤纶西服等产品。

1984年12月，与上海服装十四厂实行横向经济联合，联办服装生产，并成立上海服装十四厂南充分厂，随即扩大厂房，增添设备，招收新工人，发展服装生产。1985年，上海服装十四厂南充分厂有平缝机64台、裁剪机4台、锁边机4台、打样机2台。生产的产品有绦华呢中山服、粗花呢男女西服、呢大衣、风衣、罩衣、手绘双绉衫、双绉透花衬衫、的确良男女各式短衬衫。夏季服装生产原料35%是南充第二丝绸厂生产的双绉和真丝产品，65%是外购的的确良混纺面料。冬季服装生产原料50%是南充第二丝绸厂生产的绦华呢，50%是外购的粗呢、细呢、绦卡等。是年，生产服装11400件，正品率达99.5%；完成工业总产值20.5万元，销售8000件，实现销售收入15.3万元。

1994年，上海服装十四厂南充分厂投资160万元对服装生产线进行技术改造，引进日本兄弟牌工业平缝机150台及配套生产设备，建成了四川丝绸企业中最先进的高档时装生产线。

1996年，嘉丽华集团与深圳金维服装有限公司合作生产服装，由深圳金维服装有限公司按订单工艺要求裁剪好面料后将裁片空运至嘉丽华集团制成成品，再空运到深圳金维服装有限公司整烫检验包装出口。嘉丽华集团与深圳金维服装有限公司合作生产服装至1997年6月终止。

1998年，六合集团与深圳金维服装有限公司、香港怡德实业有限公司三家联合组建四川金嘉服装有限公司，总投资200万元，其中六合集团以缝纫设备作价50万元入股，占25%股份。服装生产由六合院迁至屑物大楼，厂房面积达1100平方米。2004年，四川金嘉服装有限公司生产场地进行改造后厂房面积达4600平方米，生产员工达700人。六合集团在四川金嘉装有限公司的资产由50万元增至288万元，股份由25%增到35.5%，国有资产实现大幅度增值。2008年，再次扩大服装规模，生产员工总数达到1200人，成为西南地区最大的服装生产基地，POLO、G2000、U2等国际著名品牌服装在四川金嘉服装有限公司生产，产品全部出口到日本、韩国、美国、欧盟等国家。2009年，四川金嘉服装有限公司更名为四川新维服装有限公司。2011年，四川新维服装有限公司出口创汇676万美元。

丝绸领带生产　1984年11月，与上海领带厂联办全区第一家丝绸领带厂—泸嘉联合领带厂。与上海领带厂各投资10万元作为办厂的启动资金。上海领带厂提供生产技术、商标，领带产品由其包销。南充第二丝绸厂提供生产场地、劳动力和生产原料。南充第二丝绸厂以厂原幼儿园作厂房，招收39名合同制工人，从上海运回机器设备，1985年6月正式生产“敦煌”牌领带，日产领带1000条。是年生产领带8万条，产品正品率达98%。泸嘉领带厂占地面积1380平方米，建筑面积554平方米，职工59人，有平缝机12台，裁剪机4台，烫斗（500瓦）20个，使用南充第二丝绸厂的真丝炼白坏绸作原料，生产真丝、交织、化纤三类20个品种、60种花色的领带，销往美国、德国、法国等国家和中国香港地区，年创汇50万美元以上。

1998年，六合集团成立子公司兴欣实业公司，主营丝绸服饰及各种旅游产品，泸嘉联合领带厂并入兴欣实业公司。

丝绸睡衣生产　1986年，南充第二丝绸厂开始用桑蚕丝生产家居丝绸睡衣。至2011年，先后用素绉缎、乔其纱、双绉及纺类面料开发出男、女家居睡衣及家居丝绸服500多个品种，真丝连衣裙、旗袍60个品种。六合集团生产的丝绸睡衣系列产品多次获国际、国内博览会金、银奖，成为全国丝绸产品的畅销品。2011 年，生产丝绸睡衣 5 万多件。

无底缝内裤生产 1995 年，嘉丽华集团与台湾吉盈机械实业有限公司共同出资 500 万元，组建四川嘉美纺织有限公司，引进具有专利权的圆筒针织机，专业生产纯真丝、纯绵、丝绵等女士无底缝内裤。无底缝内裤 90% 外销欧美各国。1997 年，在四川第二届服装节展销会上，四川嘉美纺织有限公司生产的“六合牌”无底缝高弹女士内裤引起轰动效应，3 天内销售 5000 余条，副省长邹广严调研后书写了“争创内衣名牌，促进更大发展”的题词，被四川省人民政府评为省优质产品。至 2011 年，“六合牌”无底缝高弹女士内裤仍受消费者青睐。

家纺丝绸产品生产 2007 年，六合集团开始生产全真丝大提花、色织大提花床上用品（消费者惯称床上 4 件套产品）、真丝窗帘，成为国内首批生产真丝家纺系列丝绸产品的企业。2011 年，生产真丝家纺类床上用品 694 件（套），真丝窗帘 1000 多套。

商标生产 1994 年，嘉丽华集团与香港鹰皇公司共同出资 900 万元，组建四川嘉鹰纺织有限公司，引进 3 台瑞士苏尔寿剑杆织机和 3 台配套的斯陶比尔电子提花龙头，生产各类服装商标、标签。年生产 1 亿枚商标、标签，是当时西南地区设备最先进，生产能力最强织标（唛头）企业。1998 年，四川嘉鹰纺织有限公司转卖给该公司员工陈猛、李洪兵、赵兴隆经营，成为私营商标生产企业。

【产品商标包装】民国 6 年（1917），六合丝厂生产的出口生丝，使用“金鹿牌”商标，用红色、绿色区分一、二等品。民国 9 年（1920），同德丝厂生产的出口生丝，一等品用飞机商标，二等品用汽车商标。民国 20 年（1931）六合丝厂、同德丝厂合并更名为同六丝厂后，商标改为“金鹿鹤牌”，并用红、绿两色区分等级，一等品丝用红色金鹿鹤牌商标，二等品用绿色金鹿鹤牌商标。民国 26 年（1937）至 1949 年四川丝业公司南充丝二厂缫制的生丝，在上海销售用耕织商标，以金黄、银白、红 3 种颜色区分一、二、三等品，在广州海防销售用“SS”商标，亦以金黄、银白、红 3 种颜色区分一、二、三等品。其间，民国 6 年至 36 年（1917～1947），六合丝厂、同德丝厂、同六丝厂、四川丝业公司南充丝二厂生产的生丝，外包装用木箱成件，每件 30 柄，净重先为 60 公斤、后改为 57 公斤。包装时用白布袋成件后装入木箱，用钉将木箱订牢固后外用篾席包裹。民国 37 年（1948），生丝外包装木箱改为软包装，在白布袋外加麻袋再裹 1 层油布和帆布袋，运至销售地后取下油布和帆布袋。

1950 年，南充丝二厂生产的白厂丝 20/22D 级及 D 级以上生丝，用中国丝绸公司的“梅花牌”商标，D 级用绿梅；C、B 级用黄梅；A 级以上用红梅。白 20/22DE 级及以下与黄 20/22D 各级丝、黄白 50/60D 各级丝、黄白代缫丝均用四川丝业公司“SS”商标，B 级以上用金边“SS”，C 级用银边“SS”，D 级用红边“SS”，E 级以下用篮边“SS”。直缫丝不用商标。是年，因软包装材料费用较箱装高，在包装上改软包装为箱装或篓装，并按四川丝业公司的统一规定进行包装，废除川丝唛头，改印“SS”商标及南充丝二厂的厂名和箱号。1953 年，南充丝二厂生产的生丝，停止使用黄、绿、红 3 色“梅花牌”商标，统一用梅花豫章，将外包装上的“SS”唛头改为“西”唛头标志，并将大车丝包装改为软包装。翌年，按西南蚕丝公司的要求，又恢复使用“梅花牌”商标。1959 年，按四川省轻工业厅的规定，在使用“梅花牌”商标时标上厂的代号，南充丝二厂代号为

B。1965年，根据中国纺织品进出口总公司的要求，白厂丝及双宫丝一律改用新的“梅花牌”商标，白厂丝红色，双宫丝绿色，出口的白厂丝用篮底“梅花牌”商标。1976年，改出口白厂丝篮底“梅花牌”商标为粉红底“梅花牌”商标。1977年，根据国际丝绸市场需要，调整厂丝品种、加大长把丝产量，包装上每件丝12柄，净重60公斤，用牛皮纸、防潮纸内包装后再加蒲席包装，用散麻缝口，最后用麻绳捆扎“十字”形，装入帆布袋。双宫丝用白布袋成件后装入帆布袋。1983年，双宫丝改用黄底“梅花牌”商标。长把丝外包装改用纸箱，3A以上生丝打广包，2A以下生丝用塑料编织袋内包，外套帆布袋作外装。1984年，2A以上的生丝，双宫丝包装上一律改为广包。是年，泸嘉联合领带厂生产的丝绸领带使用“孰煌牌”商标。上海服装14厂南充分厂生产的丝绸服装，使用“钻石牌”商标。开发的旅游产品，使用“熊猫牌”商标。1985年9月，对生丝包装实行“四改”，即从9月1日起丝包体制由原不等体积改为细丝每吨体积0.18立方米，双宫丝每吨体积0.2立方米。从10月1日起丝包由缝口改为结口。南充丝二厂20世纪50年代至80年代初生产的丝绸产品，内销绸缎用软包装，外销绸缎先后采用木箱包装、软包装、纸箱包装3种方式包装。1992年，生丝、绸缎、丝绸产品使用“六合牌”商标。2009年，丝绸服装、家纺产品及旅游制品使用“百年六合”商标。是年，“六合牌”商标获四川老字号称号。2010年，“六合牌”商标被评为四川省著名商标，获“中国高档丝绸标志”称号。至2011年，六合集团生产的生丝、绸缎、丝绸产品包装都是先用防潮纸包裹，然后装入纸箱、打封钉箱。内销丝绸产品都是先用防潮纸包裹后装入纸箱或塑料编织袋进行包装。单件成品用纸盒包装。

【**ISO 9001 质量认证**】2007年12月初，六合集团申报ISO 9001质量管理体系认证，月底通过认证申请。其后，六合集团各分厂、分公司进一步组织员工学习质量管理体系要求，培养内审人员10人，建立质量管理队伍，不定期开展产品质量整顿，查出质量管理不合格项9项并进行了整改。至2011年，ISO 9001质量管理体系认证通过了复审换证，为六合集团丝绸系列产品被评为“全国（行业）顾客满意十大品牌”产品和“中国丝绸行业十大影响力品牌”，荣获中国丝绸协会“国家高档丝绸标志”奠定了基础。

【**综合利用**】20世纪70年代初，南充丝二厂大搞综合利用。利用蚕蛹生产肥皂，利用煤渣生产煤渣砖、水泥。20世纪70年代末80年代初，蚕蛹肥皂、煤渣砖、水泥生产停止。

蚕蛹肥皂　1970年，市场上肥皂紧缺，厂部成立肥皂生产组，购置制皂设备，利用蚕蛹先提炼出蛹油，成功试制出蚕蛹肥皂。之后，改进制皂生产工艺，由手工操作改为机械化生产肥皂，年产肥皂20多万块，每块售价0.5元，每年肥皂产值10万余元。生产的肥皂去污力强，投放市场后成为抢手货。1980年，国内制皂企业肥皂增产，市场饱和，蚕蛹肥皂滞销。1981年，停止生产蚕蛹肥皂。

煤渣砖　20世纪60年代末70年代初，南充丝二厂日烧煤近100吨，将煤渣倒在嘉陵江边，煤渣多次自燃，污染环境。厂部为治理“三废”，保护环境，确定何卿云率2名工人进行煤渣砖生产试验。因设备简陋，试制未成功。1973年，利用废旧钢材自制制砖设备，改大砖为小砖，采用自然养护法晒干，继续进行煤渣砖生产试验获得成功，煤渣砖进行常年生产。是年生产煤渣砖52万匹。1980年，改用蒸汽养护，煤渣砖质量又有提高，生产煤渣砖140万匹。1985年，购置1台圆盘制砖机、1台破碎机、2台轮碾机，修建4座蒸汽养护室，制砖能力又有提高，生产煤渣砖200万匹，年产值超过100万元。

南充丝二厂利用煤渣生产煤渣砖，为治理“三废”闯出了一条新路子，南充地区行署专员冯希尧专程到厂主持召开治理“三废”现场会，推广南充丝二厂综合利用，变废为宝，治理“三废”，保护环境的经验。1986年~1989年，煤渣砖生产由厂动力车间承包经营，年产煤渣砖250万匹。1990年，扩建服装生产车间，占用了制砖场地，煤渣砖生产终止。

水泥 1970年12月，南充丝二厂利用煤渣成功试制出200号煤渣水泥投入生产，月产水泥300吨。生产的水泥除满足本厂外，还卖给附近农村社员修建房屋。1978年，厂锅炉房改烧粉煤，粉煤渣不能生产水泥，1979年停止生产煤渣水泥。

【设备维修保养】民国26年（1937）至1949年，南充丝二厂设置铁工部，安排4人负责全厂的机器调试和维修。1950年，南充丝二厂工务股下设机炉组，负责锅炉的动力运转及缫丝设备维修。1953年设置机动科。机动科按立缫600绪设跟班保养工1人，后按每2台立缫机设保养工1人。先后推行太平车和周末检查包干制、交接车制、星期日上班前2小时会同校车制。1957年，按照纺织工业部“缫丝设备维修管理制度的要求”，先后编制出设备维修、保养周期表及大、小修理月作业计划，缫丝设备开始按预防为主，维护保养与计划检验并重的原则，进行维修保养。立缫设备两年大平车，半年小平车，锅炉每年春节检修1次，两年大修1次。1958年，南充丝二厂将平车重点转向百灵台等部位，每台大平车时间由9天缩短为3天。日常维修，改工人喊修车为保养工巡回检查，节假日停车检修，停车检修时间比1957年降低63%。1979年，撤销机动科，设置设备科和动力科，由设备科负责全厂缫丝织绸设备的维修保养。至20世纪80年代初，南充丝二厂的设备维修与保养一直按1957年制定的设备维修保养制度执行，在实践中不断进行修改完善。1983年，南充第二丝绸厂的设备运转率达84.17%。

1985年，南充第二丝绸厂的设备科、动力科合并为设备部，在生产车间设置设备维修组、平车组、保养组，各工段分台、分段设置保养工，设备大修由设备科负责。是年工业普查，南充第二丝绸厂抽检的立缫机、复摇机、煮茧机、选剥机都达到国内先进水平。1986年~1993年，实行经营承包，各生产车间将设备的维修保养纳入经营承包内容，与维修工、保养工的经济利益挂钩，进一步促进了全厂缫丝、织绸、动力设备的维修保养，提高了设备的运转率。至2011年，六合集团在改革中把设备的维修保养作为发展生产的基础工作来抓，进一步完善设备保养的岗位责任制，缫丝、织绸、动力设备的综合完好率一直保持在90%以上。

【劳动竞赛】20世纪50年代至90年代，厂里持续不断组织多种形式和内容的社会主义劳动竞赛，对优质、高产、低耗的车间、班组、个人，敲锣打鼓贴红榜、插红旗、戴红花，年终召开全厂职工大会，隆重表彰奖励先进生产（工作）者和劳动模范，有效调动了职工生产热情，促进了企业生产发展。

六合集团1976年~2011年完成主要经济指标统计表

项目 年份	工业总产值 （万元）	桑蚕丝产量 （吨）	丝织品产量 （万米）	服装产量 （万件）
1976	2162	419.63	18.47	
1977	2088.68	465.64	21.76	
1978	1867.76	422.33	24.81	
1979	1869.51	422.58	22.03	
1980	2082.04	469.51	41.31	
1981	2258.37	465.67	101.43	
1982	2346.12	462.32	167.47	
1983	2394.75	446.58	199.49	
1984	2208.58	393.31	215.30	
1985	2230.22	362.86	253.26	1.14
1986	2258.1	637.81	303.91	1.24
1987	2343.28	655.92	276.88	1.43
1988	2832	560.74	293.23	1.65
1989	2887	553.3	279	1.98
1990	3284.75	593.5	371.13	2.48
1991	10302.14	507.28	341.64	3.60
1992	7752.86	389.2	336.16	7.02
1993	7849.32	363.13	401.2	13.90
1994	8308.29	400.08	272.85	25.71
1995	8537.8	290.81	203.77	34.70
1996	4288.1	145.85	241.24	32
1997	8020	219	218	35
1998	4681	43.2	144.52	40
1999	9641	95	220	43
2000	15100	122.09	325	48
2001	22000	293.76	341	80
2002	25450	217.24	326	141
2003	30180	141.22	380	203.5
2004	36660	150.44	465.5	192.9
2005	38710	133.05	489.1	206.1
2006	39980	103.09	549.32	195.99
2007	38500	133.29	593.8	192.78
2008	39233	126.47	687.97	169.61
2009	35136	125.11	714.58	127.78
2010	37826	130.41	578.7	118.96
2011	36424	121	459	101.81

产品销售

民国元年至8年（1912～1919），从兴隆丝厂创办到歇业，生产的生丝都直接加工成湖绉、花绸等丝绸产品在国内销售。民国6年至20年（1917～1931），六合丝厂、同德丝厂、同六丝厂生产的生丝交重庆“德合恒”商号转上海久大丝栈转销欧美各国。民国26年至1949年12月10日南充解放，南充丝二厂生产的生丝内外销售均由四川丝业公司负责。1950年～1979年，南充丝二厂生产的生丝、织出的丝绸产品，先后由四川丝业公司、西南蚕丝公司、四川省轻工业厅驻重庆办事处、四川省外贸厅负责外销，南充地区（专区）百货公司负责内销，工厂无权销售。1980年～1993年，国家经济管理体制改革后，南充第二丝绸厂在完成国家外销调拨生丝和丝绸产品计划的前提下，运用国家赋予的产品销售权，采取外销与内销并举的营销方针，销售自己生产的生丝和丝绸产品。1994年～2011年，六合集团实施大市场营销战略，采取和竞争对手建立合作伙伴关系，共同拓宽丝绸销售市场，共享利益，实现双赢及外销与内销并举以内销为主的销售策略。投资1000余万元，在深圳、成都、广安、南充等地开办了23家丝绸专卖店、加盟店，并开展电子商务活动，促进了丝绸产品在实体店和网店的销售。2011年，实现产品销售收入2.71亿元，内销产品销售收入是外销产品销售收入的近5倍。

【丝绸产品外销】民国6年至20年（1917～1931），六合丝厂、同德丝厂、同六丝厂缫制的14旦尼尔黄细丝，交重庆德合恒商号，转上海久大丝栈，由英国、法国丝商转销欧美各国，德国是南充生丝的主要销地。民国22年（1933），同六丝厂纳入四川大华公司，其生产性质为代缫，缫制的生丝由四川大华公司销售。民国26年（1937），四川省政府将四川大华公司改组成四川丝业公司，实行官商合办，对茧丝绸实行统制。同时把同六丝厂更名为四川丝业公司第二制丝厂，缫制的生丝由四川丝业公司统一内销外售。是年，抗日战争爆发，上海，武汉相继沦陷。南充缫制的生丝经上海出口受阻，转向经云南向缅甸、印度出口。民国27年至28年（1938～1939），南充丝二厂按四川丝业公司的安排，接受印度订货，年外销60D粗丝36吨，直接从南充启运，经遂宁、重庆、云南转销印度。民国29年（1940），云南“茂恒商号”又与四川丝业公司签约，从南充丝二厂年购4.84吨100D双宫丝外销泰国。至1949年，南充丝二厂的生丝一直由四川丝业公司组织外销。

中华人民共和国成立后，生丝实行以外销为主，适当照顾内销的销售方针，南充丝二厂的生丝仍由四川丝业公司统一对外销售，主要从重庆、昆明、上海转销缅甸、越南、印度、苏联及英国、法国、比利时、瑞士等国家。从1953年起生丝外销改由中国丝绸公司统一销售，南充丝二厂通过西南蚕丝公司与中国丝绸公司签订生丝外销生产合同。

1958 年，西南蚕丝公司撤销后，四川丝绸外销改由四川省轻工业厅驻重庆办事处负责，南充丝二厂缫制的出口生丝直接交四川省轻工业厅驻重庆办事处组织出口。1960 年，中央提出建立出口商品基地的号召，南充丝二厂规划为出口专厂，达到出口质量标准的生丝全部出口换汇。

1976 年 1 月 7 日，四川省革命委员会将四川省轻工业局经营的外销内销丝绸产品划交四川省外贸部门经营，南充丝二厂的生丝，直接交南充地区外贸局。1983 年 1 月，南充丝二厂出口生丝、绸缎产品改由南充地区茧丝绸公司组织出口。1985 年 1 月，四川省丝绸外销改为四川省丝绸自营，南充丝二厂的丝绸产品由南充地区茧丝绸公司收购后交四川省丝绸公司统一组织外销。为保证外销丝绸产品质量，南充地区茧丝绸公司划定了出口生产定点厂、开展出口专厂建设，南充第二丝绸厂主要生产出口日本的丝绸产品，其质量要求比出口其他国家的质量要求高。至 1985 年，南充第二丝绸出口生丝 10438 吨，创外汇 3 亿美元。1986 年，南充第二丝绸厂被四川省计划经济委员会、四川省对外经济贸易厅命名为生产出口丝绸专厂。1989 年，被四川省对外经济委员会命名为先进外贸企业。1992 年，获得自营出口经营权。至 1998 年 6 月，嘉丽华集团的生丝、丝绸产品一部分通过外贸渠道出口，一部分自营出口。1998 年 7 月，嘉丽华集团改组成六合集团后，外销产品由六合集团自营出口。2006 年，成立六合集团发展部，主要经营进出口业务，组织生丝和丝绸产品外销。2010 年，撤销六合集团发展部，成立六合集团营销公司，负责生丝和丝绸及丝绸产品的外销内售工作，2011 年，六合集团出口丝绸及丝绸产品创汇 675 万美元。

【丝绸产品内销】民国元年至 8 年（1912 ~ 1919），兴隆丝厂的直缫丝不对外出售，直接加工成摇经丝，织成湖绉和花绸，销成都、重庆、云南等地。

1958 年 ~ 1962 年，南充丝二厂采取土洋结合的办法，先后用人力木织机和电动木织机生产电力纺、甲丝尼、溱绸等内销丝织产品，交南充商业部门销售。其间，1958 年—1960 年 5 月，南充丝二厂与上海、北京等百货公司建立协作关系，将部分丝绸产品交上海、北京等百货公司销售，互换物资。1960 年 5 月 11 日，四川省人民委员会决定将蚕茧、蚕丝、丝绸列为一类商品，取消企业自营，南充丝二厂与上海、北京等百货公司建立的协作关系停止，生产的丝绸内销产品交南充商业部门销售。

1972 年，南充丝二厂恢复织绸生产之后，用厂缫制的不符合出口要求的生丝织出的绸缎和被面仍交南充商业部门销售。中共十一届三中全会之后至 1985 年，南充第二丝绸厂织出的绸缎和丝绸服装、丝绸领带等产品，一部分出口创汇，一部分内销。内销的丝绸产品，先由商业部门销售。在经济体制改革中，国家取消国营丝绸企业内销产品统购包销办法，企业在完成国家调拨出口计划之后可自找市场自营，销售价格由以前统一按出厂价格销售，改为国家调拨出口计划收购部分按出厂价销售，自销部分根据市场供需行情，在出厂价或批发价之间上下浮动，零销产品按销售价销售。1980 年 1 月 26 日，中共四川省委、四川省革命委员会批准南充丝二厂进行扩大企业自主权试点。南充丝二厂运用扩大企业自主权的契机，在完成国家下达的出口生丝、绸缎计划之后，根据市场需求，增加生产、扩大销售地域。自销的丝绸产品主要销成都、重庆、上海、广州、哈尔滨等城市，化纤产品主要销云南、陕西等省及省内的达县、宜宾、泸州等地和区内各县、市。1985 年，产品销售收入达 2946 万元，实现税利 463 万元。比 1979 年翻一番。

1986 年～1993 年，南充第二丝绸厂在认真总结中共十一届三中全会之后工厂自营、内销丝绸产品经验的基础上，制定了“以质量求发展，以物美价廉赢客户，外销内销并举，以优质服务占领市场”的产品销售方针；改“以产定销”为“以销定产”，由被动适应市场转变为主动开拓市场；健全企业销售机构，加强企业销售队伍建设，选调一批懂管理、会经营的职工充实销售队伍，变等客户上门求购为主动出击找客户；成立市场信息调研组，建立上海、汕头、重庆、成都、巴中等 6 个信息小组，销售人员和信息组成员随时随地到企业产品销售地区去站柜台，听取顾客反映，征求代销单位营业员意见，掌握企业丝绸产品销售动态，根据市场需求调整绸类和丝绸服装等产品的花色品种和款式，02 双绉、55 双宫绸、07 被面、2136 涤华呢等 8 个主要产品因适应市场需求一直畅销；健全销售人员的岗位责任制和经济责任制，采取划片包干销售企业丝绸产品、销售计划分解到每个销售人员，销售业绩与销售人员的经济利益挂钩，实行奖罚，调动销售人员主动灵活到省内外去销售企业的丝绸产品。同时，实行积压产品销售奖励办法，按销售额度提取一定比例的销售奖金，不但调动销售人员销售积压产品的积极性，而且也调动全厂职工参与销售，寻找丝绸产品销售市场，积压的产品很快销售一空，搞活了流动资金，腾出了库容。其间，南充第二丝绸厂充分利用南充地区行署举办的 4 届中国·四川·南充丝绸节，宣传企业优势，展示企业丝绸产品，开拓国际国内销售市场，收到了良好效果。1993 年，完成工业总产值 7849 万元，实现销售收入 12435 万元，税利 613 万元。销售收入中内销份额占主体，实现了外销内销并举以内销为主的企业营销方针，提高了产品在国内丝绸市场上的占有率。

1994 年～2000 年，国际丝绸市场销售不畅，国内丝绸市场销售疲软，南充丝绸行业出现巨额亏损。六合集团在这一时期，经受住了前所未有的困难考验，后在国务院、中共四川省委、省人民政府、中共南充市委、市人民政府的扶持下，经过 13 年的不断深化改革，转换企业经营机制，闯出了一条自我跨越发展的新路，在 21 世纪初又焕发出生机与活力。成为南充市丝绸行业的龙头企业。在产品销售上，按照社会主义市场经济体制的要求，继续实施出口与内销并举以内销为主的营销方针，产品销售与调整产品结构、开发适销对路新产品与创造新的产品品牌同步进行，全面推行营销责任、销售权力、销售业绩与利益紧密挂钩的企业内部营销运行机制，建立和客户的合作伙伴关系，稳住大客户，开拓新的丝绸产品销售市场，主动引导消费。同时，针对各个时段丝产品和丝绸产品价格波动较大的市场行情，采取快进快出和略有存货的营销策略，灵活多样适应市场，化解丝绸产品销售风险。2001 年以后，六合集团实施“大市场”营销战略，与竞争对手建立合作伙伴关系，通过结盟寻找和谐相处，共同拓宽丝绸销售市场，共享利益，实现双赢，并把大市场营销战略延伸至大客户，实现产销互动；在国内各大、中城市设立销售机构，大、小客户联网，通过营销网络建立市场信息体系，进一步拓宽内销渠道，把六合集团全方位推向了市场；进一步深化销售人员责、权、利营销体系，营销人员内部买断关系，与六合营销公司签订销售合同，六合集团生产与销售出现销售围绕客户转，生产围绕销售转的局面，生产、销售年年稳步上升。2005 年，通过在广州建立服装设计工作室，在江苏南通建立家纺设计工作室，开发适销对路的丝绸服装和家纺产品，同时在南充、成都、深圳等地建立 23 家专卖店，开辟网上商城，在火车站、机场等地投放广告大力宣传六合品牌。至 2011 年，六合品牌成为四川著名商标、“中国高档丝绸标志”产品，深受广大消费者喜爱，自有品牌销售收入超过 2000 万元。

【丝绸专卖店】1988 年，南充第二丝绸厂在深圳开办第一家丝绸专卖店，销售绸缎和丝绸服装、丝绸领带。1992 年，南充第二丝绸厂服装公司、华府公司在南充市（今顺庆区）长征路、人民北路、丝绸一条街、环形商场开办了 4 家丝绸专卖店。1993 年，嘉丽华集团服务公司在成都市东大街开办丝绸专卖店。1998 年，六合集团在顺庆区北湖路、文化路、盛华堂、大都会开办了丝绸专卖店及加盟店。2008 年，六合集团在顺庆区涪江路建立了六合丝绸旗舰店、北湖路店、文化路店、人民北路店、得益时代广场店、万泰店。2009 年 6 月，开办河北省唐隆代销点。12 月，开办深圳中丝园六合丝绸专营店。2010 年 ~2011 年，六合集团先后开办成都市西大街丝绸专卖店、成都市红牌楼家乐福广场代销点、广安区（原广安县）、岳池县代销点。至 2011 年，六合集团投入资金 1000 余万元，共开办丝绸专卖店、加盟店、代销点 23 家。2011 年，六合集团各丝绸专卖店、加盟店、代销点销售额突破 2000 多万元。

【电子商务】2003 年，六合集团利用网络在百度、中国纺织网开展电子商务活动。电子商务包括产品广告、订货、付款、产品递送、售后服务等项内容，消费者足不出户便可买到六合集团生产的丝绸系列产品。2011 年，六合集团在顺庆区人民南路新世纪 27 楼成立了电子商务公司，面向国际、国内市场宣传“百年六合”丝绸系列产品，开展电子商务营销。

六合集团 1976 年 ~2011 年销售收入情况统计表

年份	销售收入（万元）	年份	销售收入（万元）
1976	2303.90	1994	13390.91
1977	2419.09	1995	8320.43
1978	2042.50	1996	5560.52
1979	1864.80	1997	7822.71
1980	2145.45	1998	2786.00
1981	2326.95	1999	5654.00
1982	2376.00	2000	8773.00
1983	3273.00	2001	15998.00
1984	3000.00	2002	20012.00
1985	2108.80	2003	23056.00
1986	4445.33	2004	28404.00
1987	5287.61	2005	30415.00
1988	5977.15	2006	35320.00
1989	9576.00	2007	36200.00
1990	14610.11	2008	34501.00
1991	10366.01	2009	32928.00
1992	12931.9	2010	32150.00
1993	12435.61	2011	27122.00

企业管理

民国元年至21年（1912～1932），兴隆丝厂、六合丝厂、同德丝厂、同六丝厂实行家长制管理。民国22年（1933），同六丝厂纳入四川大华公司后采用近代工业管理方法管理工厂。民国26年（1937）至1952年，南充丝二厂沿袭四川大华公司时期同六丝厂的方法管理工厂。1953年，南充丝二厂按照社会主义计划经济体制的要求，设置管理机构，开展企业管理工作，管理重点放在供、产环节上。1979年～1993年，南充丝二厂均按照社会主义有计划的商品经济体制要求，在继续做好供、产管理上，突出营销管理，实现了由生产型企业转轨变型为生产经营型企业。1994年～2011年，嘉丽华集团、六合集团按照社会主义市场经济体制的要求，改革管理机构设置，围绕实施“大市场”战略开展企业管理工作。至2011年，六合集团在加强企业管理上着力做好营销围绕客户转，生产围绕营销转的服务工作。

【企业行政机构】民国元年至25年（1912～1936），兴隆丝厂、六合丝厂、同德丝厂、同六丝厂未设置管理机构，由厂主或厂长实行家长制式管理，聘请工务教员、账房先生承办生产、财务等具体事宜。民国22年（1933），同六丝厂纳入四川大华公司后增设副厂长职位，内设工务、会计、事务、文牍课，采用近代企业管理方法管理工厂。民国26年（1937）至1952年，南充丝二厂沿袭四川大华公司时期同六丝厂的方法管理工厂。1953年，南充丝二厂经过社会主义改造成为南充蚕丝业界最大的全民所有制企业，按照西南蚕丝公司的要求内设行政管理机构，开展企业管理工作。至1956年底，设置人事科、计划科、会计科、生产科、技术监督科、劳动组织工资科、安全技术劳动保险科、供应科、基本建设科、监察科、保卫科、总务科。1957年～1969年3月，增设蚕茧科、教育科，生产科更名为生产技术室，劳动组织工资科更名为工资科，会计科与计划科合并更名为计划会计科。1969年4月，南充丝二厂革命委员会成立后内设政工、生产指挥、人保、后勤4大组和厂革委会办公室。1971年，企业恢复行政机构。1985年，南充第二丝绸厂试行事业部制，设置“八大部”、“三公司”，行政机构设开发部、供应部、经营部、劳动人事部、设备动力部、生活服务公司。1992年12月18日，南充第二丝绸厂更名为嘉丽华集团之后，行政机构沿袭1985年南充第二丝绸厂试行事业部制时的机构。1998年7月，六合集团组建后内设总经理办公室、财务部、人力资源部、营销公司、技术开发中心、质量管理办公室、安全保卫部、物资管理部。至2011年，内设行政机构未作调整。

六合集团（1912 年～2011 年）厂长（董事长、总经理）名录

姓 名	性别	职务称谓	任期时间
傅骏三	男	厂长	1912～1917
盛克勤	男	厂长	1917～1931
常俊民	男	厂长	1920～1931
胡叔怡	男	厂长	1931～1940
乔纪六	男	厂长	1941～1945
李科进	男	厂长	1946～1953
李雪峰	男	厂长	1954～1957
韩应科	男	厂长	1960～1967
赵志祥	男	革委会主任、军代表	1971～1975
刘成莲	女	党委书记兼革委会主任	1975～1979
吴　栋	男	厂长	1980～1983
梁文炳	男	厂长	1984～1989
黄　河	男	厂长	1989～1996
胡光明	男	董事长、总经理	1996～2005
任立荣	男	董事长、总经理	2005～2011

六合集团（1950 年～2011 年）副厂长（副董事长、副总经理）名录

姓 名	性别	职务称谓	任期时间（年）
史承烈	男	副厂长	1953～1966
苟森琼	男	副厂长	1954～1960
蒋　彤	男	副厂长	1954～1955
张久文	男	副厂长	1958～1959
李富根	男	副厂长	1957～1958
马先根	男	副厂长	1957～1981
任有义	男	副厂长	1960～1967
孙秀田	男	副厂长	1963～1978
韩应科	男	副厂长	1960～1970
赵柏林	男	副厂长	1968～1975
赵恩富	男	厂革委副主任	1975～1978
罗文清	女	厂革委副主任	1969～1979
李正清	女	厂革委副主任	1975～1978
任培根	男	副厂长	1975～1978
梁文炳	男	副厂长	1978～1984
蒲振东	男	副厂长	1978～1979
苏志高	男	副厂长	1978～1983
苏登志	男	副厂长	1978～1982

续表

姓 名	性别	职务称谓	任期时间（年）
吴　栋	男	副厂长	1979～1980
冯志荣	男	副厂长	1982～1989
尚国英	男	副厂长	1984～1985
王敬东	男	副厂长	1984～1984
许文安	男	副厂长	1984～1992
孙定兴	男	副厂长	1985～1987
史　炜	男	副厂长	1985～1995
孔　彬	男	副厂长	1989～1991
黄　河	男	副厂长	1989～1989
陈开富	男	副厂长	1991～1998
宋立新	男	副总经理	1993～1996
冯志荣	男	副总经理	1993～1998
冯　斌	男	副总经理	1994～1995
黄裕君	男	副总经理	1997～2008
任立荣	男	副总经理	1998～2005
姚　刚	男	副总经理	1998～2011
王杰安	男	副总经理	2003～2004
李亚波	男	副总经理	2005～2011
牛新生	男	副董事长、副总经理	2006～2007

【企业党组织和纪检机构】民国27年（1938）7月，中共川北工委在南充丝二厂建立了2个中共地下支部，由黎春廷、何运才分别担任支部书记。1953年1月，建立中共南充丝二厂临时委员会。1954年，正式建立中共南充丝二厂委员会。1956年，建立南充丝二厂监察委员会；1966年，撤销南充丝二厂监察委员会；1971年，恢复南充丝二厂监察委员会。1979年，建立中共南充丝二厂纪律检查委员会。至2011年，党组织机构、纪检机构设置完整，车间、分公司设置党支部、纪检组。

中共四川南充六合（集团）有限责任公司委员会　1949年12月10日至1950年1月4日，南充全境解放。1月9日，南充军事管制委员会主任赵林、副主任孙先余发布接管南充丝二厂的命令，委派军代表段振家接管南充丝二厂。9月，川北人民行政公署（省级）委派军队党员干部莫金明到厂担任监理员，在厂发展党员，建立党支部。1953年1月，建立中共南充丝二厂临时委员会，莫金明任临时党委书记。1954年，正式建立中共南充丝二厂委员会，李雪峰任党委书记。厂党委下设办公室、组织部、宣传部。至1966年2月，南充丝二厂召开了3次党员代表大会，进行厂党委换届选举，李雪峰、张久文、赵柏林先后当选为厂党委书记。1967年1月，在上海“一月风暴”的影响下，群众组织搞“踢开党委闹革命”，夺了厂党委的权，厂内无政府主义开始泛滥，正常的工作、生产秩序遭到破坏，连续3年出现亏损。1970年，建立中共南充丝二厂革命委员会核心小组，由中共南充丝二厂革命委员会核心小组代行厂党委职权。1971 年 1 月，南充丝二厂开展整党建党工作，5 月份结束后召开了南充丝二厂第四次党员代表大会，赵志祥（军代表）当选为党委书记。厂党委下设办公室、组织科、宣传科。1983 年，南充地区丝二厂更名为南充第二丝绸厂，厂党委亦更为名为中共南充第二丝绸厂委员会。1985 年，进行内设机构改革，厂党委下设的办公室、组织科、宣传科合并组建政治部。至 1992 年 10 月，南充第二丝绸厂更名为四川南充嘉丽华集团公司，共计召开了 8 次党员代表大会。中共四川南充嘉丽华集团公司委员会下设党委办公室、组织人事处、宣传教育处、处室党支部办公室。1998 年 7 月，剥离四川南充嘉丽华集团公司有效资产组建四川南充六合（集团）有限责任公司。2000 年 5 月，中共南充市委组织部批准建立中共四川南充六合（集团）有限责任公司委员会，宋立新任党委书记，党委下设办公室、党群工作部等机构。至 2011 年，党委书记及下设机构未作调整。

中共四川六合集团委员会（1953 年 ~2011 年）历任党委书记名录

姓　名	性别	任期时间（年）
莫金明	男	1953
李雪峰	男	1954 ~ 1957
张久文	男	1958 ~ 1959
赵柏林	男	1960 ~ 1967
赵志祥	男	1971 ~ 1974
刘成莲	女	1975 ~ 1982
冯启秀	男	1983
王敬东	男	1984 ~ 1988
梁文炳	男	1989
尚国英	男	1990 ~ 1995
宋立新	男	1996 ~ 2011

中共四川六合集团委员会（1954 年 ~2011 年）历任党委副书记名录

姓　名	性别	任期时间（年）
李迎喜	男	1954 ~ 1959
韩应科	男	1960 ~ 1963
任有义	男	1966 ~ 1974
赵柏林	男	1971 ~ 1975
孙秀田	男	1974 ~ 1978
赵恩富	男	1975 ~ 1978
李正清	女	1975 ~ 1980
梁文炳	男	1978 ~ 1981
蒲振东	男	1978 ~ 1985
罗文清	女	1975 ~ 1979
冯达兴	男	1984 ~ 1987
尚国英	男	1989 ~ 1990
周绍君	女	1990 ~ 1994
王蜀英	女	2000 ~ 2011

中共四川南充六合（集团）有限责任公司纪律检查委员会 1953年12月3日，建立南充丝二厂监察室，由副厂长史承烈（老红军）兼任监察室主任。1956年，建立南充丝二厂监察委员会。1966年2月，撤销厂监察委员会。1971年5月24日～27日召开南充丝二厂第4次党员代表大会，决定恢复厂监察委员会，设置厂监察委员会办公室，按厂中层干部职级配备主任。并安排3名干部负责厂的监察工作。1979年11月28日，召开南充丝二厂第5次党员代表大会，选举出由9人组成的厂纪律检查委员会，厂纪委书记仍按厂中层干部的职级配备。1983年9月10日，召开南充第二丝绸厂第6次党员代表大会，选举出由5人组成的厂纪律检查委员会，选举蒲振东（党委副书记）为纪委书记，自此，按副厂级职级选配纪委书记。至2011年，中共四川南充六合集团公司纪律检查委员会均按副厂级职级选配纪委书记，蒲振东、苏登志、尚国英、周绍君、黄裕君、张家玲先后任纪委书记。

【企业群团组织】1951年1月，成立南充丝二厂工会筹备委员会，7月成立中国新民主主义青年团南充丝二厂总支委员会。1952年，正式成立南充丝二厂工会委员会（简称厂工会）。1954年，成立中国新民主主义青年团南充丝二厂委员会（简称厂团委），1957年，更名为中国共产主义青年团南充丝二厂委员会。至1990年，厂工会主席一直按厂中层干部职级配备。从厂团委建立到2011年，团委书记按中层干部职级配备。至2011年，工会、团委机构设置完整，车间、分公司设置分工会、团支部。

四川南充六合（集团）有限责任公司工会委员会 1950年6月，由川北区总工会主席任毅发展的7名工会会员组成南充丝二厂工会小组，在工人中发展工会会员，到年底，400名工人加入工会。1951年1月，成立南充丝二厂工会筹备委员会，川北区总工会主任武毅到厂指导民主改革运动和筹备成立厂工会工作，1952年正式成立南充丝二厂工会委员会（简称厂工会），厂工会内设办公室、教育组、宣传组。1955年增设工会经费审查委员会并成立工人俱乐部。1963年，设宣传、生产、财务、女工、劳保、互助储金、生活福利等专职委员。“文化大革命”中，厂工会工作转由厂革委负责。1973年5月，恢复南充丝二厂工会组织和工会活动。1982年，南充丝二厂将职工教育、科技工作等列入厂工会工作职责。从厂工会成立至1990年，厂工会主席一直按厂中层干部职级配备。1991年～2011年，工会主席才按企业副职领导干部职级配备。黄裕君（男）、王蜀英先后任工会主席。

共青团四川南充六合（集团）有限责任公司委员会 1950年，中国新民主主义青年团川北区工作委员会委派何邦益到南充丝二厂指导民主建团工作。9月，南充丝二厂任海清、王文龙等8名青年首批入团，建立了南充丝二厂团小组。1951年7月，成立中国新民主主义青年团南充丝二厂总支委员会。1954年，南充丝二厂召开第一次团员代表大会，成立中国新民主主义青年团南充丝二厂委员会，1957年，更名为中国共产主义青年团南充丝二厂委员会。“文化大革命”中，厂团委停止工作。1971年上半年，南充丝二厂开展整团建团工作，恢复厂团委。至2011年，共召开了十一次团员代表大会，团委正、副书记从建立厂团委到2011年均按企业中层干部职级配备。

【计划管理】民国元年至21年（1912～1932），兴隆丝厂、六合丝厂、同德丝厂、同六丝厂，每年春季收茧结束后才开工缫丝，收到多少蚕茧按缫折就缫制多少蚕丝，无计划可言。民国22年（1933），同六丝厂纳入四川大华公司，生产计划由四川大华公司统一编制。民国26年（1937），同六丝厂纳入四川丝业公司，更名为南充丝二厂，仍采用“代缫加工”方式组织生产，生产计划由四川丝业公司统一编制。1952年，南充丝二厂成立计划科，依据西南蚕丝公司下达的年、季、月计划，编制日作业计划，填写指示图表，以工作台为基础分配个人任务，在分配个人任务时考虑个人技术状况、单位产量和使用原料等因素每天公布执行情况。南充丝二厂施行日作业计划被西南蚕丝公司肯定为计划管理的样板，在西南地区蚕丝界推广。1953年，南充丝二厂实行独立核算，自编年、季、月计划，上报西南蚕丝公司平衡后以指令性计划下达南充丝二厂据此编制季度、月、周作业计划，季度、月、周作业计划包括生产、用工、供应、成本、财务和销售计划。因未进行技术能力分析，开始编制的计划指标往往偏高，不易完成。1956年，南充丝二厂开始制定“技术经济定额”指标和推行经济核算，加强生产定额管理，建立原始记录，开展统计工作，计划管理成为南充丝二厂企业管理的基础工作。1958年，西南蚕丝公司撤销后南充丝二厂编制的生产计划报四川省轻工业厅平衡，由南充专区工业局以指令性计划下达南充丝二厂执行。“文化大革命”期间，南充丝二厂的计划工作一度中断。20世纪60年代后期，南充丝二厂内调蚕丝和外贸交货计划，由南充地区工业局和南充地区外贸局联合下达给南充丝二厂执行。20世纪70年代初，南充丝二厂恢复计划工作，1983年至1989年，南充第二丝绸厂的生产及出口计划由南充地区茧丝绸公司报四川省丝绸公司平衡后下达指令性计划。1990年，改为指导性计划，蚕丝生产计划和出口计划变为市场导向以销定产的建议计划。

1994年，国际丝绸市场销售不畅，国内市场丝绸持续疲软，导致1995年~1996年，全市丝绸行业开机率不到40%，50%以上的工人下岗，指导性计划指标难以预测。1997年至2011年，市茧丝绸公司、市国资委不再对嘉丽华集团、六合集团下达年度指导性计划。但嘉丽华集团、六合集团依据国家和四川省茧丝绸业的产业政策，结合企业实际，编制了“九五”至“十二五”（1996~2015）4个五年计划和各年度的生产经营计划。每年的年度生产经营计划均送市丝绸行业主管部门备案，每年年末都将年度生产经营计划完成情况上报市丝绸行业主管部门。

【生产管理】民国元年至21年（1912~1932），兴隆丝厂、六合丝厂、同德丝厂、同六丝厂，由厂主或厂长管理生产。民国22年（1933），同六丝厂纳入四川大华公司后设立工务股，由工务股长专事生产管理。民国26年（1937）至1949年，四川丝业公司沿袭四川大华公司的方式管理生产。1950年~1953年，南充丝二厂按四川丝业公司（1950.2~1952.4）和西南蚕丝公司（1952.4~1959）下达的生产计划、品种、质量、完成期限为目标管理生产，并成立厂管理委员会，参与生产管理工作。1953年，成立厂生产科，具体从事生产管理工作。1954年，南充丝二厂由试行苏联“一长制”（即厂长负责制）改为厂党委领导下的厂长负责制，逐步建立了从厂长到每个科室、车间的岗位责任制。至1957年，在生产管理上采取了加强蚕茧收购，保证上车率达94%；加强技术研究，改进操作方式；改进劳动生产组织，提高设备利用率；加强安全生产，减少工伤事故发生；加强定额管理，降低成本；改进煮茧技术；贯彻“视线巡回，双手添绪，定粒配茧和少索多绪”操作法等措施，解决了缫折大、品质低的问题。

1958 年—1960 年“大跃进”期间，南充丝二厂在生产上提出了“半年超日本”的跃进口号，增开跃进班，取消加班工资。同时大搞“副产超主产、主产无成本”的跃进活动，利用蚕蛹、茧衣、屑物、次品作原料，开办了 17 个卫星工厂，卫星工厂生产的产品因无销路存放过久基本报废。

1961 年，南充丝二厂贯彻《鞍钢宪法》，在生产管理上实行“两参一改三结合”（即干部参加劳动、工人参加管理；改革不合理的规章制度；工人、领导干部和技术人员三结合），生产管理有序有效。

1966 年 5 月 16 日“文化大革命”开始后，南充丝二厂行之有效的企业管理制度被视为对工人的“管、卡、压”，管理生产被斥为“唯生产力论”和“以生产压革命”，厂级领导干部以此受到批判，生产管理处于无序状态，连续 3 年出现亏损。

1971 年，南充丝二厂开展整党建党、整团建团工作之后，以各生产车间为单位，成立“工管组”，下设 8 大员（政治工作员、经济核算员、质量检查员、劳动工资员、生产服务员、节约检查员、技术革新员、安全保卫员），加强生产管理工作。1983 年，南充丝二厂更名为南充第二丝绸厂后，生产管理分缫丝生产线和织绸生产线管理，缫丝生产线和织绸生产线均推行全面质量管理，每个季度进行 1 次考核，年终进行总结。在推行全面质量管理中，缫丝生产线、织绸生产线在各自的生产现场开展定置管理，做到人尽其才、物尽其用。1987 年，南充第二丝绸厂实施经营承包后，生产管理与二级经营承包、目标考核结合进行。

1992 年 12 月，南充第二丝绸厂改组为嘉丽华集团后，缫丝生产线和织绸生产线分别更名为嘉丽华集团缫丝厂和织绸厂，仍按二级承包方式进行生产管理。

1997 年，嘉丽华集团在开展减员增效分块搞活中，对缫丝厂、织绸厂实行目标责任考核，在完成嘉丽华集团下达的生产任务后，可根据市场需求自主安排生产，并采用民营企业的方式管理生产，鼓励员工多看台、看锭，超额完成任务，增加收入。

1998 年，六合集团在实行资产重组分块搞活中将六合缫丝厂改造成股份制公司。至 2011 年，六合集团对所属生产单位在生产管理上按照分块搞活、独立承包的经营模式管理生产。

【财务管理】民国元年至 21 年（1912～1932），兴隆丝厂、六合丝厂、同德丝厂、同六丝厂厂主雇请账房先生管理工厂财务。民国 22 年（1933），同六丝厂纳入四川大华公司后，四川大华公司对同六丝厂采取“代缫加工”的方式安排生产，蚕茧由大华公司调拨，并下达缫折、产品、产量、质量、工资、燃料、水、电、机器等耗用指标。生产结束后，四川大华公司按数收付，核定报销，统一进行核算，同六丝厂不负盈亏责任，不进行成本核算，年终盈余积累均归四川大华公司，由此形成“代缫加工交货方式”的财务管理形式。民国 26 年（1937）至 1951 年，四川丝业公司对南充丝二厂仍采用“代缫加工交货方式”的形式进行财务管理。其间，1951 年，南充丝二厂设置会计科，主要职责是按四川丝业公司下达的计划填报月、季、年成本表。1953，南充丝二厂实行独立核算，推行“记账凭单制”、“标准账户计划”、“月度财务收支计划”、“决算会计制度”等财务管理制度。1955 年，南充丝二厂推行《丝绸成本计算规程》和班组经济核算，从根本上改变了“代缫加工交货方式”的财务管理方式，加强了财务成本管理，制定了物资消耗和储备定额，降低了原燃材料消耗，加快了资金周转。南充丝二厂从开始进行独立核算至1958年，上缴利润826万元。1959年，南充丝二厂建立“四统三包”（即统一计划、审批、收入、支出；包任务、成本、利润）的财务管理制度，开展厂部、车间、班组三级经济核算和成本分析活动。“文化大革命”开始后，南充丝二厂的财务管理制度名存实亡，仅存厂部核算。中共十一届三中全会后，南充丝二厂恢复了行之有效的财务管理制度，加强了财务管理基础工作和会计核算工作，经济核算不仅抓生产过程的核算，而且也抓供应和销售过程的核算，并把储备资金划交供销部门管理，做到按生产计划采购物资，避免盲目采购和积压造成浪费及经济损失。经济核算形成全厂全员全产供销过程核算的经济核算体系。

1987年~1992年，南充第二丝绸厂财务管理工作重点是深化成本管理和经济核算，建立“厂内银行”，印制“代金券”，厂内各部门推行“货币”结算，完善一级财务记账和二级经济核算及车间班组的经济数据统计，对会计人员纳入财务科进行统一管理，南充第二丝绸厂被评为会计工作达标先进企业。

1992年，南充第二丝绸厂改组为嘉丽华集团后至1998年6月，在财务管理上全面贯彻执行《企业会计准则》、《企业财务通则》，丝绸成本核算执行重新修订后的《四川省丝绸工业企业成本计算规范》。嘉丽华集团在开展建立现代企业制度试点工作中建立健全了公司财务管理制度。其间，1994年步入困境后深化了三项费用（办公费、邮电费、差旅费）管理，降低费用支出。1997年8月，实施减员增效分块搞活后，财务部门积极向上级金融部门申报并减免了1150万元贷款利息。

1998年~2011年，六合集团财务管理工作围绕资本运作、分块搞活、做强做优、资本保值增值进行，开展“模拟市场化”核算，全面实施成本内控，效益核算；在六合集团财务状况趋好之时恢复了与金融机构中断了的信贷关系，获得了金融机构对六合集团的贷款支持；参与六合集团招商引资，争取利用中共四川省委、省人民政府、中共南充市委、市人民政府扶持丝绸企业解困的优惠政策，化解历史遗留债务，为资产重组创造条件；强化国有资产管理，对六合集团所辖缫丝企业从资产管理提升为资产增值的资本管理；对六合集团所辖企业财务考核实行考核指标数量化、定性定量指标合同化管理，进一步健全预算管理体系，完善经济活动分析，降低成本费用，获取最大化的经济效益。2011年，六合集团上缴税金668.86万元。

【劳动工资管理】兴隆丝厂生产期间由厂方供给一餐伙食，用银币支付工人工资，工人月工资7元~8元。六合丝厂、同德丝厂招收工人要填写《学徒自愿书》，学徒期为3年，学徒期满后在厂任“养成工”。“养成工”每天工作12小时以上，半个月休息1天。民国25年（1936）前用银币支付“养成工”工资，每月工资最高7元，最低4元。民国25年（1936）后改为每天工作10小时，每周休息1天，改用法币支付工资，缫丝工按质量标准给酬，每月8元~10元不等，最高只有12元。“养成工”3年~5年或10年以内只能在六合丝厂、同德丝厂做工，不能接受其他丝厂招雇。民国27年（1938）四川丝业公司档案记载：至是年，四川丝业公司第二制丝厂先后将招收培训的1000名学徒工转成“养成工”。至1949年，四川丝业公司第二制丝厂一直沿袭“养成工”制度招收培训工人。学徒工经常受工务教员或总管体罚，学徒童工体罚时挨打屁股，学徒成年工体罚时挨打耳光。

1950 年，按照四川丝业公司制定的季节性定额，南充丝二厂开双人车，两班生产，并根据《丝厂公约 13 条》制定劳动纪律。1953 年，实行作业计划，厂自定劳动定额，改双人车为 3 人两车、4 人 3 车、5 人四车组合生产，主要工序开三班。1956 年，南充丝二厂根据《国营企业内部劳动规则纲要》制定劳动规则。1965 年，推进单人车缫丝。"文化大革命"开始后，劳动纪律、劳动定额皆被视为"管、卡、压"，全被取消。中共十一届三中全会后，恢复劳动管理，坚持 8 小时生产，实行定额加超产奖励。20 世纪 70 年代末，南充丝二厂按产量、质量、消耗 3 项指标下达各种定额，逐步健全岗位责任制和强化劳动纪律。1984 年，缫丝工实行全额计件制，定额和计件单价统一按《劳动规范》规定执行，计件以产量为基础，质量为工资升降标准，缫折指标为奖赔依据。各生产车间制定了现场管理制度。1985 年，劳动管理与职工个人经济利益挂钩，对技术操作不合格、受行政处分、受公安机关治安惩罚、违反计划生育政策、违反安全生产规章制度造成事故的职工扣发月度奖金。

1992 年，嘉丽华集团推行全员劳动合同制改革，职工与企业全部签订劳动合同，干部实行聘用和任期制，彻底打破了"铁饭碗"。1993 年，推行岗位技能工资制，统一规定工人岗位 1 档 ~8 档标准，中、高级管理人员 1 档 ~4 档标准，初级管理人员 1 档—5 档标准，全部实行岗位测评，工资标准分岗位和技能两类。

2001 年 6 月，集团公司率先进行产权制度改革试点，一次性解除全公司职工的劳动关系，按每年工龄 600 元发给安置费，转变了职工身份。2007 年，六合集团为进一步推进各项改革，利用激励机制，调动员工的生产积极性，完善以按劳分配为主体、多种分配方式并存的分配制度，制定了六合集团岗位技能工资管理试行办法。岗位技能工资由岗位工资、考核工资（绩效工资）、技能工资、工龄工资及新进人员工资标准组成，在保证提高企业经济效益的前提下，不断增加员工的工资收入。2011 年，为深化工资分配制度改革，建立岗位靠竞争、报酬凭贡献和职工正常的工资调整机制，六合集团再次提高了岗位技能工资标准。

六合集团职工（员工）（1950 年 ~2011 年）工资收入统计表

年份	年人均工资（元）	年份	年人均工资（元）
1950	182.50	1981	742
1951	267.00	1982	739
1952	301.00	1983	730
1953	320.50	1984	825
1954	317.00	1985	957
1955	361.00	1986	1254
1956	457.50	1987	1500
1957	454.50	1988	1720
1958	476.00	1989	1908
1959	481.00	1990	2195

续表

年份	年人均工资（元）	年份	年人均工资（元）
1960	495.00	1991	2513
1961	536.00	1992	2638
1962	517.70	1993	2815
1963	531.00	1994	3178
1964	555.00	1995	3368
1965	575.00	1996	3207
1966	596.00	1997	3188
1967	599.00	1998	2924
1968	590.00	1999	2218
1969	626.70	2000	2749
1970	626.00	2001	5954
1971	498.00	2002	6017
1972	491.00	2003	6713
1973	531.00	2004	7735
1974	524.00	2005	8712
1975	537.70	2006	9300
1976	523.00	2007	11280
1977	516.60	2008	13048
1978	566.50	2009	13498
1979	668.60	2010	13476
1980	783.00	2011	15995

【职工教育】20世纪50年代，南充丝二厂采取扫除职工文盲、普及职工文化教育、开展技术教育的办法，提高职工的文化技术素质。20世纪60年代至80年代初期，以继续提高职工的文化素质和技术水平开展职工文化技术教育。20世纪80年代中期，在贯彻国务院《国营企业实行劳动合同制暂行规定》和《国营企业招收工人暂行规定》后至21世纪初招入六合集团的员工，文化程度均是高中、中专或大学毕业，对员工的教育重点转入技术教育。

扫盲　1950年，南充丝二厂有职工1752人，文盲、半文盲职工占职工总数的90%。为提高职工的文化知识，使文盲半文盲职工尽早摘掉文盲帽子，1951年，开办识字班，分4所夜校推行速成识字法，进行业余扫盲教育和普及小学文化教育，参加扫盲学习的职工达1600人。1952年12月，国家开展第一次群众性的扫盲热潮，南充丝二厂培训了50名专兼职教师，推广祈建华速成识字教学法，使用《拼音速成识字课本》，开展扫盲教育。同时，对职工进行政治时事教育，全厂建立了75个读报组，80%的工人坚持每天参加半小时读报活动，既学文化，又学政治时事。1956年，国家开展第二次扫盲热潮，南充丝二厂2168人参加扫盲学习，厂被评为南充专区扫盲先进单位。1958年，国家开展第三次扫盲热潮，南充丝二厂举办了59个扫盲学习班，参加扫盲学习的职工人数占全厂职工总数的78%以上。1959年底，南充丝二厂2462名职工中2156人参加了文化知识学习，文盲率由1950年的90%降至2%，四川省人民委员会授予南充丝二厂“职工教育先进单位”。

文化教育 1954年，在开展扫盲教育的同时，开展文化普及教育。厂办业余高小班5个，574名职工参加学习，办业余初中班3个，347名职工参加学习。1958年，办高小业余班8个，初中业余班4个，参加高小、初中业余班学习的职工占参加文化学习职工总数的79.60%。1959年，南充丝二厂具有高小文化程度的职工占青壮年职工的73.94%，受到中共四川省委的嘉奖。1960年，南充丝二厂大搞教学改革，编出成套的同音识字课本、职工识字课本、高小、初中语文、算术和推动生产的活页补充教材，继续办业余高小班37个，2190名职工参加学习。初中业余班7个，370名职工参加学习。高中业余班1个，53名职工参加学习。还办业余大专班1个，45名职工参加学习。“文化大革命”开始后，职工文化普及教育工作停止。中共十一届三中全会后，恢复职工业余教育，开办了小学业余文化补习班，初中业余文化补习班。1976年7月—1977年7月，自办“七二一”工人大学一期，学员34人，学制一年。1982年，根据中共中央国务院《关于加强职工教育工作的决定》，职工业余文化教育转入对1968年7月至1979年7月毕业的初中生和1970年7月至1979年7月毕业的高中生，达不到相应实际文化水平的职工采取脱产或半脱产的形式进行文化补课。至1983年，南充第二丝绸厂873名应补课职工，经考试518名职工达到文化补课要求，合格率为59.34%，补课合格率在地属9家国营丝绸企业中占第4位。1987年9月至1990年7月，自办广播电视财会专业中专班一期，学员20人，学制三年。2010年2月，六合集团与四川省蚕丝学校联办丝织专业代培式普通中专班一期，学员31人，学制三年。

技术教育 民国6年（1917），盛克勤创办六合丝厂。每年收完春茧开工缫丝前，盛克勤都要对缫丝工进行技术培训，讲授缫丝操作方法和技术要求，每月初都要对上月的缫丝生产进行总结，解决缫丝生产中的技术问题，生产的“金鹿”牌生丝，质量名列南充蚕丝业之首。

1952年，南充丝二厂选派职工参加西南蚕丝公司制丝业务和会计业务培训。1954年上半年，利用缺原料停工的机会，组织职工以上大课的形式，每周集中9个小时，学习选茧、煮茧、缫丝、扬返和生丝整理等知识和生产技能。每一阶段学习结束后都要进行复习考试，鼓励职工专研技术，培养出了任全芳、姚玉英、王碧、李正清、李玉清、王蜀英、刘月淑、张素琼、胡世珍等全省、全国缫丝操作能手。1964年，成立南充丝二厂制丝职业学校，首届招收96名学员，开办制丝、原料2个专业，学制3年，开设3门基础课程，7门专业课程。1965年，转制为南充丝二厂半工半读中等技术专业学校，招收学员103人，开办制丝、财会2个专业，学制4年。1974年，更名为南充丝二厂技术学校，招收学员150名，开办制丝专业，学制2年。1978年，新开办机械维修、织绸2个专业，招收学员100名，学制两年。1980年~1981年，开办2个织绸班、2个制丝班，招收195名学员，学制2年。至1983年6月，南充丝二厂技术学校共办6期，招收学员644名，学员毕业后均分配到厂工作。1983年下半年至1985年，为弥补“文化大革命”

期间中断技术培训的欠账，南充第二丝绸厂根据中共中央、国务院《关于加强职工教育工作的决定》，对“文化大革命”期间招进厂未经过专业技术培训3级以下的固定职工采取技术讲座、应知应会训练、技术交流会、技术传帮带、岗位练兵、操作选拔赛等多种形式进行技术基础理论和操作技术普及教育，提高了这批年轻职工的素质和技能。

【劳动保护】民国时期，六合丝厂厂主只顾生产赚钱，不过问工人的疾苦。

1951年，南充丝二厂从贯彻政务院《中华人民共和国劳动保险条例》开始，设置劳动保护机构，专司全厂职工的劳动保险和劳动保护工作，解决职工的生、老、病、死、伤残待遇，维护职工的合法权益。至2011年，通过规范职工工作时间，实行女职工保护，对困难职工进行适当经济补助，执行国家的退休退职制度，绿化厂区和生活区，开展环境保护，加强企业安全生产等系列工作，保障职工身心健康。

工时制 民国时期，南充域内蚕农只养一季春蚕，六合丝厂只有在收完春茧后才依据收茧数量决定开工缫丝生产时间。缫丝系季节性生产，只开白班。每天天刚亮（约早上5点钟至6点钟）缫丝工人就进厂上班缫丝，晚上黑尽时（约8点钟至9点钟）才下班。10天或半月休息一天。民国15年（1926）3月1日，重庆《国民公报》对六合丝厂工人的劳动强度和生活状况作了下述描写：“厂中之黑暗，待遇之苛刻，工作时间之冗长，殊足骇人听闻，例如盛夏天气，工厂从午前四时开工，直至午后六时始能毕工。秋冬之际，则从午前二三时起，至午后五时始至，工作时间每日十五六点钟之久，解手吃饭，均受到极严厉的限制，加之厂中寝室狭窄，遍地阴湿污秽，清洁卫生谈不上……童工在厂工作者，往往多病黄肿、渐即于死，此乃事实昭著，无可讳言者。”

1950年6月22日，南充丝二厂复工生产，由民国时期缫丝工人每天生产15个小时至16个小时改为每天生产9小时。从四季度开始，开展民主改革运动，废除旧制度，建立新规章，提高了工人在企业中的地位，改季节性生产为常年性生产，由一班生产改为两班生产，生产时间由每班9小时改为每班8小时，实行每周48小时工时制，每周工作、生产6天。星期天为职工公休假日，工资照发。1953年，《中华人民共和国劳动保险条例》修改后，南充丝二厂成立了厂劳动保险委员会，厂党委书记莫金明、厂长李科进任正副主任，严格执行国家关于全国公民享受全国年节、纪念日假期待遇，工资照发。至1997年3月，一直执行每日工作、生产8小时，每周工作、生产6天工时制。1997年4月，实行每天工作、生产8小时，每周工作、生产5天的“周五”工时制。至2011年仍实行“周五”工时制。

劳动保护用品 南充丝二厂从1952年起对缫丝工、电工、锅炉工发放劳保用品。缫丝工每年发给油布围腰（后改白布围腰）1件、工作帽1顶、袖套1双。机修工和动力工每年发1套劳保工作服，每月发布手套或线手套1双。电工和锅炉工每5年发胶鞋1双，电工、力织车间工人除发劳保用品外，每人还增发耳塞1对。是年起，夏天在前缫车间添设座式风扇，2名至3名工人车位后安置1把座式电风扇降温。在车间房顶上安置喷水管洒水，脚下通道安置鼓风机通风。1961年购置大型鼓风机2部，风管接通前缫三幢厂房，风管口通向每部车位的工作台，如遇酷暑，购买冰砖，由鼓风机将凉风送入车间。科室安装吊扇或座扇，质量检验室安装空调降温。从1979年起，夏天给职工发放清凉饮料（茶叶、柠檬、果汁、白糖及防暑药品等），冬天给职工发放6元烤火费，后缫车间由于需要一定的温湿度进行操作，从1983年起，夏季发给三个月的高温补助费，每月发给高温补助费6元及黄豆、菜油等物品。锅炉工人、粘接工人，按日发给高温及防毒补助费。1998年后，费用标准有所提高。从1991年5月起至2011年，六合集团按照《四川省防护用品发放标准》给应发防护用品的员工发放防护用品。

女职工保护 厂工会成立后就把女职工保护列为工会的重要工作。是年，南充丝二厂女职工占全厂职工总数的70%以上。1952年~1957年，各车间设置女职工卫生间，三班制开放，解决女工的月经卫生。同时，定期对女职工进行妇科病检查，对患病者进行及时治疗。1961年，制定了6条女职工保护制度，其中规定女职工每月免费发给月经纸4盒；孕妇在分娩前一月，增加半小时工间休息；新生婴儿哺乳期间，每天工作、生产时间哺乳二次，两次哺乳时间可合并使用，工资照全勤发给；女职工产假56天（难产、双胞胎70天），工资照发，并发给生育补助费4元（20世纪50年代发红布5尺作补助），早产30天产假，小产15天产假，工资照发。1983年1月起至2011年，晚育产假71天，难产85天，工资照发。参加生育保险后，女职工正常产假为90天，难产另加15天，产前休假15天，晚育增加20天休假。女职工在经期、孕期，车间给予适当照顾，安排劳动强度较轻的工作。

职工退休退职 民国时期，南充域内的丝厂、绸厂，工人无退职退休制度，年老无法工作或因患重病无力工作即失业回家，丧失生活来源。

1951年，南充丝二厂贯彻政务院《中华人民共和国劳动保险条例》，对老弱病残职工实行退职退休制度，职工老有所养。在执行职工退职退休工作中，男职工年满60岁，女干部年满55岁，女职工年满50岁，符合退休条件者，由职工本人提出申请，厂领导审核后报专（地）区劳动主管部门批准退休。1958年，南充丝二厂首批9名职工退休，有待业子女的职工退休时招收其1名子女进厂当工人。1983年，国家政策规定，企业干部退休时子女不能进厂顶替，工人退休时子女则可进厂顶替。对不到国家规定的退休年龄，职工本人因患病或其他原因丧失劳动能力的，由本人申请，经劳动鉴定属实、报经地区劳动主管部门批准，办理退职退休手续。20世纪90年代至21世纪初，企业在实施产权制度改革中，按照省、市制定的关于南充丝绸工业解困的优惠政策，男女职工实行按法定退休年龄提前5年退休。职工退休后，企业按照政策规定，发给居住在城市无住房的职工每人150元的安家补助费，居住在农村无住房的职工每人300元的安家补助费。1994年以前，职工退职退休费由企业发放。

1995年，职工退职退休费改由社会化发放，南充市社保局按月将职工退职退休费拨给银行，由银行代为发放。1995年至2000年7月，由南充市社保局实行统筹基本缴拨结算，南充市社保局返给企业差额部分，其间，1999年，六合集团取消职工退休退职安家补助费。

六合集团（1958年~1994年）退休退职人数和退休退职费统计表

年份	人数累计	退休费（元）	年份	人数累计	退休费（元）
1958	9	4194	1980	1059	586039
1961	18	7472	1981	1132	633658
1962	66	25299	1982	1265	726083

续表

年份	人数累计	退休费（元）	年份	人数累计	退休费（元）
1963	68	26019	1983	1354	793456
1964	70	26739	1984	1465	877471
1965	75	28485	1985	1623	1042605
1966	93	35275	1986	1706	1120758
1967	95	36035	1987	1725	1142750
1971	351	167781	1988	1735	1154829
1972	376	180915	1989	1750	1177912
1973	378	181995	1990	1759	1190147
1976	406	197815	1991	1760	1192878
1977	557	282643	1992	1774	1231518
1978	672	348447	1993	1784	1256838
1979	815	437133	1994	1796	1287313

困难补助　1950 年至 2011 年的 62 年中，坚持对生活有困难的职工进行适当的经济补助。厂工会对因收入低、家庭负担过重，或因供养亲属长期患病，有时入不敷出，或因天灾人祸发生意外事故，经济上需要救助者，由本人提出申请，经所在小组讨论，科（室）、车间签注意见，厂工会审查通过，及时给予适当的经济补助和物资支助。一般一年进行 1 次至 2 次困难补助。其间，20 世纪 50 年代至 80 年代初，南充丝二厂通过建立职工互助储金会的办法解决生活确有困难的职工急需用钱的问题。具体办法是每月发放工资时，按职工各自的收入情况，自愿交出少量的现金给互助储金会组长集中存入银行，互助储金小组内暂时有经济困难或因急事需用钱的职工由互助储金会组长去银行取款后交与急需用钱的职工，以后按月偿还。凡参加互助储金会的同志，家庭有暂时困难可在互助储金会内临时借款，互助互利。

六合集团（1950 年 ~2011 年）职工困难补助费统计表

年份	困难补助费（元）	年份	困难补助费（元）
1950		1981	14266
1951		1982	14758
1952		1983	7820
1953		1984	9901
1954	2197	1985	8905
1955		1986	
1956	11340	1987	
1957	2833	1988	3161
1958	1289	1989	14169
1959	1456	1990	15725

续表

年份	困难补助费（元）	年份	困难补助费（元）
1960		1991	
1961	25561	1992	
1962	3458	1993	
1963		1994	650
1964		1995	1800
1965	667	1996	2300
1966		1997	3900
1967		1998	2600
1968		1999	35150
1969	8520	2000	21180
1970	3341	2001	24564
1971	5792	2002	22540
1972	14053	2003	31040
1973	26728	2004	28218
1974	34118	2005	35860
1975	16431	2006	22595
1976	19775	2007	39700
1977	19775	2008	73224
1978	14944	2009	42000
1979	17650	2010	53300
1980	19200	2011	50000

被精简职工救助　1959 年 1 月，中共中央发出《关于立即停止招收新职员和固定临时工的通知》，6 月，中共中央决定一年内减少县以上企业职工人数 800 万至 1000 万人。1962 年，南充丝二厂根据中共中央精简职工的指示精神，对 1958 年招收的农村职工精简回农村，充实农业生产第一线。对精简回农村的职工中确有困难的少数同志发给了救济费。1983 年，这些被精简回农村家庭较困难的职工依据国家有关部委《关于对六十年代初精简回家职工有关救济的决定》，到厂提出救济诉求。9 月，南充第二丝绸厂开始对这些精简回农村家庭生活确有困难的人员发放救济费。2002 年 2 月 21 日，南充市民政局主持召开南充六合（集团）有限责任公司 20 世纪 60 年代精简老职工座谈会，会后形成《六合集团六十年代精简老职工有关问题会议纪要》，决定从 2002 年 3 月起，被精简的 76 名职工全部移交民政部门救济。

六合集团发放（1983 年 ~2002 年）被精简职工救济人数和救济金统计表

年份	人数	支出救济金额（元）	年份	人数	支出救济金额（元）
1983	114	1224	1993	102	32976
1984	114	36720	1994	102	32976
1985	114	36720	1995	100	32352
1986	111	35784	1996	98	31728
1987	105	33912	1997	95	30792
1988	105	33912	1998	91	29544
1989	105	33912	1999	88	28608
1990	104	33600	2000	84	27360
1991	104	33600	2001	83	22464
1992	104	33600	2002	76	3356

生产生活区绿化 1954 年，南充丝二厂投资 10000 余元，购买蔷薇、茶花、牡丹、石榴、樱花等花卉幼苗和白扬、梧桐、桉树、松柏、苹果树等 2000 余株，种植在厂区新辟的 8 个花园内和其他空地上。当时厂内的走道上绿树成荫，车场及宿舍外花红草绿，鸟语花香。

1959 年 ~1961 年，三年特大自然灾害期间，肉食供应标准降低，菜蔬供应不足，职工忍痛割爱，锄去厂内的所有花草苗木，改种牛皮菜、南瓜、红苕和包谷，用瓜菜弥补粮食欠缺。其间，1960 年，中央新闻电影制片厂到厂拍摄“二厂大种蔬菜，大养生猪，搞好生活，促进生产”的新闻纪录片。

1980 年，南充丝二厂成立专业绿化机构，安排 6 位职工专职在全厂的空地上种植各种花草树木。家属区的阳台上也种满各类花草。

1983 年，厂工会组织盆花比赛和巧姑娘“女装”比赛。参赛的产品有精工简料的男女老幼四季服装、各种花纹图案的手工编织、各类花鸟鱼虫、山川林木的彩色刺绣。

20 世纪 90 年代末，六合集团拆除了蓄水池、供水塔、电渗析大楼一带建筑设施，修建了厂区花坛，将生产车间外墙贴瓷砖，过道旁修建了绿化带。至 2011 年，六合集团仍坚持绿化生产、生活区。

【安全生产】1953 年 4 月，南充丝二厂成立劳保科，建立了安全生产制度。20 世纪 70 年代，南充丝二厂成立了安全委员会，设消防队，车间、部门设安全小组，班组设义务安全员，在青年工人转正定级时，把安全知识纳入考试的重点内容。

20 世纪 80 年代初，南充丝二厂添制了消防车，购置水龙救火车 1 部，仓库、档案室、厂房、宿舍设置灭火器，锅炉房设置防爆器，电力房设置自动阀门开关器，管道设置通气孔、马达及动力机械设置防护罩。全厂不定期对消防队员进行轮训，组织消防救火实地演习训练。1986 年 4 月，南充第二丝绸厂制定了《加强安全生产管理的暂行办法》，做到了每周每月都有安全检查、记录，新进职工必须先进行三级安全教育。5 月，实行安全生产责任人制度，收到良好效果。1991 年，获省丝绸公司颁发的安全生产“三无”（无死亡、无重伤、无火灾）企业称号。

1992 年 1 月，南充第二丝绸厂被列为全省转换企业经营机制，增强企业活力的试点企业。在试点中，坚持安全生产 4 不变的方针，即坚持“安全第一，预防为主”的方针不变；坚持安全生产教育不变；坚持厂长、车间主任为安全生产第一责任人的制度、用目标管理管理企业安全生产的做法不变；坚持对新招进厂的工人先进行安全生产教育后再上岗的做法不变。保证企业在试点中不削弱安全生产。1997 年—2000 年，六合集团组织员工反复学习总书记江泽民关于安全生产工作“隐患险于明火，防范胜于救灾，责任重于泰山”的指示，组织员工参加“百日安全知识竞赛”，对安全生产开展班组日检查，车间周检查，集团月检查的检查制度，对存放蚕茧、生丝、绸缎的库房进行重点防范和检查。2001 年 ~ 2011 年，六合集团除坚持安全生产工作 4 不变制度外，还坚持在每年的元旦、春节、五一、十一开展安全生产大检查，查隐患、反违章、保安全、促整改，11 年间六合集团安全生产实现了“三无”。

【环境保护】 南充解放后，南充丝二厂随着生产的不断发展，耗煤量逐年增加，日烧煤近 100 吨，煤灰炭渣日益增多，每日须将其清除干净。1956 年，南充丝二厂修建了 1 条 400 余米的轻便铁轨，用翻斗车将煤灰炭渣由锅炉房运到嘉陵江边的堆放。年辰日久，炭渣堆积，逐渐形成 1 座 100 余米长、10 多米厚的天然河堤。倾倒在嘉陵江中的煤炭渣，污染了环境，有碍江中的鱼苗繁殖，对沿岸农作物成长也有妨害。南充丝二厂为治理“三废”，保护环境，开展了煤渣砖生产试验获得成功，1973 年煤渣砖投入常年性生产，是年，生产煤渣砖 52000 匹。自此，南充丝二厂锅炉房码头下游的河水，再未受煤渣污染，得到了省、地、县政府的表彰。其他厂矿也派人到厂学习“三废”治理经验。

1974 年，南充丝二厂对锅炉进行技术改造，由烧块煤改造为烧粉煤。烧粉煤虽节约了用煤量，但一部分细粒煤灰由烟囱口直接喷出，造成环境污染。1980 年，锅炉房改建水膜除尘装置，燃烧后的煤灰经过水膜过滤后沉淀在沉淀池中，再用挖掘机挖出运到煤渣砖房作制砖原料。同时，修建了 1 条 400 米的排水沟，污水经过净化处理后，再由排水沟流入嘉陵江中，降低了煤灰对嘉陵江水质的污染。

2005 年，六合集团为彻底消除老式锅炉高煤耗污染环境，投资 200 万元将原来 10 吨、20 吨燃煤锅炉各 1 台更换为 1 台 8 吨燃气锅炉，自此结束烧煤历史。

2007 年 5 月，六合集团投入 396 万元在原 10 吨锅炉房旧址建成年处理污水 46 万吨的污水处理系统，2008 年 6 月经南充市环保局验收合格后投入使用。2010 年，六合集团污水处理厂在废水排放口设置了自动监控装置，确保污水达标排放，保护嘉陵江水质。

企业改革

中共十一届三中全会后，南充丝二厂从扩大企业自主权试点入手，开展企业全面整顿工作，推行厂长（经理）负责制，实施经营承包，增强了自主经营的能力，实现了由生产型向生产经营型的转变。

1994 年后，国际丝绸市场销售不畅，国内丝绸市场疲软，加之市内又出现多渠道收购抢茧，嘉丽华集团陷入困境。在中共四川省委、四川省人民政府、中共南充市委、南充市人民政府出台的一系列丝绸行业解困扶持政策的支持下，六合集团采取改革企业产权制度，转换企业机制体制，减员增效、资产重组、分块搞活、维护稳定等大举措，焕发出生机与活力。2011 年，发展为国内唯一具有百年历史的国有大二型丝绸生产企业。

【企业扩权】中共十一届三中全会后，南充丝二厂努力实施工作重点转移，在组织好高品位生丝生产、扩大出口创汇的同时，加大丝织生产，相继开发出软缎被面和绉类产品。至 1979 年，南充丝二厂连续两年超额完成国家计划。是年，南充丝二厂丝绸产量、商检平均等级、生产正品率、生丝条份偏差、燃料消耗、全员劳动生产率、利税总额等经济技术指标均创历史新高，提前 37 天全面完成国家计划。1980 年 1 月 26 日，中共四川省委、四川省革命委员会批准南充丝二厂进行扩大企业自主权试点，赋予南充丝二厂在完成国家计划后可根据市场需求增加生产，扩大经营范围，改进经营管理，提高经济效益；扩大固定资产折旧比例，加速技术改造；利用自筹资产进行技术改造，扩大再生产，提升生产规模；试行金额信贷，加快资金周转；改进奖励制度，奖勤罚懒，调动职工的生产（工作）积极性；开展对外经济交流，吸收外地或国外先进的企业管理经验，提高管理水平；根据生产经营需要设置机构，任用中层干部；对违纪违制的职工根据厂规厂纪自行处置等 9 项自主权。南充丝二厂运用党和政府赋予的 9 项自主权，改进经营管理，制定出生产、计划、财务、设备、安全等 10 项专业管理制度；建立起 7 种形式的生产责任制；根据能者上、平者让、庸者下的原则，调整科室、生产车间的中层领导干部；改进内部的分配关系、奖励制度。在扩大企业自主权试点中，南充地区财政局对南充丝二厂实行增长利润分成，调动了南充丝二厂领导班子和全厂职工的生产经营积极性，实现了地区财政多收，企业多留，职工多得。扩权当年，南充丝二厂完成工业总产值 2273 万元，实现销售收入 2877 万元，实现利税 210 万元，职工人均月工资达 61. 90 元。1985 年，南充第二丝绸厂扩大企业自主权试点工作结束。

【企业全面整顿】1982 年，中共中央、国务院《关于国营工业企业进行全面整顿的决定》公布后，南充丝二厂开展了企业全面整顿工作。中共南充地委调整充实了厂级领导班子，在驻厂工作组的指导帮助下，对厂的生产经营状况进行了全面自查摸底，健全了7种形式的经济责任制，完善了10项管理制度，将全厂非生产人员由17.85%减少到17.04%；对此前无定额的68个工种实行了定额管理。是年，工业总产值比1981年增长2.49%，实现利润比1981年增长47.88%，织绸车间由1981年亏损18万元转为盈利58万元。在开展企业全面整顿中，针对厂女工多、育龄妇女多的实际，加强了计划生育工作。厂领导经常分析研究计划生育开展情况，有的放矢地进行教育，大力宣传晚婚、晚育和一对夫妻只生一个孩子的好处，表扬计划生育的好人好事，制定奖励办法，厂的晚婚率、晚育率、独生子女领证率刷新纪录。1985年1月，经南充地区行署企业整顿领导小组验收合格，颁发了企业全面整顿合格证，完成企业全面整顿工作的时间比全区丝绸行业提前1年以上，成为南充地区最早完成企业全面整顿工作的厂家。1984年10月—1985年4月，南充第二丝绸厂按照国家经委的有关精神，对企业全面整顿工作进行了复查补课，经南充地区行署企业整顿领导小组检查验收复查合格。至此，南充第二丝绸厂企业全面整顿工作结束。

【经营承包】1985年，南充第二丝绸厂根据国务院颁布的《关于改革经济体制的决定》精神，仿照农村实行联产计酬的办法，在制丝生产部、丝织生产部、动力科试行经营承包，由厂部核定工资总额，各试点部门自定分配办法，报厂部备案。3个经营承包试点部门当年见效。

1986年，南充第二丝绸厂进一步扩大经营承包范围，经营承包部门由上年的3个部门扩大到7个生产车间和厂汽车队。对8个经营承包部门制定了61个经营承包考核指标，对科室的干部按工作职责实行工作指标量化分解计分计奖，并严格考核奖惩逗硬。是年，完成工业总产值2258万元，比上年增长1.25%；实现销售收入4445万元，比上年增长50.8%；实现税利450万元，比上年增长5%，其中利润265万元，比上年增长96.9%；出口创汇1131万美元，比上年增长43%。

1987年5月，南充地区茧丝绸公司与厂长梁文炳签订了一轮承包经营委托书，委托梁文炳全权负责南充第二丝绸厂的生产经营工作，履行承包合同。南充地区行署将出口创汇任务作为具有否决权的指标纳入了各丝绸企业经营承包内容，南充地区财政局对南充第二丝绸厂实行上缴利润递增包干，一定4年不变，即以1986年上交地区财政65万元为基数，每年递增5%。南充第二丝绸厂与南充地区茧丝绸公司签订承包合同后，厂级领导班子在分解经营承包指标的基础上，重点抓生产车间、动力部门、原料部门、销售部门承包指标的落实，改原来厂部直接对生产车间下达生产指标的办法为厂部对生产部、生产部对生产车间、生产车间对班组、班组对个人层层分解经营承包指标的办法落实经营承包任务，定额指标包干、超额即奖，短产即罚。年终，厂级领导班子严格考核各生产车间、各职能部门的承包业绩，实行承包合同100%的兑现。南充第二丝绸厂第一轮承包届满的1990年，完成工业总产值1.164亿元，实现销售收入1.461亿元，实现税利975万元，出口创汇830万美元，各项经济技术指标均创新高。

1991年，厂长黄河与南充地区茧丝绸公司签订了二轮承包经营合同，一定3年不变。厂级领导班子在分解落实经营承包指标时较第一轮经营承包增添了工资分配向一线生产工人倾斜、质量否决等4项新举措，并建立了经营承包仲裁小组，及时解决在执行经营承包合同中出现的各种问题，确保经营承包的各项工作有序推进。二轮经营承包届满的1993年，正值国际丝绸市场销路不畅，嘉丽华集团仍完成工业总产值7849万元，实现销售收入12436万元，税利613万元。

【推行厂长（经理）负责制】1985年初，南充第二丝绸厂被南充地区行署列为南充第一批推行厂长（经理）负责制的试点企业，南充地区专员冯希尧任命梁文炳为厂长。南充第二丝绸厂系纺织行业的大型企业，在推行厂长（经理）负责制试点工作中厂长、党委书记分设。试行厂长（经理）负责制后厂党委主要负责企业党的建设、精神文明建设、思想政治工作，发挥保证监督等工作。厂长全权负责全厂的生产经营工作。由厂长梁文炳提名，报请南充地区经委任命了4位副厂长和1位总工程师，制定了推行厂长（经理）负责制的试行方案，改革了厂的内设机构，设置8个工作部和3家公司，内设机构改革后减少中层管理干部19人、一般管理人员61人，建立起了以厂长为中心的生产经营指挥系统。

1986年，国务院颁布《全民所有制工业企业厂长工作条例》后，南充第二丝绸厂进一步健全了推行厂长（经理）负责制试点方案，建立起了厂长办公会议制度和厂务会议制度，中层管理干部由任命制改为聘任制，聘期一般为3年。健全了职工代表大会制度，凡涉及厂的改革、技改、职工奖惩和职工切身利益的工作和事宜都先听取职工意见，提交职工代表大会讨论通过后予以实施。为广泛听取职工对生产经营、产品结构调整、企业改革、技术改造、修建职工生活设施、职工宿舍分配、改进职工福利等方面的意见，建立了民主接待日和厂长接待日制度，规定每月15日为民主接待日，厂行政、厂工会负责接待反映意见的职工群众。每月25日为厂长接待日，由厂长或副厂长负责接待职工群众。是年，职工就厂区附近没有农贸市场，职工买菜和厂周边农民卖菜都不方便的问题，建议兴建农贸市场。厂长梁文炳听此建议后亲自去南充县工商局商谈兴建都京坝农贸市场，之后不久都京坝农贸市场如愿建成。在推行厂长（经理）负责制中，南充第二丝绸厂改人才保送培养为先考试考核合格后再送入江苏、重庆、成都等11所大专院校进行脱产培训，鼓励职工自学成才，为厂发展准备技术、经营人才。1986年底，南充第二丝绸厂建立起了“厂长全面负责，党委保证监督，职工民主管理”的企业领导体制，推行厂长（经理）负责制的做法和经验在全区工业企业交流推广。

【招商引资】1984年11月，南充第二丝绸厂通过横向经济联合，引进上海领带厂，联办泸嘉联合领带厂。12月，南充第二丝绸厂以服装车间为基础，与上海服装14厂联办服装生产，并成立上海服装14厂南充分厂。

1994年~1995年，嘉丽华集团引进香港鹰皇公司和台湾吉盈机械实业有限公司，共同出资组建了四川嘉鹰纺织有限公司及四川嘉美纺织有限公司。

1998年，六合集团与深圳金维服装有限公司、香港怡德实业有限公司联合组建四川金嘉服装有限公司，经过发展已成为四川最大的服装生产基地。

2002年，六合集团与香港怡德实业公司、深圳新雅服装公司合资组建的四川金合纺织有限公司，投产后填补了南充无多纤维交织厚重型宽幅休闲面料的空白。

2005年~2007年，六合集团以闲置的厂房、设备、土地，开展招商引资工作，引进重庆市业主李大田，合资兴办南充六合（集团）有限责任公司炼白分厂，经营炼染业务。引进浙江客商100万元资金，组建六合服装公司。引进南充民间资本100万元，组建六合炼染公司。引进南充民间资本400万元，组建六合制丝公司。引进山东客商2000万元资金，对六合集团的24台剑杆织机进行合作合资经营。2008年，为配套六合集团宽幅高档面料的快速发展，同时解决好面料染整后处理问题，六合集团与杭州喜得宝集团达成投资合作协议，六合集团以闲置土地3200平方米及老仓库1716平方米，喜得宝集团投资500万元购置成套宽幅染整设备和新建厂房，改组成立了南充喜得宝六合炼染有限责任公司，完成了丝绸炼染产业链，解决了六合集团发展的后顾之忧。是年，月炼染绸缎70万米。

2009年~2011年，六合集团又先后与浙江嘉欣丝绸股份有限公司、香港达利集团、山东淄博大染坊、湖州丝绸之路集团等国内知名公司合资合作，生产六合牌丝绸产品，并得到了中信银行成都分行、国家开发银行成都分行、南充市商业银行等多家银行的信贷支持。

【建立现代企业制度】 1995年，南充市人民政府将嘉丽华集团列为建立现代企业制度试点企业。1996年，嘉丽华集团开始开展建立现代企业制度工作。1998年，剥离有效资产和债务，组建六合集团。2000年，六合集团建立起了现代企业制度。

指导思想　嘉丽华集团开展建立现代企业制度工作，以邓小平理论和中共十四届三中、四中全会精神为指导，按照“产权清晰、权责明确、政企分开、管理科学”的要求，坚持国有主体地位，转换经营机制，强化内部管理，依靠科技创新，调整产品结构，推动产业发展，提高经济效益，使嘉丽华集团真正成为自主经营，自负盈亏，自我发展，自我约束的法人实体和市场竞争主体。

建制原则　嘉丽华集团开展建立现代企业制度工作，坚持出资者所有权与法人财产权相分离，保障国有资产保值增值；坚持改制、改组、改造与加强内部管理相结合，全面规划，总体推进；坚持全心全意依靠员工，充分调动全体员工参与建立现代企业制度工作的积极性；坚持进一步解放思想，加强领导，实事求是，大胆探索，积极实践，务求突破等原则。

建制目标　嘉丽华集团开展建立现代企业制度工作，其总体目标是全面理顺集团内部和外部的关系，着力调整产业、产品结构，实现集团经济增长方式的转变，到2000年建立起集团现代企业制度。

主要工作　嘉丽华集团开展建立现代企业制度，主要做了7项工作。依据《中华人民共和国公司法》，开展了企业产权制度改革，建立起了产权明晰的法人财产制度和权责明确的科学管理制度，内设机构由直线职能制向职能事业部和产品事业部转变，健全了“高效精干，权责分明”的内部管理机构，提高了工作效率；以资产联结为纽带，对存量资产进行优化配置，按产品系列，市场化原则改组为子公司、分公司、分厂等，盘活了部分存量资产，优化资本结构，发展多种经营；按照谁投资谁受益、所有权归谁的原则，重组闲置资产，盘活沉淀资产；根据嘉丽华集团“九五”（1996~2000）发展规划，依靠科技创新，以增加产品品种，提高产品质量为核心，走内涵发展的道路，实行低成本扩张，把技术改造同提高核心竞争力相结合，推动由劳动密集型向资金技术密集型转变，促进生产由初级产品向终端产品转化，加速由粗放经营向集约化经营转变；实行董事会领导下的总经理负责制，建立起了以总经理为中心的生产经营管理体制，总经理根据董事会授权，依法全权负责处理嘉丽华集团生产经营，对董事会负责；加强财务、劳动用工、产品质量、营销等管理，建立风险抵押责任制，奖惩逗硬兑现，调动集团领导和员工的生产经营积极性；按照中国共产党党章的规定，健全集团党委，坚持以政治监督，组织监督为主，按照建立社会主义市场经济体制和发展生产力的政治标准，改进工作内容、工作方法、活动方式，发挥引领促进作用。党委成员进入公司董事会，与行政交叉任职。同时，健全工会组织，完善职工代表大会制度。2000 年，六合集团完成了建立现代企业制度工作，经南充市人民政府建立现代企业制度领导小组验收合格。

【转变国有企业职工身份】1992 年，嘉丽华集团按照南充地区行署《关于开展工业企业“五自主”试点工作的通知》，（即生产经营自主，产品定价自主，劳动用工自主，内部分配自主，技术改造自主），开展了破除铁饭碗、铁工资、铁交椅；实行干部能上能下，职工能进能出，工资能高能低；试行聘任制，全员劳动合同制，内部待业制；推行在岗，试岗，待岗的劳动、人事、分配制度改革，促进了职工思想转变和生产经营发展，但转换企业经营机制尚未到位。

2001 年，南充市人民政府推广宜宾市企业改革 3 个百分之百的经验（即企业改革 100% 触动产权，100% 转换企业经营机制，100% 转变职工身份），嘉丽华集团在 1999 年 8 月破产核呆后，率先在南充开展了转变职工国有企业身份，解除职工与原嘉丽华集团的劳动关系，并对职工进行安置的试点工作。当时，600 元一年买断职工国有企业身份，南充少见，试行时困难较大。嘉丽华集团党委书记宋立新带头买断工龄，自断退路，从一名中共南充市委组织部任命的正县级领导干部变成了招聘干部。嘉丽华集团转变国有企业职工身份，采取一次性买断职工工龄，男女职工按法定退休年龄各提前 5 年退休，对年满 50 岁的男职工、40 岁的女职工或工龄满 30 年的职工承诺提前 5 年退休，在承诺享受提前 5 年退休期间，由嘉丽华集团一次性交足 5 年的养老保险金，每月发 150 元的生活费，达到提前 5 年退休年龄时再按规定办理退休手续等 3 种办法，一次性解除了 3800 名职工与原企业的劳动关系，彻底转变了国有企业职工身份。

【减员增效分块搞活】1997 年 8 月前，为指导嘉丽华集团开展减员增效分块搞活试点工作，成立了南充市人民政府嘉丽华集团减员增效分块搞活试点工作领导小组，制定了公司减员增效分块搞活试点工作的实施方案，明确了开展减员增效分块搞活的目的意义、任务要求、时间步骤、工作原则。8 月，嘉丽华集团开始实施减员增效分块搞活试点工作。减员增效分块搞活试点工作涉及面宽，各种矛盾错综复杂，在实施中，领导小组从组织动员、协调关系、保障实施等方面加强了领导，先后召开了 5 次现场办公会议，解决试点工作中遇到的实际问题，在清理资产、债务的基础上较为顺利的完成了嘉丽华集团与南充第二丝绸厂的分离分设。对嘉丽华集团着力从经营机制、用工制度、分配制度入手建立起干部能上能下，职工能进能出，分配能多能少的新的经营机制。嘉丽华集团与南充第二丝绸厂分离分设后，有 2299 名职工下岗。为解决“人往哪里去”的问题，嘉丽华集团建立了再就业服务中心，以实施再就业工程为重点，对下岗职工开展再就业培训，增加职工工作技能和市场就业机会；教育职工转变就业观念，指导职工走劳务市场就业路子；制定了下岗职工再就业计划，采取扩大缫丝、织绸、针织、服装等生产规模及开办第三产业，增加就业岗位；组织劳务输出；为下岗职工提供就业场地、水电设施，鼓励他们开办经济实体等措施，解决了1700名下岗职工再就业。

嘉丽华集团把减员增效分块搞活与生产经营结合起来同步进行，强化内部管理，加大新产品开发、市场开拓、技术改造，培育新的经济增长点，试点8个月收到预期成效，得到中共南充市委、南充市人民政府的肯定。1998年3月，中共南充市委办公厅、南充市人民政府办公厅联合下发南委办发（1998）15号文件，在全市推广嘉丽华集团“减员增效分块搞活”试点工作经验。

房地产开发　1985年，成立南充第二丝绸厂建筑工程公司，下设建筑工程队、维修工程队、预制钢筋场及木工工作坊，承担厂房和职工集体宿舍的修建与维修。1993年，经地区建筑主管部门审核晋升为3级企业。

1994年11月，以原南充第二丝绸厂建筑工程公司为基础成立嘉丽华房地产综合开发公司，在广安地区承建了首幢1800平方米的职工宿舍大楼。1995年，在顺庆区小西外街开发承建了15000平方米的嘉丽花园，其中还房8000平方米。1998年11月，嘉丽华房地产综合开发公司更名为南充六合（集团）房地产开发公司，开发承建了顺庆区延安路建筑面积12000平方米的六合小区。2000年9月，南充六合（集团）有限责任公司在改革企业产权时将南充六合（集团）房地产开发公司对外出售。

【资产重组分块搞活】嘉丽华集团实施“减员增效分块搞活”工作，虽取得一定成效，但因负担过重，发展后劲乏力。1998年5月，剥离7169万元有效资产和2169万元债务，7月组建六合集团。六合集团运用有效资产，重塑集团精神支柱，创新机制体制，采取5项举措，实行分块搞活，至2011年，六合集团已发展成为以缫丝、丝织、服装、旅游制品为主导产品，集科研、新产品开发和对外贸易为一体的西部最大的国有大二型丝绸生产企业。

重塑精神支柱　1998年8月，六合集团董事长、总经理胡光明将六合集团领导班子集中在高坪区小龙镇，用5天时间集体学习国内其他困难企业解困求生存谋发展的经验和现代企业制度，统一思想，转变观念，重塑企业精神支柱，确立了在领导班子和员工中树立创新、合作和敬业精神，运用有效资产，创造机遇，搞活六合集团。六合集团精神支柱确立后，领导班子以德治企，拍卖了原厂级领导乘用的凌志300轿车，各科室从新建成的14层气派大楼搬回民国时期盛克勤修建的六合院办公，从领导层开始清理“小金库”，狠刹吃喝风，将收回的100万元资金全部投向生产第一线，推出董事长、党委书记接待日，挂出“董事长建议箱”，恢复领导班子成员值班制度，凝聚了员工人心。2005年，任立荣任六合集团董事长、总经理后集六合集团员工之智，提炼出了“天地人合争朝夕，丝路百年敢为先”的六合精神，升华了六合集团的精神支住。

创新机制体制　六合集团在深化原嘉丽华集团经营机制、用工制度、分配制度的基础上建立了资本运营机制，保障资本保值增值，维护资本所有者权益，追求资本回报的最大化，围绕实施资本运营机制，在六合集团内部以高效、精干为目标，建立资本运营管理队伍，中层管理人员由以前的100多人减至30人，非生产人员由以前的17%减至

2%。实行成本控制，效益核算，取替过去的“兄弟之谊”，做到了亲兄弟明算账。在六合集团外部以丝绸产品销售为导向，适时调整营销思路，主动拓展市场与竞争对手建立战略伙伴关系，拓宽市场，共享利益，实现双赢。进一步健全母子公司体制，在母公司和子公司内部推行模拟法人体制，将原来的生产车间、职能科室撤并，分块重组缫丝、织造、营销、能源、旅游制品、物业管理等子公司，赋予子公司一定的自主经营权，成为二级法人，直接对接市场。对各子公司的经营者实行招聘承包，一年一聘，风险抵押，目标管理。六合营销公司含原来的计划、品种开发、原材料采购等职能，在资本运营上把有限的资产投放在适应市场的品种开发上。一线营销人员收入实行提成制，无保底工资和各种补贴，收入全凭销售业绩。科室人员的收入则与新产品开发数量和销售收入挂钩。实行资本运营体制后，形成了生产围绕营销转，营销围绕市场转的良好局面，适应市场需求的新产品不断应市。2002 年，完成工业总产值 2.545 亿元，实现销售收入 2 亿元，税利 1029 万元，刷新历史纪录。

改革用工制度 1998 年 7 月，六合集团建立之后即行破除固定用工概念，劳动用工一律实行公开招聘，择优录用，竞争上岗，签订劳动用工合同。至 2011 年，六合集团的全体员工一直实行招聘制。

盘活存量资产 1998 年 ~2000 年，六合集团将以前长期亏损的汽车运输公司、商标公司、房地产公司、传呼台等公开拍卖出售，进行产权转让，出售所得的资金全部投入织造公司进行技术改造，用先进的剑杆织机淘汰落后的有梭织机。对职工医院、职工子弟校、幼儿园采取费用包干管理、移交当地政府管理、整体出售等方式盘活存量资产，有效解决了企业办社会公共事业的问题。

发展主导产品 1998 年 7 月，六合集团开发的双宫绸质量好、附加值高，在资产重组分块搞活中将双宫绸列为主导产品，投入技术、资金加大开发。至 2001 年，双宫绸新品种达 46 个，产值占六合集团绸类产品产值的 95% 以上。在全国乃至在国际丝绸市场上质优价高，销售独占鳌头。制丝公司以管理严格和缫制的蚕丝质量好而闻名。为解决流动资金严重短缺问题，六合集团以生产设备和品牌影响对外招商，浙江嘉欣丝绸公司慕名而至，投入 1000 万元流动资产，合作经营自动缫丝，尘封多年的缫丝设备 2003 年全部开动运转。2005 年，六合集团确立以品牌建设为核心，培育“六合”丝绸系列产品的经营理念，在国内名牌产品林立的态势下，一方面抓好贴牌加工产品的生产，一方面利用自身的技术优势，打造“六合”丝绸产品投放市场，并在“六合”品牌培育上加大宣传推广力度，生产的六合牌丝绸产品 2009 年被中国保护消费者基金会评为全国消费者放心品牌，制丝公司利用其产品信誉与重庆、南充的民营企业合作，由合作方投入流动资金，生产六合牌产品。至 2011 年，制丝公司生产的产品供不应求。

【维护企业稳定】 20 世纪 90 年代至 21 世纪初，嘉丽华集团、六合集团在调整产品结构，转换经营机制，深化企业改革中发生了 3 次规模较大的不稳定事件，通过推进 5 大转变维护了稳定。

1996 年 10 月，嘉丽华集团因受国际国内丝绸市场连续 3 年疲软的影响，生产订单锐减，不能维持正常生产。决定调整生产班次，前缫车间由 3 班制改为 1 班制（白班），涉及近 1000 名职工面临下岗，职工一时不能理解和接受，10 月 16 日前缫车间先停工，到南充市人民政府，堵断嘉陵江白塔大桥交通，群众称为嘉丽华事件。

2001年6月，嘉丽华集团核呆破产后安置职工，对男50岁、女40岁或连续工龄30年的职工享受承诺退休待遇，每月发150元生活费；对男55岁，女45岁的职工享受提前5年退休待遇；其余的职工全部按每年工龄600元的标准买断工龄，转变国有企业职工身份，解除与原企业的劳动关系。很多职工对此不理解，尤其是对每年工龄600元的标准买断工龄意见很大，1000余名工人到南充市人民政府群体上访。

2005年10月，部分原嘉丽华集团买断工龄职工、提前退休职工、因病提前退休职工，就养老保险、失业保险、医保、低保等5个方面涉及的17个问题，先后10次到中共南充市委、南充市人民政府静坐集访，后发展到从北湖公园到五星花园游行，堵路堵车，阻断交通。

针对企业出现的不稳定事件，六合集团行政、党委、工会领导数次与上访职工座谈，宣传党和政府的改革政策，耐心细致进行思想疏导，变职工上访提出的问题事后处理为提前介入及早解决处理，强化维护企业稳定工作的前瞻性；变一时息事为从根本上解决上访职工提出的具体问题，强力推进职工上访要提出的问题在条件允许的前提下事先着手解决，暂时不能解决的问题向职工说明情况获得理解；变稳控上访职工为服务上访职工，及时有效化解矛盾纠纷；变职工上访为六合集团领导下访，增强维护稳定工作的主动性，减少职工集体上访、越级上访和重复上访。

六合集团在推进5大转变维护稳定的同时，坚持从实际出发，切实为职工解决一些实际问题和困难，对家庭确有困难的职工争取政府纳入低保，享受低保待遇，对零就业的职工家庭，帮助解决就业。全国劳动模范罗家玉下岗后，时任市长吴果行得知后积极与成达铁路公司联系，帮助罗家玉重新就业，使困难职工看到了希望。南充市人民政府各职能部门，对六合集团家庭确有困难的职工进行对口帮扶，为其谋求脱贫办法。“五一”、“十一”、元旦、春节开展送温暖活动，帮助生活暂时困难的职工渡难关。六合集团将3000平方米土地划拨给高坪区政府，修建了192套经济适用房和廉租房，解决了部分没有住房的职工家庭的住房问题。对生活特别困难和患重病的职工给予特殊困难补助和为其争取大病救助，帮助他们克服暂时困难。六合集团开展“一帮一”活动，每个领导班子成员帮助一户困难职工。2006年~2011年，六合集团未发生大的不稳定事件。

企业文化

20世纪50年代至21世纪初，南充丝二厂虽变更了8次名称，但都坚持采取办企业报刊，鼓励职工创作，制定建厂方针激励职工（员工）奋进，开展品牌建设增强核心竞争力，与时俱进丰富职工（员工）的文娱体育活动等措施，加强企业文化建设，培育职工（员工）外树形象创品牌、内聚人心增活力的价值观，提炼出了“天地人合争朝夕，百年丝路敢为先”的六合精神。

【企业办报】1954年9月7日，南充丝二厂创办南充专区丝绸企业第一份企业报纸——《丝声报》。《丝声报》初为油印周刊，8开4版，1955年7月改为铅印，1956年扩大为周3刊，4开4版，除厂内发行外，还送厂外有关部门，每期发行5000份。《丝声报》内容以表扬新人新事，进行技术交流和宣传党的路线、方针、政策为主。为方便不识字的职工学习，厂里组织了75个读报组，职工每天参加半小时读报活动。《丝声报》创办后，在厂及西南蚕丝公司系统内产生了较大影响，西南纺织工业管理局局长刘瞻赞扬《丝声报》起到了“推动生产、宣传先进”的作用。1958年3月《丝声报》停刊，铅印设备全数移送南充市印刷厂。1972年，南充丝二厂办公室、宣传科、厂工会联合主办、油印简报《丝绸之声》，以“交流经验，传递信息，指导工作，鼓舞士气”为办报宗旨，至1983年，共出刊21期。1992年，南充第二丝绸厂宣传部门创办《二厂丝绸报》，每月一期，出刊10期后因企业更名为南充嘉丽华丝绸集团公司，报刊亦更名为《嘉丽华报》，1998年8月更名为《六合报》，共出刊132期，2003年停刊。2009年～2011年，为多元化展示六合集团的实力和形象，建立了六合网站，设有“新闻中心”、“产品系列”、“公司文化”、“网上商城”等六大版块。将六合集团的宣传、销售模式逐步过渡到电子商务模式。

【职工创作】1952年，李兴森创作的《花烛之夜》载《西南工人报》、《四川日报》，荣获小说优秀创作奖。锻炼创作《红旗插上了她的车头》，载1952年6月9日《西南工人日报》。

1953年，厂宣教组创作《庆祝五一》歌舞剧，载《蚕丝通讯》1953年10期。该剧模仿湖北采莲船歌舞剧曲调，共分2曲，通过几位乘船进厂上班的缫丝工人的唱词，表达了工人翻身当家作主人的喜悦之情及火热的生产激情。曾在厂内演出多次。

1954年，温清义的《这是谁的力量》发表于《西南文艺》，1955年6月收入工人出版社《全国工人文艺优秀作品选辑》。

1955年，李兴森创作戏剧《给毛主席带个信》，载1955年《剧本》；创作《喜报》

独幕剧，载1955年《中国独幕剧选》。

1956年，温青义创作《一只300元的手表》独幕讽刺喜剧，载《红岩》1956年11月刊。

1957年，李兴森创作小说《让绿荫笼罩工厂》，载1957年《四川日报》。

1959年，曾建国创作小说《跃进时代出英雄》，载1959年四川人民出版社《嘉陵锦绣》。

1959年，曾建国作词、袁静作曲创作的《缫丝五姊妹》节目参加全国职工文艺调演获奖，并拍成电影。

1960年，南充丝二厂职工在原屑物场附近开荒种菜时，挖出6具死尸残骸。因年深日久，死尸肌肉和内脏早已腐烂，但从死尸中发现长10厘米的土制铁钉数颗，并从头骨和肋骨上清晰辨认出钉入铁钉的痕迹。曾建国、冯成业根据这一线索，结合厂的工人运动历史，编写出六场现代川剧《寒风怒火》。《寒风怒火》以6具死尸和工人严大虎一家在解放前夕的悲惨遭遇为主线，描写了南充解放前夕中共南充地下组织发动工人群众，利用解放战争捷报频传，国民党南充地方政府一片混乱的态势，配合南充县城内工人和同业人士开展的罢工罢市运动，与资本家开展针锋相对的斗争，迎接南充解放的事迹。剧情完整、生动、曲折，成功刻画了中共南充丝二厂地下支部书记黎明光、地下党员王大妈、工人后代严大虎以及维护国民党的统治剥削压迫工人的资本家李害人的形象。《寒风怒火》由南充丝二厂业余文工队川剧队排演，并到南充市、阆中县和绵阳专区遂宁县等地公演50多场，场场座无虚席，被誉为对广大职工进行革命传统教育的生动教材。

1981年，温青义创作《走马观花话蚕乡》，载1981年《四川蚕丝通讯》。

1984年，黄裕君创作的歌曲《我伴你在探索的道路上》、《没有你就没有我》获四川省优秀歌曲创作二等奖并载1984年《橙黄桔绿》歌曲集和《晨钟报》。

1985年，赖国太创作小学《贞姑》，载1985年第5期《写作园地》。

1986年，赖国太创作的小说《与人方便》，载于1986年3月《拓荒者》。雍景伟创作的诗《辅导员的情思》，载1986年6月《泥泞诗刊》。

【建企方针】民国元年（1912），六合丝厂创办时的建企方针是：取上下和东南西北四方博环宇之精华。民国35年（1946），南充丝二厂的建企方针是：质量第一、缫折第二、出丝量第三。1953年，建企方针是：艰苦奋斗、勤俭办厂、政治挂帅、思想领先、多缫好丝、争当先进。1958年，建企方针是：鼓足干劲、力争上游、半年超日本。1959年，建企方针是：反对保守、鼓足干劲、大搞群从运动、全面推行四高（高质量、高速度、高产量、高技术）、四省（省电力、省材料、省劳办、省燃料），为保证实现总产值大加番放2.5万个“生产卫星”。1960年，建企方针是：副产超主产、生产无成本、大办“卫星工厂”。1980年，建企方针是：抓住扩权机遇，增丝扩绸，争取企业改名，实现工作重点转移。1984年，建企方针是：调整产品结构，开展横向经济联合，增加丝绸服装生产，以服装生产促丝绸生产，提高经济效益。1987年，建企方针是：抓紧技改求发展，加强管理上等级，努力开发新品种，节能降耗挖潜力，提高质量保出口，坚持改革增效益。1989年，建企方针是：完善承包责任制，深化改革添活力，横向联合求发展，双增双节挖潜力，质量第一保信誉，开发产品增效益，两个文明双管下，强化管理促升级。1993 年，嘉丽华集团的建企方针是：转换机制促改革，勇闯关贸争市场，科技进步求发展，拓展经营争效益。1995 年，建企方针是：弘扬企业精神，主动进入市场，强化内部管理，搞活多种经营。1998 年，六合集团成立时制定的建企方针是：以人为本，以德治厂，以创新、合作、敬业精神，凝聚班子、凝聚员工、凝聚社会力量，振兴六合集团。2003 年，建企方针是：招商引资、做大服装、以贸聚资、做强面料、以绸带丝、稳定规模、瞄准旅游、新育亮点。2005 年，建企方针是：把握重点、突破常规、科技先行、创新品牌。2006 年，建企方针是：以品牌建设为核心，市场营销为重点，通过技术改革，推动六合做大做强。2007 年，建企方针是：发展家纺、做强面料、降低成本、提升效益。2009 年，建企方针是：以坚定的信心、不屈的精神、创新的能力、精细的管理、踏实的工作，应对金融风暴。2010 年，建企方针是：深化企业改革、细化内部管理、提升质量水平、突破营销瓶颈、增强盈利能力、实现经济增长方式大转变。

【品牌战略】2005 年，六合集团启动品牌发展战略，提出“以品牌建设为核心，市场营销为重点，创新为突破口，通过技术改造，推动做强做优六合集团”的发展目标。2008 年 5 月，成立了“六合”品牌战略领导小组暨办公室，董事长、总经理任立荣任组长，党委书记宋立新、副总经理黄裕君任副组长，任光明任办公室主任。10 月，制定了 4 章 14 条的《商标管理制度》，明确了六合集团商标管理部门的职责和商标的设计、注册、使用、保护等要求。2009 年 1 月，根据品牌建设发展需要，六合集团又制定了《六合集团品牌发展五年规划》，建立了商标品牌管理体系，完成了“百年六合”商标的初步设计，几经修改后于 8 月定稿并向国家商标局申请注册。2010 年初，为进一步规范六合品牌的宣传工作，塑造“六合”品牌市场形象，六合集团又制订了《集团公司品牌管理操作规程》。是年，六合品牌丝绸系列产品被中国丝绸协会评为中国高档丝绸标志。2011 年，“百年六合”商标注册成功。是年，六合集团将品牌建设纳入第十二个五年发展规划，实施品牌战略，创立适应市场和六合集团发展需要的多层次、多领域的商标体系，并创造 6 个 ~ 10 个新商标，力争将“百年六合”商标打造成中国第一时尚丝绸品牌。

【文娱活动】1950 年，南充丝二厂配合民主改革运动，自编自演了话剧《旧社会缫丝工的苦难》。1952 年，成立南充丝二厂业余文工队。业余文工队下设川剧、歌舞、话剧、曲艺、乐器等小组，厂工会拨出专款为业余文工队制备服装、道具、简易舞台装置。业余文工队员由有 1 项或几项文艺专长的职工组成。是年冬天，职工业余文工队配合生产改革运动，以宣传生产中涌现出的先进职工为内容，自编自演了《特等劳模练海成》等节目。仿照湖北采莲歌舞曲调，1983 年自编自演歌舞《庆祝五一》。

职工业余文工队不脱产，利用工余时间排练节目，元旦、春节、“五一”、“十一”，除在厂演出外，还到其他厂矿和外地巡回演出。

1958 年，南充丝二厂建立了文学艺术工作者联合会，下设各类文艺组织 20 个，创作话剧、歌剧、川剧剧本 80 个，相声、花鼓、荷叶、评书等曲艺节目 200 多个、歌曲 60 首。为提高职工业余文工队的演技和表演水平，工会不定期组织业余文工队到专业剧团观摩学习，邀请专业文艺工作者到厂辅导。1959 年，自编自演的民间曲艺节目《缫丝五姊妹》参加文化部和全国总工会组织的全国职工业余文艺调演获奖，在全省演出 100 多场，并拍摄成电影在全国各大电影院放映，许多丝厂派人到南充丝二厂学习活跃职工文娱活动的经验。1960 年，由曾建国、冯成业创作的川剧《寒风怒火》，成为当时区内外对职工进行革命传统教育的生动教材。“文化大革命”中厂业余文工队停止活动，部分文艺爱好者被群众组织组成派性宣传队，文娱活动被用作两派群众组织相互攻击的工具。“文化大革命”后期，南充丝二厂革命委员会成立后，建立南充丝二厂毛泽东思想文艺宣传队，每个周末都为职工演出 8 个革命样板戏片断和一些自编的歌舞节目。职工群众性的文娱活动还增加了读书活动、“赛诗会”等内容。南充丝二厂的管弦乐队有 20 人，在南充小有名气。1971 年，小号演奏员文光跃被南充地区文工团借用，参加大型歌剧《白毛女》的伴奏。1974 年，南充地区川剧团参加四川省地方戏调演，借用南充丝二厂汪兴凯、蒲凌云、黄裕君参加管弦乐伴奏的调演剧目获二等奖。借调时间达 2 年之久。每年收茧季节，厂文艺宣传队都到各县茧站进行慰问演出。中共十一届三中全会后，南充丝二厂在抓工作重点转移的同时，积极开展企业文化建设。职工的文娱活动主要集中在节假日进行，由厂工会、厂团委组织，以各生产车间自编自演为主、厂部集中汇演为辅。20 世纪 80 年代初期，南充丝二厂职工文娱活动，除职工自编自演节目外，舞会、歌咏会、游园、书画、摄影等活动层出不穷，内容丰富多彩。1984 年，南充第二丝绸厂组织节目参加南充地区工交系统文艺汇演。1990 年—1993 年，以职工业余文工队为主，组织管乐队参加了四届中国·四川·南充丝绸节开幕式和服装表演队，服装表演获一等奖。时装队被省经济干部学院特邀参加该院中国和加拿大合作庆典。1995～2011 年，六合集团坚持开展文娱活动，不断丰富活动形式和内容，增强六合集团对员工的凝聚力，使员工身心愉快，以“六合人”自豪。

【体育活动】20 世纪 50 年代初，南充丝二厂成立了体育协会，因地制宜地开辟了篮球、排球、羽毛球和乒乓球场地，利用业余时间除举办多种形式的运动会外还开展普及广播体操活动，厂领导带头做广播体操。座缫 40% 以上、立缫 50% 以上、后缫 30% 以上、长白班 60% 以上的职工都会做广播体操。厂工会设专职文体干部，不定期的组织各车间、各部门举行球类、田径比赛。选出代表组成厂篮球队、排球队出外参加友谊比赛，对成绩优异有培养前途的青年工人送到南充专区体育学校培训。1958 年，南充丝二厂男女篮球队参加南充市体育运动会，男女篮球队均获冠军。1960 年，南充丝二厂体育协会被评为全国体育先进集体。1963 年，南充丝二厂参加南充专区运动会篮球比赛，女队获第 3 名，男队获第 4 名。“文化大革命”期间，因派性和武斗影响，南充丝二厂职工体育活动停止。中共十一届三中全会后，南充丝二厂恢复体育活动，每年组织 1 次职工运动会，开展篮球、排球、足球、乒乓球、羽毛球、田径、拔河、象棋等多种项目的比赛，参赛人数达职工总数的 60% 以上。1983 年，厂工会利用职工俱乐部空间架设灯光球场，作职工体育活动场地。20 世纪 90 年代至 21 世纪初，六合集团转换企业经营机制，改革企业产权制度后，员工人数减少，但在建设企业文化中仍年年开展各种文娱体育活动，丰富职工的业余文娱体育生活，活动的内容和形式与时俱进。

企业科技

1953 年，南充丝二厂发动职工，就厂的生产技术、缫丝工艺、设备改进提合理化建议，开展技术革新工作，促进了生产发展。1956 年，南充丝二厂科研机构成立后，围绕提高产品质量、降低生产成本、新产品开发等项目，开展了一系列的烘茧、煮茧、缫丝、丝织等理论研究和生产实践。至 2011 年，取得了诸多理论研究成果和成果转化，把六合集团的科技优势转变成了产业、产品优势，填补了省内丝绸行业部分缫丝、丝织、新产品开发项目空白。

【科研机构】1956 年，南充丝二厂成立科研室，主要职能是试缫和制定工艺、改进缫丝技术、推广先进缫丝经验及成品检验。1959 年，撤销科研室，其职能划归生产技术科。1974 年，成立南充丝二厂自动循环热风烘茧机研制小组，系全国唯一的蚕茧收烘设备科研项目机构，承担四川省轻工业局（1983 年 3 月更名为四川省轻工业厅）下达的 CD78－1 型自动循环热风烘茧机研制任务。1978 年，省轻工业局下达应用远红外线干燥蚕茧试验项目，遂将该组改建为南充地区丝绸公司远红外线应用研究组，成功研制出 CD78－1 型自动循环热风烘茧机，1978 年获四川省革命委员会奖励。1978 年，成立科研科，主要职能是制定厂科技发展长期和近期规划，组织审定和申报科研项目、科研成果，开展工艺、设备、产品、材料等新技术的推广应用，组织科技讲座和经验交流。1983 年，更名为科研所，主要研制 K144－RH 型浆丝机，鉴定厂小改小革科研成果。1985 年，科研所更名为开发部，负责全厂技术革新、产品开发、成果鉴定、科技档案管理。1998 年，更名为六合集团技术开发中心，主要职能是负责技术革新、新产品研制、工艺质量、设备改造更新以及能源管理和考核。至 2011 年，六合集团科研机构和职能未作更名和调整。

【理论成果】民国 8 年（1919）至 2011 年，六合集团科技人员、管理人员在省级以上刊物上发表较有代表性的理论研究成果有：

“发展我国之蚕丝业”，作者系六合丝厂厂长盛克勤，载于民国 8 年（1919）《商务日报》。主要内容：三边栽桑，即利用山边、地边、屋边空地种植桑树，不占耕地；通过桑树嫁接发展更新品种；改良蚕种，引进良种，亦可选用优良土种与洋种杂交，以培养更新白茧良种；设厂缫制国际市场畅销丝，适应市场之需，量销为产。论文观点新颖，当时不仅在国内同业中引起较大反响，盛克勤的日本老师也写信表示支持。盛克勤提出发展中国丝绸业的观点，到 2011 年仍被采用并得到进一步发展。

“日本蚕丝业视察概略”，作者系六合丝厂厂长盛克勤，写于民国 19 年（1930），民国22年（1933）6月上海美成印刷公司出版。当时，中国蚕丝业日渐衰败，而日本蚕丝业却日益发达，盛克勤怀着实业报国、改进中国蚕丝业的满腔热情，再次赴日本考察日本的蚕丝业后写成。全书12章7万多字，章序依次为：日本蚕丝业发达之程序、栽桑与育蚕、制丝机械、工场建设及其管理、蚕丝学校、蚕业试验场、生丝检验所、仓库、蚕丝生产费及市场概况、政府及蚕丝界对于形势之应付方法、蚕丝业将来之趋势、丝价变动之研究。盛克勤在考察日本蚕丝业之后，分析了世界蚕丝主产地日本及意大利、法国等国发展蚕丝业或地租劳银，社会生活之昂贵，仅能维持现状，或幅员不广，种桑不如种稻等不利因素后认为，“中国土旷人多，生活及劳银亦不及意、法、日之高昂，而又为发达最早之国；其蚕丝业之经营，自较诸国为有希望，”同时列举事实后断言，蚕丝业的发展，除了其自身价值外，最重要的是人为的技能，假若经营此业者“不讲求科学的知识与经济的方策，而仍蹈旧日之陋习，则其结果必自居于天然淘汰之列”。民国20年（1931），盛克勤因忙于六合丝厂从南充县城学院街玄观庙迁至南充县都京坝毗邻同德丝厂新修建厂房、安装设备无暇理稿，择其关系较重大的“政府及蚕业界对于现势之应付方法”、“蚕丝业将来之趋势”、“丝价变动之研究”3章率先在重庆《商务日报》刊登，引起民国中央政府及社会各界对中国蚕丝业的关注和广泛重视，对促进四川蚕丝业界联合组建成四川大华生丝贸易股份有限公司，统一对外，产生了一定的作用。是年，农历7月初9，盛克勤因积劳中暑，猝然去世后，四川大华公司上海办事处，将此书加以校订，交上海美成印刷公司付梓出版留布人间。重庆投资集团代表胡为芎为此书作序，称此书“于日本蚕丝业之新的知识，新的机械，叙又綦祥，而于蚕丝将末之趋势，阐述尤为精到”。“虽知著于三年之前，而内容之充实，立论之精到，固无嫌于明日黄花也”。

1957年~1960年，吴栋撰写的“家蚕茧及生丝回潮率的调查报告”、“南充丝二厂大开槽减少与消灭生丝硬胶”等论文在《西南丝绸工业》上发表；康必煦撰写的“使用橡胶索绪的试验”刊于《浙江丝绸》；吴栋撰写的“化学处理缫汤提高生丝质量”刊于《浙江丝绸》。1961年~1966年，何大鹏撰写的“关于利用太阳能燥干蚕茧的试验报告”、“聚光型太阳能干燥蚕茧试验”，吴栋撰写的“试谈经济定额因素分析与设计”、“热汤吐水区的作用值得商榷”、“缫折定额的因素分析及其设计”、“提高工艺设计质量的主要做法”、“我们是怎样提高缫丝工人的操作技术水平”、“车头卡介绍”；邓元健撰写的“定纤感知缫丝机丝条间接卷取装置”、“丝纤度冲击性能测定的研究设计”；康必煦撰写的“我们是怎样提高生丝洁净的”、“多缫双宫丝的试验与实测验”分别刊于《浙江丝绸》和《四川丝绸》。1972年，吴栋撰写的“努力提高丝绸产品质量”刊于《四川丝绸》。

1974年~1985年，吴栋撰写的“工艺设计要多快好省”、“提高生丝质量的几点措施”、“缫折指标的设计”、“提高缫折工艺的做法”、“提高生丝质量的几点措施”、“四川省部分缫丝厂实行厂期出口制度”刊于《四川丝绸》；何大鹏撰写的“CD78－1型自动循环热风烘茧机”刊于《浙江丝绸》；马先根“关于设立蚕桑丝绸专业公司体制问题的建设意见”在中国蚕学会第四届年会上交流；邓元健撰写的“轮式煮茧机的初步设计方案”、“QSNZ－2型往复式筛茧机”、邓元健与周宗博共同撰写的“微机技术在缫丝工艺设计上的应用”刊于《四川丝绸》，“对循环式煮茧机改进方案的探讨”在全国蚕茧专业会上交流；邓元建撰写的“茧丝纤度曲线做法的探讨”刊于《丝绸》；吴栋撰写的

“改革丝绸现行管理体制势在必行”，岳斌撰写的“对现行茧丝绸价格的一些看法”载于《省蚕桑丝绸学术讨论会文选》。1987 年～1988 年，王泽泉气撰写的“如何延长钢扣使用寿命”、“给浆丝机装上恒温自动控制装置”、“谈风力送茧除尘”刊于《丝绸》、《四川丝绸》。

1989 年～1996 年，尹毅撰写的“蒸汽补湿在复摇工场的初步应用”、“控制复摇四平衡、降低生丝切断”、“提高自动缫丝机牵理绪总效率的初步探讨”刊于《四川丝绸》。2004 年，尹毅撰写的“新标准对生丝切断的要术及对降低切断途径的探讨”、“真空渗透茧直接用于自动缫丝的探讨与实践”，分别刊于《丝绸》、《四川丝绸》。

2005～2011 年，王泽泉撰写的“南充纺织装备现状及对策分析”、“热电联产系统改造之初探”、“烘丝房节能改造”、“B101 卷纬机节电改造”、“不断创新是南充六合集团发展的主题”刊于《四川丝绸》。任立荣撰写的“论企业基层管理”、宋立新撰写的“切实推进厂务公开促进企业快速发展”刊于《南充社科论坛》茧丝绸专辑。

【成果转化】“一五”计划（1953～1957）期间，南充丝二厂开展生产技术革新，取得较好经济成果。此后至 2011 年，六合集团组织科技力量，围绕改进生产技术、设备技术改造、新产品开发、环境保护等增强六合集团核心竞争力项目，进行科学研究和实践，取得了显著的经济效果，25 个品种的新面料填补了四川省新型高档环保面料空白。至 2011 年，新产品面料占六合集团丝绸面料销售量的 45%。

烘茧缫丝丝织技术改进　“一五”计划（1953～1957）期间，南充丝二厂设立合理化建议审核委员会，由厂行政和厂工会共同负责其日常工作。厂合理化建议审核委员会发动职工搞生产改革活动，就厂的生产技术、操作工艺、设备改进等提合理化建议。职工提出的合理化建议，经厂合理化建议审核委员会批准实施后，1955 年取得 2 项成果，即原煮茧用铸铁锅煮，锅常生锈污染生丝，致使丝色不良降级，职工建议在铸铁锅里湖上一层白色水泥后就解决了生丝污染问题；职工建议加长加宽选剥机、传送带由竹帘改用帆布，日产量提高 25 公斤。厂派技术人员到浙江丝厂学习缫丝技术后回厂推广了“立缫工作法”，厂整理室原用木箱装丝改为帆布包装；木板选茧改为传送带选茧；扬返小浸水改为机器浸水，蒸汽吸湿；前缫生产原用手工索绪改为机械索绪，提高了生产效率。

1956 年，南充丝二厂藏能越、任勇义设计研制成功的大型推进式灶，投入烘茧作业后日烘鲜茧至半干茧 1.05 万公斤，相当于一般煤烘灶烘茧量的 10 倍；平均每公斤茧耗煤量比一般煤烘灶减少 58.29%；劳动生产率每人日烘鲜茧量 175.4 公斤，比一般煤烘灶烘出的茧用来缫丝缫折减少 0.2 公斤，匀度增加 0.37 分，车时产量增加 3 克。在 1959 年全国蚕茧收烘技术革新先进经验交流大会上，与会代表认为大型推进式灶为南充丝二厂独创，能合理使用和控制烘茧温度，节约燃料，保证茧质。

1958 年，在煮蚕技术上改水煮茧为蒸汽煮茧，煮茧技术改进后既节约蒸汽和水，又节约原料，茧舒率提高 10%，缫折减少 5 公斤。改造后的 2 部煮茧机，加设了红外线辐射器，改进浸湿装置安装预热管，加置排酸部，改装再升蒸汽，利用缩伸装置和冷却装置，使蚕茧先内熟后外熟，生熟保持一致，缩短煮茧时间，减少颣节 73%，缫折减少 1.3 公斤～1.5 公斤。是年，南充丝二厂进一步吸收省内外煮茧的先进经验，又将 4 部煮茧机改造，改渗透部单面喷射装置为双面喷射装置，煮茧技术又有大提高。1959 年，成功试制低温返丝，解决了缫丝复摇断头多的问题。1961 年，厂派技术员去华东学习“外砌炉膛”、“水冷壁管”技术，回厂后仅用 3 吨废旧钢材，投资 1.2 万元，投工 300 个，成功改造 2 台“兰开夏”锅炉为外汽炉膛，投入生产后煤耗下降 33%，提高蒸发量 50%。

1963 年～1967 年，南充丝二厂生产技术科组织科技人员，改进生产设备。其间，1964 年改革 2 台立缫停桩、2 台立缫茧桶托盘；改拳式头停装置为指式头装置，改木制小为铝木混制小。停装置改进后，一台小重量减轻 3 公斤，同时运转灵活，返丝方便。是年，按照外贸生丝出口要求，采用大加固的方法，将小片丝改为大片丝，每片丝重量由 67 克增加到 125 克，适应了国际生丝市场的需要。

1974 年～1977 年，南充丝二厂何大鹏根据热风烘茧技术成功研制出省内第一台 CD78－1 自动循环热风烘茧机。该机由供茧装置、主机、供热系统三部分组成，供茧装置采用自动循环制板工提升机将蚕茧送入主机，主机由 8 层茧网循环转动，蚕茧顺序通过预热层，高、中、低温层和冷却层送出机外，蚕茧干燥工艺合理，烘茧均匀，烘茧效率高。与煤灶烘茧相比，烘茧时间缩短一半，单位耗煤降低 50%，劳动生产率提高 3 倍，解舒率提高 3%～5%，烘茧适干率提高 10%，实现了烘茧作业连续化、机械化。CD78－1 型自动循环热风烘茧机自动供茧部分采用了简易电子技术，方便可靠，解决了铺茧匀度问题。1978 年，获中共四川省委、省革委的奖励，12 月获南充地区科学大会奖励。

1979 年，南充丝二厂开始研制 SNSZ－A 型立缫筒子缫丝机（俗称一步缫丝法），翌年 11 月投入试缫，缫出的第一批筒子丝，得到省内制丝专家的肯定。1982 年 9 月通过地级技术鉴定。筒子丝与传统立缫工艺比较，可减少小平衡，真空给湿、返丝、运大、编丝、绞丝及成柄等 7 道工序，节约用工，造价较低，质量稳定，强力、伸力、张力、回潮率等主要工艺参数符合要求，隔距式除颣器应用于简子缫丝机，效果好。筒子缫丝，填补了四川的一项空白，在国内当时尚属试制阶段，缫出的筒装丝颇受国内外客户的青睐。

1984 年，南充第二丝绸厂、上海纺织科学研究院合作研制的“热风、烘筒联合浆丝机”，解决了浆丝中粘绞问题，提高了浆丝效率。据统计，至 1985 年，南充第二丝绸厂围绕烘茧缫丝丝织生产进行了近 100 个项目的生产工艺改进和新设备研制，新设备投产后提高了蚕丝绸缎质量，降低了能耗，减轻了职工的劳动强度，提高了生产效率。20 世纪 80 年代至 21 世纪初，六合集团围绕产品创新，开展了生产工艺、生产技术攻关活动，开发国际国内丝绸市场适销产品，提高了六合集团的核心竞争能力。

水处理 20 世纪 40 年代至 50 年代中期，南充丝二厂的生产、生活用水直接从嘉陵江中抽入水池就用。浑水季节，采用黄豆浆、杏仁浆、明矾净水。50 年代后期采用硫酸铝、三氧化铁净水，用杠碳、炉渣过滤，水池中游积的淤泥和泥沙，只有在假期或春节期间由人工清除。因此，水质较差，用这种水煮茧缫出的丝常无光泽，丝色易变暗和产生黑点。同时，水中含氟量超过 1.5 毫克/升，食用后易患龋齿病。缫丝工人患牙病常影响生丝质量。锅炉水质处理，1977 年以前，南充丝二厂只有 10 台钠沸石软化器，锅炉结垢后，只有在假期或春节期间用人工除垢和机械除垢。1977 年，南充丝二厂改进了取样器、加药器、盐液射水器、机械过滤器、除氧自动控制器、电渗析器和煮茧软水等项工序的工艺设备，将 1 台铀离子软化器改为 4 台阳离子交换器，并串联使用，提高了水质，运行周期提高6倍，每年节约工业盐72吨，避免了锅炉结水垢。1978年~1979年，南充丝二厂自制了30立方米热力降氧器，解决了锅炉氧化腐蚀问题；自制了1台吸热器，提高水温60℃，每年节约水1500吨。

1981年，改用碱式氯化铝水处理，降低水成本50%，减少了水中铁离子、氯化物和有害杂质等含量，大幅度减少了生丝黑点。是年，锅炉水质处理将阳离子交换器“顺流再生”改为“逆流再生”，在取水深度过1米时，逆流再生度由顺流再生度的65.4%提高到88.2%，在取水深度过2米时，逆流再生度由顺流再生度的51.7%提高到97.6%。1985年，南充第二丝绸厂为解决虹吸过滤池、豆石滤板渗漏性能差，常被淤泥堵塞、豆石滤板局部孔隙又过大，各种污物和有害杂质直穿滤板，影响煮茧水质，造成生丝黑点等问题，便将豆石滤板改水“池水罕”滤板，不仅每年节约反冲洗用水用药7万元，而且除去了水中的悬浮物和有害杂质，提高了净水质量，达到了国家规定的煮茧用水和锅炉用水的水质量标准。

锅炉改造、余热发电 1973年前，南充丝二厂使用1台斯梯林水管锅炉和3台兰开夏锅炉，烧块煤，司炉工上煤用手铲送，每日耗煤70吨以上且缺汽，影响缫丝生产。为解决锅炉供气不足的问题，南充地区工业局从转产的华蓥山铁厂调给厂一台10T/时的燃煤锅炉。这台锅炉因华蓥山铁厂保管不善、设施残缺不齐。南充丝二厂生产技术科组织技术人员和机修工人经过一年时间的维修改造，将这台锅炉改造成煤粉炉，锅炉蒸汽蒸发量由改造前的每小时10吨提高到每小时15吨，耗煤由原来日耗煤60吨降低至45吨，解决了厂缺汽影响缫丝生产的问题，而且每年节省煤4500吨。同时，改用煤粉机送煤，减轻了司炉工的劳动强度。

1979年前，南充丝二厂使用南充电厂的电，因南充电厂超负荷运行经常停电，影响缫丝生产，在取得南充地区轻工业局同意后南充丝二厂自行设计、施工，安装了一台13吨燃煤锅炉配套750kw汽辆发电机组，在满足生产用蒸汽的同时，企业生产和生活用电实现了自给自足，在当时全省的轻工企业中（当时的全省轻工包括国营丝绸企业、国营纺织企业、国营轻工企业）尚属首家，每月节省煤炭300吨以上。1980年，南充丝二厂余热发电达120万度。9月，四川省轻工业局在厂召开了全省轻工大中型企业余热发电现场会，推广南充丝二厂余热发电经验。

1991年，全国电力十分紧张，南充地区经常处于“保四争五”状况（保证生产企业每周4天用电，争取5天用电）。南充第二丝绸厂为解决电力供应，保证满负荷生产，投资530万元新建了在当时属于节能高效的热电项目，安装1台20吨沸腾式锅炉，配套1500KW冷凝式汽轮发电机组。项目投产后，月发电45万MKWH，保证了生产用电和厂职工家属宿舍、厂周边农民的生活用电。

设备技改更新 1950年~1952年，南充丝二厂机械设备只有2台手摇车床，缫丝机器零件的铸造、加工全用手工操作。1953年~1956年，改手摇车床为电动车床后可加工简单的立缫机零部件。1956年~1970年，购置1台C618型齿轮车床、3台C620型和C630型摇臂钻床、1台立式牙箱钻床，立缫机铁架、牙箱、缫丝锅等较为复杂的机器零部件均由厂加工制造。1973年至20世纪80年代初，南充丝二厂设备更新换代后可制造缫丝机、扬返机、选茧机、煮茧机、织绸机、检验机等缫丝丝织设备。

20世纪80年代至90年代，设备技术改造更新换代围绕提高产品质量、开发新产品进行，重大技术改造项目有 22 项，其中 4 项属省内丝绸行业中率先技改项目。其间，1985 年，南充第二丝绸厂作为四川省丝绸企业代表，派出总工程师韦义参加了纺织工业部重点科技项目——“75－46－2”缫丝机的攻关研制，四川研制出 CD－1 型样机，经过鉴定后获批量生产，并荣获四川省科技进步二等奖。1989 年将 ZD－721 自动缫丝机机头全部换成了 CD－1 型自动缫丝机机头。1985 年，为了提高煮茧质量，在省内丝绸行业中率先采用真空渗透煮茧新工艺，缩短了煮茧时间，提高了洁净度，降低了缫折，减少了生产成本，真空渗透煮茧新工艺在全省缫丝企业中推广。1989 年又对煮茧机进行了技术改造。1991 年，自行设计，首创省内混茧、剥茧、选茧联动生产工艺流程，采用气流输送茧、茧尘沉降气流分离茧、多次除尘、电气联运等新技术，解决了缫丝生产过程中的不易除尘、用工多等问题，改善了缫丝工人的工作环境。1994 年，嘉丽华集团购置 1 套由山东大学研制的电脑写花机和电脑制版机，在省内丝绸企业中率先实现了绸缎花型设计采用电脑辅助设计和自动冲制纹版、淘汰了传统提花工艺设计中的花型放大样和机械踏制纹版等工艺，实现了绸缎花型设计和制纹版的重大技术进步。

21 世纪初，六合集团围绕压缩缫丝压绪，加大丝绸服装生产，开发新产品，新建染整生产线，治理污水保护嘉陵江水质等项目进行技术改造。其间，2002 年，六合集团收购了四川安德实业公司（原南充丝三厂）闲置多年的 24 台进口剑杆织机及配套经纬设备。该批机具因停机时间长，部分零部件锈蚀，电路板缺损。六合集团技术开发中心组织技术人员对其进行修复，仅 3 个月时间，全套设备投入正常的生产运行。总工程师王泽泉，刻苦钻研剑杆织机和配套的经纬设备修复工程技术，一人独立完成了整个工程的平面工艺图设计、设备基础设计、设备基础放线、电气设计、工程费用预算审核、搬迁方案、搬迁工具设计等工作，出色完成工程的前期准备工作，为六合集团节省了费用。剑杆织机投入生产运行后，技术开发中心组织工艺设计人员，在详尽了解剑杆织机的高引纬效率、宽幅、强打纬、多纬选择等性能后，不断研究总结出了一套与之相适应的产品生产方案和工艺操作方法，实现了当年购买搬迁修复安装，当年投入生产，当年产生经济效益，为六合集团在高档新面料开发上提供了技术支持，为全省丝绸企业在引进消化吸收国外先进织机技术上积累了一定的经验。翌年，六合集团技术开发中心针对烘丝房能源估耗后，温度波动大，烘出的生丝质量不稳定，生产的纺类绸时有较多螺纹线等问题，又组织工程技术人员对烘房结构、供热通风方式、温度湿度控制等进行优化设计和改进后，在同等烘丝量的条件下，每月烘丝消耗蒸汽量下降 200 吨，电消耗下降 288 度，全年节省费用 19 万元，解决了多年困扰提高丝织产品质量的螺纹纡问题。

1991 年，南充第二丝绸厂新建的热电联产项目，是由一台 20 吨沸腾式锅炉，配套 1500KW 的冷凝式冷轮发电机组织成，月均耗煤 1500 吨。2004 年，煤炭价格一路走高，热电联产项目月均亏损 6 万元。2005 年，月均亏损达 12 万元，六合集团技术开发中心工程技术人员经过多次论证，决定新上一台 8 吨燃气锅炉生产蒸汽，投入运行后，当年扭亏增盈。

2006 年，六合集团投资 360 万元，新建了省内丝绸企业第 1 家污水处理厂，对生产废水进一步进行处理，实现了达标排放，保护了嘉陵江水质。

新产品开发　从民国元年（1912）至 1957 年，南充丝二厂的大宗产品为生丝。1958 年，开发丝织产品，生产电力纺、甲丝尼、溱绸等产品，1963 年停止丝织产品生产。

1972 年，设立织绸车间，恢复丝织产品生产。1983 年至 1985 年，批量生产的丝织大宗产品达 44 个，在组织批量大宗产品生产的同时，南充第二丝绸厂组织技术人员根据消费者需求开发新产品投放市场，增强企业的竞争能力。1990 年～1993 年，嘉丽华集团品种设计室吕亚丁成功开发出双宫绸类系列新产品和 C1342 宫美绉提花绸新产品，分别获四川省科技进步二等奖、三等奖。2003 年～2004 年，六合集团在运用新型原料和传统原料开发新产品上作了探索和创新，自主研发出的大豆纤维/生丝、大豆纤维/棉/生丝、蛹蛋白纤维/生丝、竹纤维/生丝、竹纤维/绢/真丝、竹纤维/棉等天然纤维复合交织面料等新产品，以其独特的风格和创新特点，先进的工艺技术，高技含量得到了国家茧丝绸风险基金的支持，取得了新型天然植物蛋白纤维与动物蛋白纤维突破，研发成果得到国家茧丝绸公司项目验收组的肯定。至 2011 年，六合集团先后自主研发出的具有市场价值又有较高科技含量风格独特的新产品达 200 个，其中大豆丝/生丝、大豆丝/棉/生丝、竹纤维/生丝、竹纤维/绢丝、竹纤维/棉/生丝、色织绢/毛/棉/等系列产品在国内属领先水平。竹豆丝牛仔绸、色织绢麻斜纹格、特宽幅重磅绸等 25 个新产品品种填补了四川省新型高档环保面料的空白。新产品占六合集团绸缎面料销售量的 45%，形成了传统产品优良、新产品新特的格局。

生活和文化设施

民国时期，六合丝厂工人生活设施只有简易饭堂和夏天在露天坝临时用草席围个圈圈的简易澡堂。

20 世纪 50 年代至 80 年代，南充丝二厂虽变更了 6 次企业名称，但都坚持以人为本，随着生产的发展，先后兴办了 11 项职工生活设施和 5 项文化设施，改善职工生活，丰富业余文化活动，提高生活质量。20 世纪 90 年代至 21 世纪初，六合集团员工生活设施实行社会化管理。

【职工食堂】民国时期，六合丝厂办有饭堂。生产期间由厂主供给一餐伙食（午饭）。伙食有上下两等，吃上等伙食的有厂主、管事和职员，每餐荤素都有。逢年过节或接待贵客都要办宴招待。工人是 8 个人 1 桌，吃糙米干饭，菜是泡咸菜、炒豆芽、盐煮胡豆。每个星期打 1 次“牙祭”（吃 1 次肉）。每餐只有 15 分钟的吃饭时间。

1950 年 1 月 9 日，南充军事管制委员会派段振家接管南充丝二厂后，工人工资实行折实工资制，工人月工资标准比 1949 年提高 2 倍以上。干部、工人一律自己交伙食费，在职工食堂（大食堂）就餐。每餐 1 荤 3 素，每个星期二、星期五打牙祭，3 荤 1 素。上深夜班的工人加 1 个荤菜。职工食堂另设有中灶食堂、病灶食堂和营养食堂。中灶食堂是照顾老干部用餐，病灶食堂是照顾患病的职工用餐，每月多交 2 元钱的伙食费。对身体虚弱而在生产上又是骨干的职工，经班组推荐，车间审查，厂工会批准进营养食堂就餐，每餐有鸡鸭鱼肉和海产品，职工只交在职工食堂就餐的伙食费，厂工会对进营养食堂就餐的职工补贴伙食费。

随着生产的发展，南充丝二厂职工人数不断增多，一个职工食堂满足不了职工就餐。从 1952 年起，先后开办了生产班食堂、长白班食堂、医院食堂。食堂设施亦不断改进，对炊事人员定期进行身体检查，不定期进行炊事技术的评比和考核，提高其厨艺水平，做出职工喜吃的饭菜。1982 年，新建 1 幢 1250 平方米的职工食堂，生产班食堂和长白班食堂合并为职工食堂，开设 3 班，满足白班、中班、深夜班职工就餐。

20 世纪 90 年代末，六合集团在改革企业产权制度时将职工食堂交由金嘉服装公司承办。

【职工集体宿舍】民国时期，六合丝厂未建工人宿舍，生产期间工人租赁厂外附近农民的房子住宿。民国 26 年（1937），同六丝厂纳入四川丝业公司更名为南充丝二厂之后至 1949 年，修建了 3 幢计 1000 多平方米的工人宿舍，供生产期间工人居住，住宿条件很差。

1950年，南充丝二厂修建了1幢1楼1底864平方米72间房屋的穿斗房，解决干部的住宿问题。1952年，修建10幢1楼1底计5263平方米砖木结构的职工宿舍，解决了2826名职工的住宿问题。至1989年，南充第二丝绸厂共修建了17幢职工宿舍。1993年，新建一栋5楼1底6834.97平方米职工住宅后就再没有修建职工宿舍。

【职工家属宿舍】1956年，南充丝二厂修建了2幢计594平方米的职工家属宿舍，20户职工入住。1970年~1976年，修建了5幢计6917平方米的职工家属宿舍，440户职工入住。1984年~1992年，修建了5351平方米的职工家属宿舍，1000户职工入住。同一时期，修建了1幢2楼1底800平方米的母子宿舍（“妈妈宿舍”），108名单身哺乳女职工入住。1997年，国家推行住房制度改革后未再修建职工家属宿舍。

【职工医院】民国时期，缫丝工进六合丝厂要填写自愿保证书，要写明“凡风寒感冒，各听天命，不与厂方相涉”的条款才能进厂上班。

民国26年（1937），南充丝二厂开始设立医务室，医务室只有1名医生、1名护士、医药费少得令人难以置信。民国35年（1946）8月13日南充丝二厂的经费报表记载“全厂1500名工人，全月的医疗费用为20万元法币。”按当时的物价折合计算，只够1500名工人各吃1个烧饼的费用。工人一旦生病不能上班，厂方便令其“回家休养”，予以解雇。

1950年1月9日，南充军事管制委员会接管南充丝二厂后，在职工福利上首先成立医药室，配备中医、西医医生各1人，供职工免费就诊。1952年5月，医药室扩建为医疗所，医护人员增加到20人，昼夜值班，设临时住院病房。患病较重者可在特约医院凭公费医疗单就诊。1953年，在各生产车间设立卫生保健站、值班医生开展现场巡诊，给职工看病吃药打针，对患病职工开假条休息。1955年，车间保健所分甲、乙两班，每班设医生、护士各1人。1956年，医疗所开始设立住院部，开设88张病床，是南充丝三厂、阆中丝厂三家骨干缫丝厂中住院部规模最大的厂家。

南充丝二厂职工的职业病是烂手，其病因是蚕茧含碱成份较重，职工在缫丝时必须将双手浸泡在18℃~20℃的温水中，几天之后，双手的手指、手掌手背表皮肿胀、呈苍白色，手背面渐起水泡，表皮脱落呈现嫩肉，形成烂手。烂手病多年难以解决。厂领导对根治烂手职业病很重视，敦促医务人员尽快想方设法治疗好缫丝职工的烂手职业病。厂医疗所的医务人员经过潜心探索研究，反复临床实验，成功试制出烂手一号油粒，烂手职工用后疗效很佳。南充丝二厂缫丝工人的烂手职业病在20世纪60年代中期得到了根治。

1971年，南充丝二厂医疗所扩建为职工医院，设置病床100张，分设内科、外科、妇产科、理疗科、中医科、五官科、口腔科、皮肤科、小儿科、放射科、化验室等临床科室，门诊部实行昼夜值班，厂附近农民患病可到职工医院看病，门诊病人有时1天高达500人次。职工医院增购了50MA和400MAX光机、心电仪、超声探测仪、1500倍显微机、分光光度仪等医疗设备，配备了救护车。1984年，厂支付医药费27.9万元。职工医院能开展中下腹部手术。

1999年，六合集团对职工医院实行费用包干承包管理。

2002 年～2011 年，六合集团对职工医院实行招标承包经营。

【交通车】南充丝二厂距离南充市（今顺庆区）城区 10 公里，因厂住房紧张，部分职工居住在南充市内。1975 年 7 月，南充嘉陵江白塔大桥通车后，南充丝二厂购置交通车 5 辆，每日 5 趟，接送家住南充市的职工上下班。职工乘车按规定购票，厂里给予交通费补贴。20 世纪 80 年代，系南充第二丝绸厂产销两旺时期，职工人数增多，交通车增至 16 辆，成立了厂车队，不仅解决了接送家住南充市的职工上下班，而且为都京坝农民进城提供了方便。2001 年，六合集团将公司车队公开出售。南充市公交公司出资 85 万元，购得了六合集团车队的公路营运权和全部交通车及车辆维修设备，开行由市区至都京坝的公交车。

【托儿所　幼儿园】1952 年，南充丝二厂兴建了托儿所、幼儿园，托儿所设厂内，幼儿园设在距厂 0.5 公里外的柑子园。托儿所、幼儿园配备保教人员 12 名，接收 48 名职工婴幼儿入托入园。1961 年，因 20 世纪 50 年代初期进厂的青年女职工大都结婚，进入育龄期，婴幼儿陆续增多。厂将托儿所、幼儿园扩大至 480 平方米，配备保教人员 40 名，收 2 岁至 7 岁的幼儿 537 人入托入园。根据生产时间变化，幼儿园由白班改为白班、中班、夜班 3 班。1972 年，幼儿园迁入厂内同托儿所合并。1983 年，新修 1 所 600 平方米的托儿所、幼儿园，配备保教人员 23 名，接收 250 名职工婴幼儿入托入园，新添置了 1 部收录机、5 台脚踏风琴、1 台幻灯机和幼儿玩具。幼儿园开设有小班、中班、大班 5 个教学班，进行幼儿早期智力开发教育。职工医院医护人员定期到幼儿园对儿童进行体检、预防接种、防病治病。

1997 年，嘉丽华集团在剥离“企业办社会职能”时，停办幼儿园。员工的婴幼儿到都京坝开办的托儿所、幼儿园入托入园。

【职工子弟校】1961 年，兴办职工子弟校，校址设在距离南充丝二厂 0.5 公里远的柑子园内，有教师 8 人，306 名学生。1969 年开设初中班，1979 年开设高中班。是年，职工子弟校有教职员工 49 名，1023 名学生。1985 年，职工子弟校开设 5 个小学班、4 个初中班、3 个高中班，开设语文、数学、外语、政治等 12 门课程，实行 12 年学制。1998 年 8 月，六合集团根据国家教委、财政部、卫生部、劳动部《关于城市分离企业办社会职能分流富余人员的意见》精神，将职工子弟校 5700 平方米土地、2810 平方米校舍、42 名教职工转交给南充市高坪区教育局管理。

【招待所】1956 年，为方便职工家属到厂探亲和到厂客商住宿，南充丝二厂修建了 1 幢平房招待所，设管理员 2 人。1962 年，拆除平房招待所，在旧址处新修了 1 幢 1 楼 1 底的招待所。1982 年，南充丝二厂在新厂门口新修 1 幢建筑面积为 1900 平方米、5 楼 1 底的招待所，设管理人员 4 人，有单人房间 8 间、双人房间 43 间、三人房间 38 间，可同时容纳 190 人住宿。招待所门外设有产品销售门市部、邮电所、会议室、电视室。职工家属到厂探亲，在假期内免收住宿费，超期收费。客商到厂招待所住宿适当收费。2000 年，招待所停办。

【浴室　理发室　洗衣房】民国时期，厂只有一间职工浴室，供职员洗澡。工人就在露天坝里用草蓆围个圈圈洗澡，未设理发室。1950 年，厂修建简易大池浴室，职工免费沐浴。1956 年，修建职工浴室和理发室。1970 年，修建职工洗衣房。

浴室　民国时期，仅有一间职员浴室，供职员洗澡。工人浴室设在露天坝子里，用草蓆围个圈圈，里面安放几只大石头盆子，装满冷水，工人便在石头盆子里洗澡，1 天换 1 次水，夏天开放。1950 年，修建两间简易大池浴室，全天开放。1956 年，拆除简易大池浴室，新建 1 幢建筑面积为 266 平方米的职工浴室，浴室内设淋浴和盆浴，有 52 个喷头，16 个盆浴。厂内职工免费沐浴。1986 年，拆除旧浴室、新建 1 幢 2 层楼的浴室，1 次可容纳 200 人次同时沐浴，完全解决了厂内职工和厂周边群众的沐浴问题。20 世纪 90 年代，随着民用天然气的使用，职工陆续在家安装了热水器，到厂沐浴的人一年比一年减少。1998 年，停办浴室。

理发室　1956 年，新建一间建筑面积为 64 平方米的理发室，设座位 8 个，理发收费比商业理发店低 20% ~30%。1998 年，理发室承包给个人经营。

洗衣房　1970 年，为方便职工洗衣物，在水塔旁边修建了洗衣房，冷热水兼备，可供 50 余人同时使用。由于职工人数增多，1973 年将原洗衣场扩建，洗衣台位增至近 100 个。1977 年因修建电渗析水处理工程，洗衣房拆除。

【民用天然气】1989 年，南充第二丝绸厂职工集资 30 万元，厂投资 120 万元，兴建了民用天然气工程，1990 年 2 月竣工投入使用，是南充地区首户兴建民用天然气工程的企业。

【养猪场】1956 年，南充丝二厂职工食堂利用 576 平方米的临时工棚办起养猪场，饲养几十头生猪。之后，利用厂内空地 40 亩，划给各车间包干种植饲料，扩大养猪规模，年产肥猪 200 头。1959 年 ~1961 年，扩大养猪场，饲养员增至 14 人，年产肥猪 650 头，保证了全厂职工在 3 年严重自然灾害期间每人每月能吃上 1 斤猪肉和 2 两猪油，每年除自给自足外，还外调 50 头肥猪支援缺肉的地方，被评为全省的先进红旗单位。1961 年，中央新闻电影制片厂到厂拍摄“二厂大种蔬菜、大养生猪、搞好生活、促进生产”的新闻纪录片，其中拍摄大养猪的镜头最多。至 1979 年，全国猪肉供应充足，取消票证，加之南充丝二厂修建职工家属宿舍需要地基，撤销养猪场停止养猪。

【其他生活设施】1952 年，南充丝二厂为解决职工和职工家属吃豆腐难，职工食堂兴办了豆腐房，制作豆腐、豆干、豆粉等品种。1972 年，为解决老弱病残职工和婴幼吃牛奶的问题，在华蓥山江华机器厂购买了 3 头奶牛，兴办起牛奶场，日产牛奶 100 斤。1981 年，兴办糕点房，制作面包、桃酥、蛋糕、饼干、糖果，夏天还制作冰糕供应职工。1983 年，奶牛发展到 9 头，解决了全厂职工鲜奶供应问题。是年，南充第二丝绸厂从成都市龙泉驿养鸡场引进白洛克良种鸡 1200 只，办起养鸡场，年产蛋 18，000 多斤，鸡蛋主要供应职工食堂做糕点和卖给职工，卖给职工的鸡蛋比市价低 20% ~30%。同时，还销售给南充罐头厂生产猪肉蛋卷罐头。

20世纪90年代，剥离企业办社会的职能，六合集团遂将豆腐房、牛奶场、糕点房，养鸡场停办。

【文化设施】1952年~2011年，六合集团的文化设施有图书室、有线广播站、闭路电视、工人俱乐部、电影放映队等。

图书室 民国时期，南充丝二厂未设图书室，但购有一些书籍供厂工人下班后消闲阅览。1952年，建立图书室，安排有高中文化程度的2名职工管理。图书室有全国各地的报纸和期刊、小说、诗歌和人物传记，理论文献，有马克思、恩格斯、列宁、斯大林、毛泽东的经典论著，栽桑养蚕缫丝织绸的科技著作，古今中外的历史书籍，现代知名学者的哲理书籍。1983年统计，南充第二丝绸厂图书室有各种图书4万余册，报刊、杂志200余种。1994年，嘉丽华集团图书室累计藏书6万余册。1998年9月，全国总工会授予六合集团图书室全国工会系统文明图书馆称誉。2007年，图书馆更名为六合集团职工书屋。

有线广播站 1952年，厂工会拨款相继购制有大小不同的转播机、麦克风、电唱机、录放机设备，在全厂安装有线广播通讯线路，并在交叉的制高点上安装高音喇叭，设专职人员担任机务、组稿、编辑及广播事务。有线广播站准时提醒三班制职工上下班，宣传党的路线、方针、政策，播颂厂内涌现出的新人好事，及时指导工人的生产技术，丰富了职工的文化生活。1998年有线广播站终结。

电视中心 1986年，随着电视机的普及，职工各家各户都在自家房顶上安装接收天线，整个家属区房顶天线林立，杂乱无章，不仅造成安全隐患，影响厂容厂貌，收视效果也不如人意。为解决职工及家属看电视，南充第二丝绸厂购置闭路电视设备，1987年建电视卫星地面接收站，成立“南充第二丝绸厂电视中心”，向职工传送8套电视节目和厂自办节目。1997年3月通过前端设备和主干线改造，节目增至36套。2005年与南充市广播电视局鸿高网络有限公司联网，由网络公司提供电视信号，节目增加到42套。企业保留自办节目和部分频道信号源，至2011年，仍负责日常维护和管理。

电影放映队 民国26年（1937），南充丝二厂购置1部幻灯机、10张黑白幻灯片，用煤汽灯光透射放映，介绍栽桑养蚕缫丝织绸技术。1955年，派2名职工到省文化局学习放映技术，学成回厂后，厂工会出资购置1部16毫米的小型电影机，租赁南充市电影公司影片在厂俱乐部放映，很受职工欢迎。1958年，厂工会购置1部32毫米的三角架电影机。1982年，厂工会投资4万元，购置1部大型座机电影机，大小拷贝和遮幅式拷贝均可放映。1985年~1995年，电影队为职工放映电影达3000余场次。至2011年，电影放映设施仍在使用。

工人俱乐部 1955年，厂工会投资新建1幢面积1836平方米、可容纳1500余名职工的工人俱乐部。1981年，因原修建的砖木结构工人俱乐部年久失修，部分地方出现脱落崩坍，南充丝二厂投资40万元，重新修建了1幢砖混结构的工人俱乐部，安置钢窗钢门，安装大型通风降温设施，安装1607只单人铜架合成板翻板椅，修建了演员休息室、化妆室。舞台顶端距地面20米，灯光布局合理，形式美观。1982年10月落成，至2011年，俱乐部功能齐全，仍在使用。

支援地方经济建设

20 世纪 50 年代至 90 年代末，六合集团采取派蚕桑技术人员到自办蚕茧原料的县帮助社队和农户发展桑蚕生产，对省内外新办丝厂开展技术培训，植树造林绿化厂周边荒山，支援厂周边农村抗旱夺丰收，为厂周边的农民提供照明用电，安装自来水到农户锅边灶台，兴办公益事业等举措支援地方经济建设。

【桑蚕生产】 1958 年，南充和全国各地一样，城乡各单位大炼钢铁，农村队队办公共食堂。修机耕道路，粮桑争地矛盾突出。1959 年下半年，全区农村公共食堂缺柴，大量砍树，毁桑严重。据南充、西充、阆中、蓬安 4 县统计，1959 年砍伐桑树 29 万株，桑树数量比“一五”计划末年（1957）减少 24%，蚕茧产量比“一五”计划末年减少 22%，南充丝二厂、南充丝三厂、南充丝四厂（阆中丝厂）3 家大型缫丝企业 1960 年 ~ 1962 年每年待料停产 3 月 ~4 月。

为解决缫丝原料，南充丝二厂从 1960 年开始，抽调 800 名职工，组成桑蚕工作队，到自办原料的西充、岳池、蓬安、营山、广安、武胜 6 县，采取划片包干的办法，帮助各生产队发展桑蚕生产。通过广泛宣传栽桑养蚕，增加生产队经济收入，提高社员工分值，为国家多换外汇的重要性；传授栽桑养蚕技术，提高桑蚕产量和质量；指导养蚕社员防治桑蚕病；协助社队解决栽桑养蚕需要的桑苗、蚕种、药具等措施，鼓励社队多栽桑养蚕。经过 3 年的辛勤工作，至 1964 年，在武胜县蚕茧划给南充丝三厂后蚕茧收购量达 1402174 公斤，基本解决了南充丝二厂的缫丝原料。抽派去支持社队发展桑蚕生产的职工陆续回厂或回茧站工作。

南充丝二厂（1960 年 ~ 1964 年）自办原料蚕茧收购数量表

年份	收购量（公斤）	年份	收购量（公斤）
1960	1839954	1961	1544361
1962	1388628	1963	1170343
1964	1402174		

1985 年 ~ 1990 年，国际市场生丝畅销，国内市场丝绸走俏，系 20 世纪南充桑蚕丝绸生产发展史上的鼎盛时期。南充第二丝绸厂为保证满负荷生产，把发展桑蚕生产作为缫丝生产的第一车间来抓，派出 300 名职工到南充县、营山县发展桑蚕生产，弥补南充地区茧丝绸公司原庄调拨茧量的不足，生产原料有了保障。至 1990 年，缫丝丝织生产年年上台阶。1990 年，南充第二丝绸厂完成工业总产值 1.164 亿元，销售收入 1.461 亿元，出口创汇 830 万美元，实现利税 975 万元，创历史新高。

【技术培训】1958 年 ~ 1960 年，南充丝二厂承担了省内外新办丝厂缫丝工人的技术培训。陕西省安康丝厂、四川省内的万县丝厂、开江丝厂、巴中丝厂、乐山丝厂都选派工人到南充丝二厂进行缫丝技术培训，共计为上述新办丝厂培训缫丝工人 1000 多人次。20 世纪 60 年至 80 年代中期，南充第二丝绸厂对省内外的 16 家丝厂 2715 名缫丝工人进行了缫丝技术培训。其中：西充县丝厂 76 人，南充市向阳丝厂 85 人，岳池县坪滩丝厂 184 人，岳池县丝厂 281 人，西眉丝厂 159 人，白溪丝厂 114 人，纳溪丝厂 127 人，潼南丝厂 166 人，蓬溪丝厂 155 人，灌县丝厂 174 人，大邑丝厂 195 人，壁山丝厂 217 人，荣昌丝厂 122 人，营山丝厂 84 人，三汇丝厂 75 人，湖北丝厂 55 人。其间，1970 年，南充丝二厂派出工程技术人员、安装技术人员到乐山丝厂协助乐山丝厂设计、建厂施工、设备安装。1971 年，南充丝二厂派技术人员到大足丝厂进行缫丝技术指导，帮助大足丝厂提高经济效益。1972 年 - 1973 年，南充丝二厂派出技术人员和管理人员到潼南丝厂、垫江丝厂协助工作，潼南丝厂、垫江丝厂 1972 年扭亏为盈。1977 年—1980 年，湖北、陕西、云南等省，南充驻军、区内部分企业均先后派工人到南充丝二厂学习车工、钳工、设备保养、司炉、自来水处理等项技术，特别是锅炉软水处理技术，先后为省内外的企业培训水化验技术人员 130 人次，受到南充地区科委的嘉奖。1981 年 ~ 1984 年，南充第二丝绸厂派出工程技术人员到西眉丝厂、南充市文丰丝厂帮助修建水厂。20 世纪 80 年代，南充第二丝绸厂先后帮助重庆垫江绸厂、海南澄迈绸厂、西充晋新绸厂、龙门绸厂、岳池绸厂、万原绸厂、永安绸厂、渝北绸厂等建厂、安装调试设备、培训织绸工人，并派出技术人员指导这些织绸厂的丝织生产。

【厂社结合】1964 年，南充丝二厂和南充市河东公社实行厂社结合，党委副书记任有义兼任中共河东公社委员会第一书记，孙秀田兼任何东公社政治处主任。河东公社派干部到厂担任中层领导干部，同时，从河东公社招收少数青年农民到厂当工人。“文化大革命”开始后，全区厂社结合工作停止，南充丝二厂从河东公社招收进厂的工人转为固定职工。

【植树造林】1957 年前，南充丝二厂附近的元宝山、南瓜山、罗家古坡、姚家坡树木一片葱绿。1958 年，大炼钢铁和农村大办公共食堂，伐树作柴，到 1961 年下年解散公共食堂时，上述山上的树已被砍完，成了秃顶荒谷。20 世纪 70 年代至 90 年代初期，每年春秋两季植树期间，厂里都组织职工利用星期天义务植树，先后对元宝山、南瓜山、罗家古坡进行绿化，栽植松树 1000 多亩。至 2011 年，栽植的松树成林。

【抗旱】南充是典型的丘陵地区。干旱是南充危害较大的一种自然灾害，10 年 9 旱。1950 年至 1986 年的 36 年间，出现旱灾 26 次，其间，1960 年，南充丝二厂所在的都京坝从 7 月 19 日至 8 月 23 日，33 天中只下了 20.8 毫米小雨。1976 年，从 7 月 14 日至 8 月 8 日 26 天中只下了 11.4 毫米小雨。为帮助都京坝的农村抗旱，南充丝二厂从 20 世纪 60 年代至 80 年代初期，利用厂建有抽水站的条件，从嘉陵江抽水无偿支援都京坝的农村抗旱夺丰收，解决干旱期间人畜饮水问题。至 2011 年，都京坝的农民谈及南充丝二厂支援他们抗旱夺丰收的事宜时都对此深表谢意。

【修建南溪铁路】 中共中央西南局、中共四川省委为解决南充专区各县（市）城乡生产、生活用煤，计划修建南溪铁路。南溪铁路从南充县香古市起到岳池县溪口镇止，1960 年 11 月开工修建。南充丝二厂利用无茧待工之际安排 1000 名职工（绝大部分是女工）修建南溪铁路。1961 年 3 月 11 日南溪铁路停建，南充丝二厂抽调去修建南溪铁路的 1000 名职工回厂参加缫丝技术培训和文化学习。

【兴办公益事业】 20 世纪 60 年代，南充各行各业支援农业生产。南充丝二厂每年在农村抢种抢收的大忙季节，都派出 300 人次到厂附近的农村帮助收割小春作物，栽插水稻。1968 年，南充丝二厂受“文化大革命”的影响，生产秩序还未转入正常的时候，在厂执行“三支”、“两军”任务的军代表，组织职工利用工余时间和星期天，到嘉陵江边捡鹅卵石，击碎后铺设厂到南前（南充至广安前峰）公路 318 线 2.5 公里段，修建乡村“土公路”。1972 年 3 月，南充嘉陵江白塔大桥开工建设后，南充丝二厂多次组织科室人员和部分职工参与大桥的修建。20 世纪 70 年代末，南充丝二厂成立公交车队，厂公交车最多时达 16 辆，在接送职工上下班的同时，也为南充市民往返都京坝提供方便。1985 年，在南充电力还十分紧张的时候，南充第二丝绸厂挖掘电力潜力，加强用电管理，挤出部分电力为厂周边的农村提供照明用电。将自来水管安装到农民家庭，为厂周边的农民生产、生活提供方便，厂周边农民告别了挑水吃用的历史。1986 年，南充第二丝绸厂建立闭路电视，1989 年又投资 70 万元对闭路电视系统进行改造，为职工和周边农村提供了丰富的电视节目。1988 年，南充第二丝绸厂投资 200 万元，对都京坝到南前公路 318 线段的 2.5 公里乡村“土公路”进行拓宽后浇筑砼路面改造，进一步方便了职工上下班和都京坝及公路沿途的群众进城。1992 年至 1994 年，嘉丽华集团投资 100 余万元先后建立了 500 门控程电话交接机、BP 寻呼台，解决了都京坝的企业和周边农村因远离城市通信不便的问题。

名优产品

民国4年（1915）至2004年，六合集团有4个丝绸产品先后荣获国际奖励。1987年~2010年，六合集团有19个丝绸产品和六合丝绸系列产品被评为省优质产品及名、优、特新产品，11个丝绸产品和六合丝绸系列产品被评为部优质产品。

【国际获奖产品】民国4年（1915）至2004年，六合集团有4个产品荣获国际奖励。

获奖时企业名称	获奖产品名称及奖励名称	授奖机构	获奖时间（年）
果山蚕业社	扬返丝获国际头等奖	巴拿马万国博览会组委会	1915
六合丝厂	金鹿牌蚕丝获国际金质奖	国际博览会组委会	1924
南充第二丝绸厂	真丝花维绸、宫美绸获亚运会优质产品	十一届亚运会组委会	1990
六合集团	六合丝绸系列产品	中国丝绸国际博览会组委会	2004

【省优质产品】1987年~2004年，六合集团有19个丝绸产品和六合丝绸系列产品被评为省优质产品及名、优、特新产品。2005年后，省未开展优质产品评选活动。

获奖企业名称	获奖产品名称及称誉	授奖机构	获奖时间（年）
南充第二丝绸厂	19/21D白厂丝、15681真丝绫被评为省优质产品	省政府	1987
南充第二丝绸厂	飞泉牌12017桑宫绉被评为省优质产品	省政府	1988
南充第二丝绸厂	13461双宫丝被评为省优质产品	省政府	1989
南充第二丝绸厂	梅花牌19/21D白厂丝、飞泉牌C1342宫美绉被评为省优质产品	省政府	1990
南充第二丝绸厂	双宫绸类企业产品研究开发二等奖	省政府	1990
南充第二丝绸厂	C1342宫美绉提花绸研究开发三等奖	省政府	1992
嘉丽华集团	六合系列产品被评为省名、优、特新产品	省政府	1993
嘉丽华集团	梅花牌20/22D白厂丝 飞泉牌13255双宫绸 飞泉牌C1342宫美绉 飞泉牌JLHI1303双雅绉 飞泉牌JLH1311灯芯绒 被评为省名特优新产品	省政府	1994

续表

获奖企业名称	获奖产品名称及称誉	授奖机构	获奖时间（年）
嘉丽华集团	梅花牌 20/22D 白厂丝、敦煌牌丝绸领带被评为优质产品	省政府	1995
嘉丽华集团	六合牌高弹无底缝女士内裤被评为省优质产品	省政府	1997
六合集团	真丝绢绸工艺画被评为旅游优秀新产品	省政府	2003
六合集团	11206 电力纺被评为省名牌产品	省政府	2004

【部优质产品】1990 年～2010 年，六合集团有 11 个丝绸产品和六合丝绸系列产品被评为部优质产品。

获奖企业名称	获奖产品名称及称誉	授奖机构	获奖时间（年）
南充第二丝绸厂	B2 梅花牌 19/21D 双宫绸、梅花牌 100/220 双宫丝、飞泉牌 13255 双宫绸、飞泉牌 C1342 宫美绉被评为部优产品。	纺织工业部	1990
南充第二丝绸厂	飞泉牌 1342 宫美绉、12017 桑宫绉在《中国妇女儿童用品四十年》博览会获银奖	博览会组委会	1990
六合集团	真丝绢绸工艺画被评为旅游新产品	中国丝绸协会	2003
六合集团	六合丝绸系列产品被评为中国丝绸行业十大影响力品牌	中国十大影响力组委会	2006
六合集团	六合丝绸系列产品被评为保护消费者权益 315 信用品牌产品	全国保护消费者协会	2008
六合集团	六合丝绸系列产品荣获“全国（行业）顾客满意十大品牌”，六合牌竹缎面料在首届中国丝绸文化节上获“2010 年全国丝绸面料创新产品银奖”。	全国商品顾客满意测评办公室 中国丝绸协会	2010

省部级奖励

1953 年～2010 年，六合集团先后 20 次获省部级奖励。

【省级奖励】 1959 年～2009 年，六合集团先后 10 次获省委、省人民政府奖励。

获奖时企业名称	获奖称誉	授奖机构	获奖时间（年）
南充丝二厂	职工教育先进单位	省人民委员会	1959
南充丝二厂	搞好职工生活、促进生产发展红旗厂	省人民委员会	1962
南充丝二厂	研制 CD78－1 自动循环热风烘茧机获奖励	中共四川省委 省革命委员会	1978
南充丝二厂	大庆式企业	省政府	1979
南充第二丝绸厂	研制 75－46－2 缫丝机获省政府科技进步二等奖	省政府	1985
南充第二丝绸厂	省级先进企业	省政府	1988
南充第二丝绸厂	省级先进企业	省政府	1990
六合集团	先进基层党组织	中共四川省委	2001
六合集团	四川老字号	省政府	2008
六合集团	六合商标被评为四川省著名商标	省政府	2009

【部级奖励】 1953 年～2010 年，六合集团先后 10 次获部级奖励。

获奖时企业名称	获奖称誉	授奖机构	获奖时间（年）
南充丝二厂	计划管理样板厂	西南蚕丝公司	1953
南充丝二厂	红旗厂	西南蚕丝公司	1954
南充丝二厂	自编自演《缫丝五姊妹》获全国职工文艺调演奖并拍成电影	文化部 全国总工会	1959
南充丝二厂	文化活动先进单位	文化部 全国总工会	1960
南充丝二厂	全国体育先进单位	国家体委	1966
南充第二丝绸厂	国家二级节能企业	纺织工业部	1987
南充第二丝绸厂	全国模范职工之家	全国总工会	1992
嘉丽华集团	全国工会系统文明图书馆	全国总工会	1996
六合集团	连续 5 年（2005～2009）中国工业行业排头兵企业	中国工业行业 排头兵组委会	2009
六合集团	全国纺织工业先进集体	人力资源和社会 保障部 中国纺织工业协会	2010

人 物

六合集团从其前身创办迄今已逾百年，经过几代人的艰辛劳作，民国时期曾被缫丝界同仁誉为“世界缫丝业大厂之最”，21 世纪初发展为具有百年历史的国有大二型丝绸生产企业。对民国时期做大企业的突出代表傅骏三、盛克勤等民族工商业者；解放后在企业担任领导后被提拔担任市（地、厅）级领导职务的职工；从职工（员工）中提拔担任副县级、县级领导职务的职工；获省、部级以上称誉的劳动模范（五一劳动奖章者）；当选为中共全国代表大会代表、全国人大代表、省人大代表；卓有专长的职工；获省、全国缫丝织绸能手（种子手）称誉的职工（员工）；被评为高级职称的职工（员工）采用人物传、人物简介、人物名录的方式载入志书，激励后辈传承前辈“团结、奋进、创新”精神，抓住机遇实现自我超越，续写辉煌。个别作为代表资方欺压工人的负面人物入志是为后辈提供历史镜鉴。

人物传

【傅骏三】（？～1916），西充县占山场（今占山乡）人。傅骏三出生时家境贫寒，少时到南充县城（今顺庆区）当学徒，继而经商，贩卖丝绸、棉纱，渐有积蓄，遂于县城小东街购房一幢，筹资开设“傅恒兴”商号，以讲信誉，善经营远近称道，以致人们只知道“傅恒兴”而忘其本名。

清朝末年，南充县城丝绸作坊兴起。光绪年间，傅骏三在小西街玉皇观内兴建缫丝车房，用木机缫制大车丝，后又发展成机房，常年招聘熟练工人缫摇经丝，用木机织花绸、湖绉。所生产的产品由“傅恒兴”商号推销，盈利颇厚。此后，傅骏三进一步扩大缫丝机房，又在南充县都京坝购置 60 亩田产，成为南充县城名噪一时的富商大贾，清政府特赐其花翎顶带和官服朝靴。

清末因兵祸，玉皇观机房被焚，傅骏三发展丝绸生产的愿望灾后尤其迫切，复于民国元年（1912）在都京坝购置的地产上，兴建厂房 6 幢计 12000 平方米，购置木制缫丝机、织绸机各 40 台，招收 150 名工人，从潼川（三台）请技工 4 名，创办兴隆丝厂。兴隆丝厂生产直缫丝、摇经丝、湖绉、花绸等产品，年产湖绉、花绸 1800 匹，外销丝 200 关担，年产值近 2 万银币。傅骏三除组织缫丝织绸生产外，每年还在南充、西充、射洪、潼川等地购买生丝 100 余担，加工成摇经丝，运往上海转销海外。傅骏三因其经营有方，生财有道，兴隆丝厂越办越火红，成为当时南充县城内第一家生产规模最大的近代缫丝厂。

傅骏三谙习地理，熟知水文，选择的兴隆丝厂厂址，虽地处平坝，紧傍嘉陵江边，迄今已100年，历经多次洪水，除1981年嘉陵江发生特大洪灾，淹及南充丝二厂位于嘉陵江边的锅炉水泵房外，厂房从未被淹。

傅骏三不信迷信，不崇鬼神，在南充县城小西街玉皇观兴建缫丝车房时，施工者不敢推倒观内神像，傅骏三亲自上阵，用大绳套在神像身上，一气拉倒观内所有神像，旁观者惊得目瞪口呆。

傅骏三发财不忘乡亲，倘有人求助他，必然应诺，或应作帮工，或金帛相助，当时南充一带流传一首民谣："西充红苕尽是筋，要吃白饭下顺庆，顺庆有个'傅骏三'，干饭都是黄桶蒸，有人保我进丝厂，一辈不忘十辈恩"。

傅骏三为发展丝绸生产积劳成疾，于民国5年（1916）病逝。

【盛克勤】（1882～1931），南充县（今顺庆区）人，清光绪八年（1882）农历12月生于南充县城南门坝，出生时家境贫寒，靠其父木刻挣钱养家糊口，幼年时失去父母，由祖母李氏抚育成人，赖其外曾祖父李仁山接济度日。

盛克勤自幼好学，成年后参加南充科举考试名列前茅，清末为禀膳生。盛克勤以优异的学习成绩同张澜、王行先、林茀从等人于清光绪三十三年（1907）被政府选派到日本留学，就读于东京高等蚕桑学校。在日留学期间，张澜、盛克勤交往密切，常在一起磋商救国救民之道，辛亥革命后学成回国。盛克勤支持张澜搞地方自治，曾任南充地方自治筹备处主任和南充县农会会长，时人称之为"张先生的智囊团"。

民国3年（1914），由其堂兄盛友恒出面筹集银元8000元，在张澜的倡导和资助下，在南充县城南门坝创办果山蚕业社，栽桑6万株，选育黄蚕种数百张售给农民饲养，又从浙江、江苏引进改良茧蚕种和大叶桑，举办蚕训班，吸收附近青壮年男女农民参加学习，传授孵种、栽桑养蚕新技术，用优良蚕种取代本地土种，在传授栽桑养蚕新技术的同时，购置脚踏缫丝车60部，开南充缫制扬返丝之先河。民国5年（1916），果山蚕业社遭受洪灾后，盛克勤继续在家养蚕制种，采用显微镜检验，蚕种品质优良，供不应求。为从根本上改变中国蚕丝业落后状况，他在重庆《商务时报》发表了《发展我国之蚕丝业》的文章，提出三边栽桑，嫁接良桑，改良蚕种，设厂缫丝等新颖独特的观点，得到国内同行的赞许，他的日本老师亦专此写信表示支持。

民国6年（1917），盛克勤约集王理臣、李锡中、聂森森、王行先、李书五、袁柱禹等人，集资白银5万两，租用南充县城学院街玄庙观创建六合丝厂，并将果山蚕业社灾后留下的设备、资产以及未走的技术人员并入六合丝厂，盛任厂长。每年开工前，盛克勤都要向工人讲授缫丝技术规程和质量要求，每月定期召集工人总结生产、产品质量情况，针对生产上存在的问题及时采取相应的措施进行解决，对产品质量实行奖惩制度，每年生产黄蚕丝二十箱左右（每箱净重1680两），运往上海由法国商人转销欧美各地。六合丝厂生产的"金鹿"牌生丝，质量一流，名列南充蚕丝界之首，每担丝价高出其他厂丝10块大洋，民国14年（1925）获国际金奖。

民国14年（1925），盛克勤与重庆"德合恒"商号老板胡露轩等商人合资，将厂迁至南充县都京坝，毗邻同德丝厂新建厂房，占地2.8万平方米，又用5万两白银从上海孔士洋行购回日本信川式座缫车440部、复摇车260部、千叶式煮茧机1部及火管式锅炉、发电机等设备。设备更新后年产生丝400公担，且质量又有提高。改用煮茧机煮茧，茧房内外渗透一致，解舒良好，生丝条份好，匀度高，色泽佳，14D、21D生丝畅销欧美市场。

民国19年（1930），盛克勤与重庆投资代表胡为尽再次赴日考察，归国后致力于改进六合丝厂，从工程筹划、机器选购到技术培训等都亲手操办。同时撰写出《日本蚕业视察概略》一书，共12章7万余字，系统介绍日本栽桑养蚕及缫丝设备、生产技术等方面的情况。并向南充县立初级实业学校师生作赴日考察专题报告，介绍日本蚕丝业发展状况，阐发借鉴彼帮之长，改进中国蚕丝业的设想，受到政府和社会各界广泛关注。《日本蚕丝业视察概略》一书，在四川丝业同仁中引起较大反响，对促进四川丝业界联组四川大华生丝公司，统一对外，产生了一定的作用。盛克勤辞世后，四川大华生丝公司上海办事处将此书加以校订，于民国22年（1933）6月，交上海美成印刷公司出版。重庆投资集团代表胡为尽为该书作序，称该书“于日本蚕丝业之新的知识，新的机械，叙之纂祥，而于蚕丝将来之趋势，阐述尤为精到”。“虽知著成于三年之前，而内容之充实，立论之精到，固无嫌于明日黄花也”。

民国20年（1931），六合丝厂、同德丝厂合并为同六丝厂后，共有缫丝车近1000部，工人1200人，其时为全国最大缫丝厂，用“金鹿鹤”牌商标，盛克勤精通技术，善于经营而被推举为厂长。农历7月9日，盛克勤因积劳中暑猝然辞世，享年49岁。张澜闻讯后，甚为痛惜，立即邮寄挽联志哀。挽联云：“谋事之忠，知人之明，自忖不如大雅，同气若兰，功错若石，相期无负生平”。盛克勤灵柩安葬后，张澜又新撰墓联。墓联云：“以学战始，以商战终，实业界丕展新猷，壮志未完酬，衰草夕阳竞千古，其来何从，其去何往，人世间原为逆旅，夜台应自得，明月清风共一家”。张澜的评价，反映了盛克勤的操行和业绩。

【常德源】（1864～1931），名建杰，字俊民，南充县人，清同治三年（1864）生。

常德源青年时期以经营小本生意为业，到清光绪二十八年（1902）已小有积蓄，遂于南充开设“德源复”商号，专营绸缎、布匹，仅7年就成富商，并于重庆设“源纪”商号，聘乔纪六为经理。至清宣统三年（1911），资产已达白银8000余两，职员增至20人。

民国元年，常德源任南充商会董事，借推行新政之机，扩大经营，与在重庆的英商怡和洋行挂钩，为其代销生丝。为在与其他丝商的竞争中占上风，常借统一规格，提高品质之名，特制几百部木制直缫机无偿交蚕农使用，并在县城平成门（南充丝三厂地址处）购置房屋，从养济院挑选100余名孤儿，在潼川等地雇请技工，开办平民缫丝习艺所，扩大商号影响。收购生丝时，出价也较丝市略高，缫丝户多乐于将丝卖给“德源复”商号，生丝收购量由几十担增至上千担。

民国4年（1915），常德源与何慎之、乔子瑜等合股于县城平城门创办吉庆丝厂，常任总办，乔纪六任厂长。缫丝车由原40部增至100余部，员工200多人，年产生丝100担左右。注册商标“醒狮牌”，意即东方睡狮已经醒来。因管理得法，所产丝捻绞较长、光头亮、韧性强，能与苏杭生丝产品媲美。是年，何慎之携南充吉庆丝厂、阆中泰丰丝厂、果山蚕业社缫制的蚕丝参加巴拿马万国博览会，获头等奖。次年，常赴杭州、上海、无锡等地参观考察，请回技师，安装锅炉，修建烟囱，促进了生产发展。民国8年（1919），国际市场生丝走俏，常即扩大厂房，改进设备，缫丝车增至近1000台，成为南充当时8家最大缫丝企业之一，常聚资产白银100万两以上，世人称之为“常百万”，成为名噪川北的大亨。

民国9年（1920），常德源、罗玉廷、韩德、杨成之等人，会同重庆“德合恒”老板胡露轩，合伙购买兴隆丝厂厂房及设备，更名“同德丝厂”，股东会推举常德源任厂长。

20世纪30年代，日本生丝在华倾销，生丝售价惨跌，常因生丝积压忧劳成疾，致全身水肿，常在病中叹道：“我之所以失败，不是人无才能，也不是设备不好，质量不高，根本原因是国家不强盛，关税不自主。《马关条约》开通商口岸，祸及子孙，实可愤慨！”民国20年（1931）5月在绝望中气愤而逝世，享年67岁。

【张　澜】（1872～1955）南充县（今西充县）人，早年留学日本，民国时期曾任嘉陵道尹、四川省省长。中华人民共和国成立后历任中央人民政府副主席、全国人大副委员长和全国政协副主席。民国初年，他联络盛克勤等人创办果山蚕业社，后又积极筹办六合丝厂。民国10年和民国20年，两次出任南充县立中学校长期间，极力主张培养蚕丝人才，先后倡办缫丝、织绸等专业班，并在校内建桑园、修蚕房、办丝厂等，供学生实习。在南充自治筹备工作中，以蚕丝业为中心，发展实业。于40余个乡场办了桑苗圃，供蚕农栽植；派技手下乡指导嫁接和养蚕技术；制作百余架新式缫丝车分送各乡供其仿造；组织代缫处和售丝协会，为蚕农缫丝、售丝服务。民国12年（1923）发表的《张澜论南充实业自治》认为，南充兴办教育和实业必须从蚕丝业入手，“养蚕缫丝的劳力，费时不多，所获利益比较别项物产独厚”，南充“只有蚕丝业可望发达”。在他这一思想指导下，后来5年间，出现了南充民国期间蚕丝业鼎盛时期。民国13年（1924），张委任伍伯阶为南充县中蚕丝班主任，同平民工厂共投资银元6000元，从上海中华织物机器厂购铁织机24台，踏花机1台，创办南充最早的铁机织绸厂。民国25年（1936），力争蚕丝改良场设于南充，并为改良场“原蚕室”题写门牌。民国27年（1938）起，担任四川丝业公司历届董事会董事。20世纪50年代初，先后赠送《四川蚕业改进史》和《毛泽东选集第一卷》给南充蚕桑学校，勉励师生发扬光荣传统，为发展南充及四川蚕丝业作贡献。经过半个多世纪几代人的努力，他所预言的“南充全境无地不见桑，无户不养蚕，制丝的精良在中国，最低限也当与杭产比，南充俨然成为蚕丝业著名产区”已变成了现实。

【奚致和】（1885～1955），蓬溪县人，清末监生。民国3年（1914），投资与张澜、盛克勤等人创办果山蚕业社。民国6年（1917），与张澜、盛克勤创办六合丝厂。民国10年（1921），任南充县商会会长。民国13年（1924），与张澜等集资创办南充第一家铁机织绸厂——嘉陵绸厂任董事长，辞去南充县商会会长职务。民国18年（1929），再任南充县商会会长，均致力于扶持发展南充蚕丝绸生产。民国22年（1933），四川善后督办总署为图川丝振兴，在重庆设立川丝整理委员会，设委员7人，南充缫丝业代表奚致和被推为委员。民国25年（1936），十一区行政督察区（民国24年〈1935〉川政统一，省政府将四川划为十八个行政督察区，南充为十一行政督察区，署治设在南充县城）专员兼南充县县长刘光烈贪赃枉法，鱼肉民众，激起老百姓和教师的强烈不满，与张澜等支持民众发起“驱刘”运动，迫使其下台。是年，与张澜、鲜英为争取省蚕丝改良场建在南充多方做工作，奚致和亲赴重庆，迎接场长尹良莹，后为建场筹集大洋10000多元，协助解决场址和桑园土地，并与鲜英为蚕室分题“富国”、“利民”四字。砌刻于蚕室门楣。民国28年（1939）4月，省政府在重庆成立四川省土茧土丝管理委员会，并在南充、西充、阆中等地设立区办事处，奚致和任南充区办事处主任，负责土茧土丝的收购工作。是年，兼任张澜创办的建华中学副董事长。民国34年（1945），抗日战争胜利后，奚致和响应张澜的号召，参加呼吁和平、反对内战的民主运动，还将在家乡的田产变卖，资助民盟开展活动。

1950年2月，任川北行署委员、财委委员、商业厅厅长、川北政协委员、川北工商联终委员会主任。9月1日，中共中央和中央人民政府决定撤销川东、川南、川西、川北四个行政区，恢复四川省建制后，奚致和任四川省人民委员会委员、省商业厅厅长。1955年去世，享年70岁。

【胡叔怡】（1892~1961）南充县（今顺庆区）人，清光绪八年（1892）农历11月生。别名胡祉吉，其父胡锡泉，早年开天福店，经营红花，后因进口染料增多，家道衰微。胡叔怡17岁时去重庆“德昌永”匹纱号当学徒，3年师满后转在重庆堂叔胡露轩“德合恒”匹纱号当职员。

民国初年，“德合恒”在川北一带收购土丝远销上海，由胡叔怡负责与南充业务联系，民国7年（1918），“德合恒”投资同德、六合丝厂，胡露轩派遣胡叔怡回南充参加同德丝厂、六合丝厂收购蚕茧。民国15年（1926）10月29日，南充县城大东街胡氏住宅天福堂遭受火灾后，胡锡泉住进都京坝同德丝厂，监督修建厂房和安装设备，胡叔怡同罗玉建赴上海购回7.5吨斯梯林链条式锅炉和电机等设备，并聘请日本技师到厂安装设备，锅炉安装完毕后用蒸汽发110伏的直流电照明，厂附近几十里的农民都采用电灯照明，戏称六合、同德丝厂为“锅炉厂”。

民国17年（1928），胡锡泉出任同德丝厂厂长，胡叔怡任监督。次年，胡叔怡接替父职，出任同德丝厂厂长，是时，同德丝厂有铁制缫丝机498部，系同德丝厂全盛时期。

民国20年（1931），当南充丝绸正盛极时，却因世界经济危机，日本丝绸在华倾销和“九一八”事变等原因，同德、六合两厂被迫按成本价的1/7抛售，亏损甚巨，重庆“德合恒”亦因之搁浅。胡露轩、胡锡泉忧愤成疾，于民国20年至22年（1931~1933）先后辞世。为渡过难关，同德、六合两厂合并为同六丝厂，推举盛克勤任厂长。是年农历7月9日，盛克勤因积劳中暑热猝然辞世后由胡叔怡接任厂长。因丝价一跌再跌，同六丝厂终未挽回亏损，年底歇业。

民国22年（1933），川丝整理委员会接管在川丝厂，在重庆联组成四川大华公司，推荐胡叔怡再任同六丝厂厂长，胡露轩之子胡天龄经营“德合恒”，以支持同六丝厂。民国25年（1936），四川大华公司亏损达法币80万元，所属丝厂资产抵押于四川善后督办总署。次年6月，同六丝厂归并四川丝业公司，更名为四川丝业公司第二制丝厂，胡叔怡仍任厂长。由于官僚资本逐渐浸入四川丝业公司，股权之争激烈，新股吃旧股，官股吃私股，胡叔怡受到排斥，于民国29年（1940）被迫退出四川丝业公司，赋闲在家。

南充解放后胡叔怡曾任南充市政协委员，川北土产公司职员，1961年12月辞世，享年69岁。

【任俊民】清光绪二十九年（1903）生，南充县新庙乡（今嘉陵区新庙乡）人。民国2年（1913）在果山蚕业社当学徒，4年学徒期满后留社任学徒管工。民国8年（1919）到六合丝厂，历任六合丝厂、同六丝厂、四川丝业公司第二制丝厂管工、总管工、工务股长等职，并任国民党四川丝业公司第二制丝厂区分部委员，励德社都京分社社长等职。在厂30多年，镇压工潮、虐待工人、奸污妇女、残害幼童，与四川丝业公司第一制丝厂（重庆丝一厂）的张子良，第四制丝厂的杨信珍一同被称为四川丝业公司的“三大怪物”。

任俊民欺压工人的手段十分毒辣，常以丝口未做够、纤度不合格或违反厂规之由，动辄殴打工人、扯耳朵、打屁股、捆绑、吊打、拳足相加，遭受过他殴打的工人达120人之多，受重伤的有贾培文、李正华等20多人，更有被他毒打致死的。任俊民为讨好厂主，常在吃饭时不敲钟延长工作时间。一次，工人谭顺良出于义愤敲打了吃饭钟，任发现后夺过钟棒，把谭打得遍体鳞伤，病卧3月。工人王次华因病卧寝室无法上班，任去房中用竹板抽打，并说：“我要打你个吃得做不得”，王次华被迫抱病离厂。

民国21年（1932），工人要求缩短工时、增加工资、举行罢工，任先后充当镇压工潮的打手，布置各管工报参加罢工工人的名单，由其提名将蒲大太、陈志容等5人逮捕，酷刑拷打，有的还背了“火背篼”。民国25年（1936），工人任直廷因发的衣裤不合身同工头彭绍顺争执，任责令厂警毒打任直廷将其开除出厂。

任为了遏制工人运动，采取了许多卑鄙的手段。民国27年（1938），任一方面安排其心腹张海清、曾长敏打入南充丝业工会，在内部从事破坏；另一方面又操纵一批亲信成立“白茧工会”，采取利诱胁迫手段分裂工人队伍；同时对佩戴南充丝业工会证章的工人一律开除。

民国28年（1939），50多名工人在大坟堡开会，任派4人前去捣乱，遭到工人痛打。之后，任俊民勾结南充县公安局逮捕了李炳然、党才富等6名工人。工人王成，因工潮中很积极，任疑其是共产党员，勾结自卫队长邓甫成将其打死沉于嘉陵江中。一次，任在小院主持开会，偶遇工人陈正品过路时好奇地从门缝中望了一眼，被任发现，诬其走漏了风声，当场将陈打死悬挂房梁上，扬言“陈正品是自缢”，以混淆视听。民国34年（1945），任在厂建立袍哥组织—励德社都京坝分社，自任社长。厂内各部门都有他的下属小团体，其小头目多为任的亲信和心腹，是任虐待压迫工人的工具。民国36年（1947），因通货膨胀，工人议论工资不够生活，任则将罗青林、王海清、何伯洲等10人捆押逐个吊问，并将王毒打后以异常罪开除出厂。任还常利用总管的职权和封建势力，强奸女工、鸡奸童工、作恶多端。南充解放后仍坚持反动立场，破坏对资本主义工商业的改造、奸污妇女。在民主改革运动中，南充丝二厂职工每提到任的罪行，都讲得声泪俱下，听者泣不成声，无不切齿痛恨。1956年，被南充市人民法院判处有限徒刑5年，卒年不详。

【李科进】(1909～1969)，别名李柯，四川省巴县凤凰乡人，生于清宣统元年(1909)。民国25年至26年(1936—1937)，李进科就读于江苏省蚕丝专科学校，读书期间被全国蚕丝改良委员会派往日本考察蚕丝业。毕业后先后任四川丝业公司技师，四川蚕业推广委员会南充推广区办事处主任，南充高级蚕丝科职业学校丝科主任，重庆丝一厂工务主任、副厂长，四川丝业公司第三制丝厂（南充丝三厂）工务主任、副厂长。

民国35年（1946），李科进任四川丝业公司第二制丝厂（南充丝二厂）厂长后，提出了"质量第一，缫折第二，出缫量第三"的缫丝方针，对提高生丝质量起到了较大的推动作用；在协调劳资关系上，采取派遣工人代表作劳资调解和适当提高工人工资等措施。6月下旬，四川省政府主席王陵基陪美国纽约州州长胡朴民等人到厂参观，李科进借机宣传南充丝二厂工人的技术水平和生丝质量等方面的优势，扩大了南充丝二厂在外界的影响，是年，川北蚕茧歉收，大部分丝厂停工，四川丝业公司却给了南充丝二厂保半年时间生产的原料。1949年12月初，南充临近解放前夕，在中共中央政策的感召及中共南充地下组织的劝告下，作出了保护南充丝二厂、迎接解放的抉择。李科进组织工人以废锅炉、废铁等物设置路障，阻止国民党溃军的破坏，并积极协助南充军事管制委员接管南充丝二厂，迅速开工恢复缫丝生产。1950年2月，继任厂长，协助监理员制定了一系列生产技术管理制度和措施，对发展生产起到了促进作用。1954年初，李科进调纺织工业部基建设计院任工程师。1961年调遂宁丝厂主持技术室工作。李科进设计的遂宁丝厂，打破传统"封闭式"型号，设计为"一字型"的排列型号，布局合理，结构严谨，美观大方，使用价值高，颇受同行专家好评。之后修建的乐山、盐亭、绵阳丝厂都借鉴这种类型设计修建。

李科进对工作一贯勤勤恳恳，兢兢业业，乐意听取工人意见，在设计南充丝二厂新厂房、遂宁丝厂的厂房时，每张设计图纸完稿后，他都广泛征求厂级领导、工程技术人员、工人的意见，再度进行修改完善后才施工修建。李科进在工作上坚持原则，按章办事，他提出的一些设计方案，自认为是正确的则要坚持，不随意修改，其他人如能提出他的方案确有不足之处，他会认真思考加以改进，1969年，患脑溢血辞世，享年60岁。

【李雪峰】(1925～1979)，山东省新泰县人。民国30年（1941）10月参加革命。民国31年（1942）加入中国共产党，先后任泉林区和石放区整支工作员、放城区委组织干事、新泰县委组织部工作员、组织干事、石放区委代理书记、淮海战役民工团营教导员、华东支前工作队分队副队长。1951年9月，先后任中共江津地委组织部干事、江津地委机关总支副书记、书记。1953年至1957年12月，任中共南充丝二厂委员会书记、厂长。1957年12月至1959年6月，任中共南充丝四厂（阆中丝厂）厂长。1959年7月至1962年6月，先后任中共南充地委工业部副部长，南充专区轻工业局局长。1962年7月至1966年1月，先后任中共南充地委工业部副部长、南充专区财经委第一副主任、南充专区生产委员会副主任。1966年2月，任中共南充地委常委、中共南充地委组织部部长。1973年1月，任中共南充地委工交部部长。1978年5月，任南充地区行署副专员。1979年病逝，享年54岁。

【马先根】（1912～1981），长寿县双龙镇人。民国元年（1912）8月，出生于四川省长寿县双龙镇马鞍山村。

民国15年（1926），在川东中学读书时，参加重庆莲花池国民党左派。次年3月31日参加重庆打枪坝市民集会，抗议英帝国主义炮轰南京，遭军警镇压，身负刀、枪伤各1处。为逃避军警搜捕，被迫辍学返家。民国17年（1928）考入重庆警士学校，民国19年（1930）选送北平警官学校。“9·18”事变后，置身于抗日救亡运动中，被选为警校抗日救亡后援会交际宣传股主任和北平学生抗日救国联合会执委。在包围顺承王府的请愿中，作为学联代表向张学良递交请愿书，敦请出兵抗日。在前门车站卧轨示威时，总指挥被绑架，马代理总指挥，率队继续南下请愿；为支援抗日前线，不顾日机轰炸，把筹集的衣物药品等送往天津、张家口慰劳抗日将士。他的抗日救国行为引起校方不满，曾将其开除，后经多方交涉得以恢复学籍。

民国22年（1933）夏，日军进犯华北，马辍学返渝后步入政治生涯。初任重庆市公安局参议，后任成渝两地警察局分局长、川北航务管理处主任等职。民国30年至34年（1941～1945）任蒙藏委员会驻藏办事处科长。10多年的官场生涯，深感政治腐败，仕途险恶，决心改弦易辙，走“实业救国”的道路。遂应孙文鸣之邀，于民国34年（1945）3月赴印度加尔各答办事处办理川丝交易事务。是年冬，又应僚友范崇实（范时任四川丝业公司总经理）函约返渝，先后任四川丝业公司总务科长兼北培蚕种场场长、南充区办事处经理、重庆进出口贸易会总干事等职。

1950年，留任南充办事处经理职务，并担任南充市工商业调整委员会委员、川北丝绸指导委员会委员、川北蚕茧收购委员会副主任委员等职。积极协助南充军管会接管四川丝业公司在川北的蚕丝企业，组织恢复生产。1950年3月～4月，在川北行署及四川丝业公司业务会议上，分别提出人均栽桑1株和提高茧价的建议。四川丝业公司依据其建议，制订了“五等九级”蚕茧收购计价标准，一直沿用到1964年。1953年。抗战内迁到乐山的美亚绸厂拟迁回华东，马建议迁建南充。后经纺织工业部同意，美亚绸厂同重庆华源绸厂一并迁建南充绸厂。1954年，省分配南充专区育桑苗3000亩。他即赴西充、南部、阆中、苍溪等县，组织实施，育苗1万余亩，超额任务3倍多。次年3月，他出任南充专区蚕丝办事处主任，阆中、南部等4县春季缺叶，蚕农倒蚕，他一面深入实地调查，一面组织力量到武胜、合川、铜梁等地收购桑叶，调集20余辆卡车日夜赶运，保证了当年蚕茧丰收。

1957年2月，南充专区蚕丝办事处撤销，马先根调任南充丝二厂副厂长，分管蚕茧原料工作。他经常深入生产第一线，与技术人员一道，从上簇、采茧到蚕茧堆晾等环节逐一研究提高蚕茧质量措施。他蹲点西充茧站时总结的《烘茧十大技术要点》，在1960年全国蚕茧收烘工作会上作为经验推广。1962年，省轻工业厅托其主持编写的《茧站工作手册》，不仅对茧站管理、评茧、烘茧、财务、烘灶改革等项业务、技术作了系统论述和具体规定，并明确提出“先有生产、后有收购”的指导思想，规定茧站人员必须“一手抓收烘，一手抓生产”，得到省轻工业厅的认可。在以后10多年中，各茧站配合蚕桑部门抓生产，对全省的蚕桑发展起了促进作用。1965年，马先根到蓬安县会龙公社蹲点搞蚕桑，协助该社制订和实施育苗计划，抽调茧站职工到社指导育苗、栽桑、养蚕技术，新建茧站和培训收烘人员，资助开展蚕桑科技试验和推广工作。经过几年艰苦奋战，1979年，蓬安县会龙公社年产蚕茧渝1万吨，跃居四川第一，成为全国蚕茧生产先进典型。中央人民广播电站连续3天广播该公社发展蚕茧生产的做法，受到国务院的嘉奖。“文化大革命”中，马先根被扣上“唯蚕桑论”等帽子受到冲击，但他并未动摇抓蚕桑促收烘的决心。1967年茧期，南充武斗正烈，他不顾别人劝说，执意去蓬安县与茧站职工一道收茧烘茧。

1978年，马先根上书地委、行署，建议对全区蚕桑生产作重新估价，并提出发展蚕桑生产的具体措施。次年，地委、行署作出了《关于大力发展蚕桑生产的决定》，使南充蚕桑生产开始了新的飞跃。是年，他作为全国丝绸企业的唯一代表应邀出席中国蚕学会第四届年会，并作了很有见地的发言。1980年4月上旬体检，发现他患肝硬化，医嘱休假半月。他不顾厂领导的劝阻，以“养蚕季节性强“为借口，执意参加蚕桑会议，到各县检查蚕桑生产，为出庄人员上技术课。7月，病情加重，厂里强行送他到内江的女儿处异地疗养。在上手术台时，他对前去看望他的地区丝绸公司领导说：“治好病后，我还要为党好好工作”。临辞世前几天，写成了《今后南充蚕丝业发展的设想》。其间，1957年—1981年，马先根先后任民革南充市委主任委员，民革四川省委候补委员，被评为“四川省建设万担茧区、千担茧公社先进个人”和‘“四川省大力发展蚕桑建设丝绸基地先进个人”。1981年病逝，享年79岁。

【张久文】（1921～2011），南部县人。民国22年（1933）8月参加中国工农红军红四方面军，历任战士、班长。民国32年（1943）任陕甘宁边区政府物资局土产公司保管员。民国34年（1945）5月加入中国共产党。民国36年（1947）8月至1949年12月，任陕南行署两郧地区上关县上津区副区长、区委委员。1949年12月至1952年10月，任西南贸易部合作组组长、贸易公司经理、川东工商厅秘书科副科长。1952年10月至1960年1月，先后任西南纺织管理局工程科副科长、南充丝三厂副厂长、南充丝二厂副厂长（主持工作）、中共南充丝二厂委员会书记。1960年2月至1964年8月，任中共南充市委书记、中共南充市委第一书记。1964年8月至1967年2月，任中共南充地委统战部部长，其间，1966年2月至1967年2月，任中共南充地委委员。1971年1月至1973年1月，任襄渝铁路西段会战南充民兵师副师长、中共南充民兵师党委委员。1973年1月，任南充地革委群众部部长。1974年4月，任中共南充地委统战部部长。1976年7月至1983年7月，任中共南充地委常委，其间，1978年5月至1983年，任南充地区行署常务副专员。2011年病逝，享年90岁。

人物简介

【邓耀勤】民国17年（1928）9月生，南充县（今嘉陵区）人。1950年2月参加工作，1951年加入中国共产党，任南充丝二厂工会主席。1951年8月至1952年9月，任川北区总工会生产部长。1952 年 9 月至 1956 年 6 月，任中共南充市委委员、常委、南充市总工会主席。1956 年 7 月至 1959 年 11 月，任中共南充市委工交部部长。1959 年 11 月至 1963 年 5 月，任中共南充市委代理第一书记、书记、副书记。1964 年 10 月至 1967 年 2 月，任中共南充地委财贸政治部副主任、四川省手工业联社南充专区办事处主任、南充专区经委主任、中共南充地委常委、南充专署副专员。1971 年 7 月至 1975 年 5 月，任中共岳池县委书记、县革委副主任、主任。1975 年 9 月至 1983 年 7 月，任南充地区工交党组副书记、工交部部长兼党组书记、南充地区经委主任、中共南充地委常委、南充地区行署副专员。1983 年 12 月至 1987 年 12 月，任地委视察室巡视员。

【吴　栋】民国 21 年（1932）7 月生，江苏省武进市前黄镇人。1951 年 7 月在武进市前黄中学高中毕业后考入江苏省苏州市苏南蚕丝专科学校（后更名为苏州丝绸工学院，现并入苏州大学）。1953 年 9 月毕业后分配到西南蚕丝公司工作。至 1957 年 5 月，先后任西南蚕丝公司计划员、技术科副科长。是年 6 月，调南充丝二厂工作。至 1983 年，先后任南充丝二厂技术室副主任、主任、副厂长、厂长兼总工程师。其间，1977 年加入中国共产党，被选为四川省第五届人大代表。1979 年，被选为南充地区科协副主席。1983 年，被选为四川省第六届人大代表。是年，调省丝绸公司任生产部主任，主管全省丝绸工业的生产技术、产品质量、新产品开发、设备技术改造以及能源、环保等工作。吴栋主持研究的《真丝绸服装砂洗工艺技术》等 4 个科研项目，分别获得国家星火项目 2 等奖和四川省科技进步 3 等奖。1988 年，被省科协评为省科协系统先进工作者。1990 年，被省经委评为省优秀质量管理工作者，并任四川省纺织工程学会丝绸分会会长。1993 年退休。

【罗　箭】民国 27 年（1938）4 月生于延安，祖籍南充县舞凤乡（今顺庆区舞凤镇），少时在延安保育院和抗日军政干部子弟小学学习、生活。民国 34 年（1945）随父母到晋察冀解放区，上“荣臻小学”，后随该校转战阜平县城南庄、平山县西柏坡。民国 38 年（1949）1 月解放军进入北京城后荣臻小学改称“八一小学”。1952 年从“八一小学”毕业，考入北京 101 中学。1958 年考入中国科技大学原子能系，1961 年 2 月转入哈尔滨军事工程学院核物理系，12 月加入中国共产党。1963 年 8 月毕业并分配到国防科工委某核试验基地研究所第五研究室任技术员，授中尉军衔。参加了中国第一、第二次核试验，两次荣立三等功。1970 年受父亲罗瑞卿蒙冤问题牵连，被按战士复原处理回老家南充市，在南充丝二厂立缫车间煮茧部当工人。1975 年，其父罗瑞卿平反昭雪出任军委顾问，落实政策后罗箭重新回到新疆某基地研究所。1978 年，调入北京国防科工委，先后在司令部、科技部、政治部工作，历任副科长、副处长、副局长。1986 年，任国防科工委组织部长。1990 年，任国防科工委工程设计总院政委。1993 年，任国防科工委后勤部副政委。1994 年，授少将军衔。1996 年退休。

【龙玉萍】女，民国 27 年（1938）农历 5 月生，南充县（今顺庆区）人，小学文化。1952 年，父母病故，妹妹只有 9 岁，弟弟不到 2 岁。为了抚养妹妹、弟弟，是年 10 月停学进南充丝二厂当缫丝工。进厂后，龙玉萍一方面刻苦学习缫丝技术，一方面坚持学习文化，试写歌颂中国共产党、歌颂生产劳动、歌颂新人新事的诗歌。1956 年，在南充专区第二次扫除文盲运动中，担任厂的业余语文教师。1957 年—1958 年，连续 2 年被评为厂级甲等劳动模范；1958 年 12 月 9 日，被南充市人民政府（今顺庆区人民政府）命名为工人诗人。1959 年 1 月，出席四川省文化积极分子代表大会，当选为四川省民间文学理事会理事；《四川日报》、《四川青年报》、《星星诗刊》特邀为通讯员。1960 年 3 月，出席四川省第四次建设社会主义青年积极分子代表大会；4 月，赴黑龙江省哈尔滨出席全国学习马列主义毛泽东思想现场会；5 月 4 日，国家主席刘少奇在成都接见了龙玉萍，刘少奇握着龙玉萍的手叮嘱她说："人年青，需要的知识很多，今后还要加倍努力学习。" 1961 年，应南充师范学院（今西华师范大学）中文系之邀，到系作了《我是怎样以革命现实主义和革命浪漫主义相结合进行诗歌创作》的报告。是年，8 月 11 日加入中国共产党；同日提升为干部，安排在厂工资科分管安全生产和女工保护工作。1963 年，调整工资时厂党委因她工作出色决定给其调升 2 级工资，龙玉萍找到厂党委书记说："国民经济刚好转，国家就给我们调升工资，我坚决请求厂党委只给我调升 1 级工资"，厂党委接受了龙玉萍的请求。1964 年，龙玉萍借调到中共南充地委社会主义教育运动（四清）工作团，到南充市火花公社参加社会主义教育运动。1965 年回厂工作。1984 年 4 月，借调到南充地区茧丝绸公司参加编纂《南充蚕丝志》。1985 年因病退休。龙玉萍退休后坚持创作歌颂祖国大好何山，改革开放后的巨大变化，晚年幸福生活的诗歌。2011 年，龙玉萍将其创作的 300 余首诗歌进行整理，以《红花》书名正式出版。是年 11 月 30 日被中国作家创作协会吸收为会员。

【王　碧】女，民国 28 年（1939）5 月生，南充县（今顺庆区）人。1952 年 11 月，招入南充丝二厂当缫丝工。1954 年，加入中国共产主义青年团。1960 年，加入中国共产党。1963 年，参加全省、全国缫丝操作比赛，分别获全省、全国缫丝操作能手称号。1965 年，被命名为全国（65）缫丝操作种子手。1973 年，再次被命名为全国（73）缫丝操作种子手。是年，当选为中国共产党第十次全国代表大会代表，任中共南充丝二厂委员会副书记、副厂长。1979 年，任省纺织局（1983 年更名为省纺织厅）副局长，1981 年至 1984 年就读于成都纺织工业学校，毕业后调任省丝绸公司副经理。1999 年 5 月退休。

【邓元建】民国 29 年（1940）11 月生，营山县人。高级工程师，中共党员。1962 年成都纺织工业专科学校毕业后分配至南充丝二厂，先后在厂技术室、机动车间、科技科从事设计制图、机械加工、制丝工艺、技术改造等工作，并担任南充丝二厂技工学校兼职教师。至 1984 年，先后担任厂科技科科长、厂科协副主任、副总工程师，被聘为南充地区科技顾问团工业组组长。在南充丝二厂工作期间，主持并参加完成了 10 个科研项目和技术改造项目，其中"SB522 型复摇机"项目，被纺织工业部选定为标准机型之一，并编入《制丝手册》；"SS－B 可调式筛茧机"项目，被中国丝绸工业总公司选定为全国"八五"制丝新技术推广项目；苏木染料染真丝绸获四川省科技进步三等奖。研制的"无级可调式筛茧机"获国家专利，两用旱冰鞋、可报警加密弹子锁等 4 个项目获国家专利局非职务专利。1985 年，调四川省丝绸工业研究所工作，先后任副所长、副总工程师、总工程师、省蚕丝学会副理事长，被聘为四川省科技顾问团2届、3届顾问，承担的科研项目，获四川省科技进步二等、三等奖各1项。2000年退休。

【林耿耿】女，民国35年（1946）生，黑龙江省人。1970年毕业于北京国际关系学院，毕业后至1973年在河北省黄骅县农村劳动锻炼，后调黄骅县中学任教。1973年夏调南充丝二厂子弟校任教。1975年底调北京四机部第十研究院情报室任法文翻译。1979年调外交部工作。1991年～1999年借调新华社香港分社，任人事室副主任。1999年～2004年任外交部国外工作部参赞。2004年退休。

【王敬东】民国37年（1948）农历6月出生，南充县（今顺庆区）人，中共党员，全国五一劳动奖章获得者。1964年9月至1967年8月就读于南充高中。1967年9月至1969年10月“文化大革命”期间停学在家。1969年10月至1970年12月，在南充县吉安公社当知识青年。1970年12月至1977年12月，在南充丝二厂工作，先后任车间团支部书记，厂团委副书记。1978年2月至1982年2月，就读于四川大学哲学系。1982年2月至1988年12月，在南充第二丝绸厂工作，先后任厂宣传科副科长，前缫车间党支部书记、副厂长、厂党委书记。1988年12月至1994年4月，任省总工会南充地区办事处主任、党组书记。1994年4月至1995年5月，任南充市总工会主席、党组书记。1995年5月至2004年5月，任南充市总工会常务副主席、党组书记。其间，任中共南充市第一届委员会候补委员、中共南充市第二届委员会委员；政协南充市第二届、第三届委员会常委；政协四川省第六届、七届、八届、九届委员会委员；当选为中国工会第十二、十三、十四次全国代表大会代表。2004年5月至2008年5月，任政协南充市第三届委员会常委、提案委员会主任。2009年7月退休。

【谢桂芳】女，1953年9月生，南充县（今嘉陵江区）人。1972年7月毕业于李渡中学，是年7月至1974年10月在李渡丝厂当工人。1974年10月至1976年7月就读于南充丝二厂技工学校，毕业后分配到南充丝二厂当缫丝工。1982年获四川省缫丝操作能手和全国缫丝种子手称号。1983年，当选为第六届全国人民代表大会代表。1984年加入中国共产党。1999年退休。

【陈明琼】女，1954年1月生，广安县（今广安区）人，高中学历，中共党员。1971年被招入南充丝二厂当缫丝工。1982年6月，参加南充地区和省纺织局缫丝操作比赛，获地区、省纺织局缫丝操作能手称号。10月，参加中国丝绸工业总公司在江苏召开的全国缫丝操作经验交流会，获除纇捻添第1名和全国缫丝能手称号。1984年获四川省缫丝能手和省劳动模范称号。1987年，当选为省第七届人民代表大会代表。1992年，当选为第八届全国人民代表大会代表。1997年，当选为四川省第九届人民代表大会代表。1999年12月退休。

【冯　斌】1956年4月出生，南充市（今顺庆区）人。1974年9月至1978年4月，在南充县溪头公社当知识青年。1978年4月至1980年1月，就读于四川省水利经济管理学校水利工程专业。1980 年 1 月至 1984 年 8 月，任共青团四川省水利经济管理学校委员会副书记。1984 年 8 月至 1988 年 10 月，在中共南充地委党校经济管理专业大专班脱产学习。1988 年 10 月至 1994 年 1 月，任共青团南充地直机关委员会专职副书记，其间，1986 年 9 月至 1988 年 10 月，任中共南充地（市）委政研室科长，1990 年 3 月至 1991 年 4 月，下派任中共营山县小桥区委员会副书记。1989 年 9 月至 1992 年 7 月，在中央党校函授党政管理专业本科班学习。1994 年 1 月至 1998 年 12 月，任南充市经贸委副主任、党组成员兼任南充嘉丽华丝绸集团工作组组长，副总经理。其间，1996 年 3 月至 1997 年 8 月在四川省社科院工业经济与企业管理专业研究生班学习；1997 年 4 月下派任南充绢纺集团总经理。1998 年 12 月至 2001 年 8 月至 2004 年任南充市经贸委主任、党组（党委）书记；其间 2000 年 9 月至 2003 年 7 月，在中共四川省委党校经济管理专业研究生班学习，2001 年 5 月至 2002 年 9 月，上挂任国家经贸委综合司调研员；2004 年 12 月至 2006 年 5 月，任中共南部县委书记。2005 年 1 月，任南部县人大常委员主任；2006 年 5 月至 2009 年 3 月，当选为南充市人民政府副市长，任市政府党组成员，2008 年 5 月兼任四川省南充经济开发区文峰石化园区管委会主任。2009 年 2 月至 2009 年 4 月，任中共南充市委常委、市国资委党委书记、四川省南充经济开发区文峰石化园区管委会主任。2009 年 ~2011 年，任中共南充市委常委、市国资委党委书记、中共四川省第八次代表大会代表。

【胡光明】 1960 年 3 月生，苍溪县人。1978 年 4 月至 1980 年 4 月就读于四川省蚕丝学校，毕业后留校任教，任校教工团支部书记。1984 年 4 月至 1990 年 4 月，任南充地区行署办公室科员、副科长，其间，1985 年 9 月至 1988 年 8 月，在四川省干部函授学院党政专业专科班学习。1990 年 4 月至 1996 年 11 月，任南充地区（市）茧丝绸公司副经理。1996 年 11 月至 1998 年 10 月，任南充市茧丝绸公司副经理、嘉丽华集团总经理。1998 年 7 月至 2002 年 8 月，任南充市茧丝绸公司副经理，六合集团董事长、总经理，其间，1999 年 10 月至 2001 年 7 月，在中国人民大学工商管理硕士课程研修班结业。2002 年至 2005 年 6 月，任南充市人民政府副秘书长、六合集团董事长、总经理，其间，2002 年 4 月至 2004 年 12 月，在中共四川省委党校函授经济管理专业本科学习；2005 年 6 月至 2006 年 6 月，任南充市经委、南充市乡镇企业管理局（中小企业管理局）主任（局长）、党委书记兼任南充市工业经济联合会会长。2006 年 6 月至 2009 年 3 月，任中共南部县委书记。2006 年 7 月至 2009 年 3 月，任南部县人大常委会主任。2009 年 3 月至 2009 年 6 月，任南充市人民政府副市长、中共南部县委书记、南部县人大常委会主任。2009 年 4 月，任南充市人民政府党组成员、四川南充经济开发区（南充市化学工业园区）党委书记。2009 年 6 ~ 2011 年，任南充市人民政府副市长、党组成员、四川南充经济开发区（南充市化学工业园区）党委书记，中共四川省第九次代表大会代表，省十届人民代表大会代表，其间，2011 年 10 月，在中共南充市第五次代表大会上当选为中共南充市委常委。

【王秋华】 女，1963 年 8 月生，南充市（今顺庆区）人，初中学历。1980 年 10 月被招入南充丝二厂当扦经工。2000 年 5 月，获全国纺织工业部劳动模范。2001 年 4 月，获全国“五一”劳动奖章。2011 年，在六合集团织绸一分厂当扦经工。

【罗家玉】女，1964 年 11 月生，南充市（今顺庆区）人，初中学历，中共党员。1981 年 5 月被招入南充丝二厂当缫丝工。1986 年单项操作除颣捻添打破全国纪录。1988 年~1990 年，两次获四川省缫丝操作能手称号。1991 年获省缫丝技术操作优胜者称号。1992 年获省与全国缫丝操作能手称号并被评为“新长征突击手”。1994 年获纺织工业部劳动模范称号。1995 年获全国劳动模范称号。2001 年 6 月因企业改制下岗进入成都铁路局成都客运段后整备车间后勤部工作。

人物名录

六合集团干部职工（员工）荣获全国劳动模范名录

姓　名	性　别	荣誉称号	获誉时间（年）
赵柏林	男	全国劳模	1952
谢增玉	女	全国劳模	1956
罗家玉	女	全国劳模	1995

六合集团干部职工（员工）荣获全国五一劳动奖章者名录

姓　名	性　别	荣誉称号	获誉时间（年）
王秋华	女	“五一”劳动奖章	2001
王敬东	男	“五一”劳动奖章	2002

六合集团职工当选为中共全国代表大会代表名录

姓　名	性　别	届　别	时间（年）
王　碧	女	十届	1973

六合集团职工当选为全国人民代表大会代表名录

姓　名	性　别	届　别	时　间（年）
谢桂芳	女	六届	1983
陈明琼	女	八届	1993

六合集团职工当选为省人民代表大会代表名录

姓　名	性　别	届　别	时　间（年）
吴　栋	男	五届	1977
吴　栋	男	六届	1983
陈明琼	女	七届	1987
陈明琼	女	九届	1997

先在六合集团工作（1966 年～2011 年）后被提拔担任市（地）厅级领导职务的干部名录

姓　名	性　别	职务称谓
李雪峰	男	中共南充地委常委、南充地区行政公署副专员
张久文	男	中共南充地委常委、南充地区行政公署常务专员
邓耀勤	男	中共南充地委常委、南充地区行政公署副专员
王　碧	女	省纺织厅副厅长，省纺织厅党组成员
罗　箭	男	国防科工委后勤部副政委、少将
林耿耿	女	外交部国外工作部参赞
冯　斌	男	中共南充市委常委、市国资委党委书记
胡光明	男	中共南充市委常委、南充市人民政府副市长

六合集团干部职工（员工）（1956 年～2011 年）提拔担任副县级、县级领导职务的干部名录

李科进	苟森琼	蒋　彤	李富根	马先根
孙秀田	韩应科	赵柏林	刘成莲（女）	李正清（女）
任培根	梁文炳	罗文清（女）	吴　栋	冯志荣
王敬东	尚国英	许文安	孙定兴	史　炜
冯达兴	黄裕君	宋立新	陈开富	王蜀英（女）
任立荣	姚　刚	李亚波	韦　义	王雪芬（女）
王泽泉	张家玲（女）	陈于思		

六合集团职工荣获省级劳动模范名录

姓　名	性　别	获誉称号	获誉时间（年）
郑淑全	女	省劳模	1950
刘纶碧	女	省劳模	1950
卿登云	男	省劳模	1950
罗潜龙	男	省劳模	1950
胡金山	男	省劳模	1950
谢琼莲	女	省劳模	1950
蒋素碧	女	省劳模	1956
任全芳	女	省劳模	1958
陈明琼	女	省劳模	1984
何世平	女	省劳模	1989
宋怀英	女	省劳模	2005
王淑珍	女	省劳模	2010

六合集团职工荣获部级劳动模范名录

姓　名	性　别	获誉称号	获誉时间（年）
罗家玉	女	部劳模	1994
胡光明	男	部劳模	2001
王秋华	女	部劳模	2001
张国芬	女	部劳模	2010

六合集团职工（1960 年～1991 年）参加全国缫丝比赛获全国缫丝（复摇）能手（种子手）名录

谢桂芳　陈明琼　胡世珍　宋中全（男）　张素群　王　碧　李玉清
任全芳　王蜀英　李正清　文　敏　王　红　何　莉

六合集团职工（1956 年～1994 年）参加全省缫丝比赛获全省缫丝（复摇）能手名录

袁术芳　张秀兰　蒲云芳　严志慧　贾玉兰
刘月淑　王定国（男）　王蜀英　李玉清　陈明琼
何雪茹　文成华　谢雪萍　胡世君　马　力（男）
屈志平（男）　姚玉英　罗家玉　贾冬平（男）　蒋碧蓉
朱术勇　张青兰　胡玲玲　尹　华　王玲利

宋　兵　　唐玲俐　　聂红波　　蒋　辉（男）　冉雪利
任秋红　　杨碧琼　　郑友芬　　何永玲　　郑利辉
晏桂萍　　蒋兴明（男）　杨忠全（男）

六合集团职工（1955 年 ~1990 年）参加全省织绸比赛获省织绸能手名录

谢小华　任丽琼　张秀兰　彭　岚　张和平（男）　石华进（男）

六合集团干部（1982 年 ~2011 年）获高级职称人员名录

高级工程师　余炳吉　康必煦　冯元林　史　炜　韦　义　谢贻坤　曹瑾薇（女）
陈茂林
高级经济师　黄　河　冯志荣
高级会计师　岳　斌　王雪芬（女）
高级政工师　何先伦　任弟祯　周绍君（女）　宋立新　黄裕君　王蜀英（女）
任光明　许东林　李永春　龙建伟

附　录

张澜论南充实业自治（节录）

南充在川省州县中，特立的实行地方自治，已经有了3年……要考查南充的实业，当分实业所与中学二部……县中西南两路的人，向来多半养蚕，近年东北两路的人，亦转于仿效。养蚕缫丝的劳力，费时不多，所获的利益比较别项产物独厚。南充地上又最宜于种桑，详细考查南充的出产，只有蚕丝业可望发达。因此实业所首先从推广桑株入手，函请各乡场农会就附加地方租地来作苗圃，专于培养桑苗矣。长成时用极低廉的价发售与该场农人，款项不足就由实业所设法补助，并且播种接条的时候，也由实业所分派技手前往各处苗圃指导一切，帮同经理开办的，头一年，已有四十几场把苗圃办成，桑苗的发育都很茂盛。实业所又因乡间养蚕人的蚕种不良，容易受病，就认真检查蚕种。又因从前的缫车不合式，做了百十架新式缫车，发交各乡场，叫他们照样改良。又因有许多人户把丝缫不好，总计划组织代缫处，并拟倡办售丝协会，以期便利一般养蚕的，这就是实业所两年来办理的情形。同时中学校方面，也大大的改变从前教育方针，因为南充农蚕业指导人才的缺乏，遂于11年春季特开农业班，使他们得着农蚕业较高的学识和技术，将来在社会上去作农蚕业的指导者。又因南充产丝渐多，机房墨守旧习，以致丝织物不能畅销。后于12年春季，特开工业班，注重染织，准备将来改良机织业。旧有之贫民教养工厂，亦先后增筹款项，极力整顿，派人到杭州染织工厂学习，并购入新式铁机，期与学校取联络。县中原有乙种实业学校，所教的是养蚕专业。历来学生虽不少，但是教的程度很浅。将就养蚕所出茧子来学缫线，因为茧少缫的时间很短，技术亦遂不能精熟。现在南充城内的丝厂将近10所，乡间也往往有集合资本收茧缫丝的人。他们又是纯用徒工，因此一般缫出的丝大率粗糙，运到上海销售价值常比他处厂丝为低。据此情形，目前急切应该讲求的就是制丝法的改进。今年冬间既议决实业学校并入中学职业部办理，以后办法，决定逐年开一两年毕业的蚕业速成班，为社会上广造有栽桑养蚕缫丝的普通智识和技能的人，更于13年春季特别开一蚕丝班4年毕业。注重制丝造成精良技术，为地方丝业界，储备专门技师，以求制丝的改良进步。因鉴于从前实业学校的学生缫丝时间太短的缺点，所以中学校又决定明年在职业部附设1模范丝厂，收茧缫丝，使学生得以充分实习，免致成绩不良。这就是中学校两年来所办的关于实业的情形。总前所述，南充实业的计划，虽有种种，其实专在发展蚕丝业，至其对于蚕丝业的进行简括言之，就是以实业所努力图全县生产量的增加，以中学校极力为蚕丝业人才之养成。吾人对于县中实业苟依此计划不断的进行，预期10年以后，南充全境将无地不见有桑，无户不事养蚕，制丝的精良在本国中最低限也当与杭产比，南充俨然成为蚕丝业的著名产区，其时地方富力增加，从前贫苦小户无有不充裕，家里的儿童都有力量去进学校，教育可以普及了。因为地方富力增加，筹款也很容易，学校由中学更进而设立专门学校。并且旁及盲哑学校，宏大的图书馆、博物馆、美术馆均渐次成立。其他地方应办的事业，亦无不一一兴办，臻于完养。

（民国12年于南充）

张澜在南充创办实业教育初探

民主革命家张澜先生，热爱祖国，酷爱家乡。他曾为南充地区的革命事业撒播了种子，也曾为家乡南充的教育事业发展作出极大的贡献。特别是他所创办的实业教育（职业教育），其影响更为深远。

振兴南充实业，推进南充政治、经济等方面的发展，是张澜创办实业教育的根本原因。南充地处川北，历代均为川北政治、经济、军事、文化教育的中心，但因土地贫瘠，民食常有不给。民国建立以后，由于政局动荡、军阀割据的影响，更使得各业凋敝、市井萧条，民生极为困苦。所以，自民初以来，全县人士力求摆脱军阀的残酷剥削和压迫，地方各事由人民自主，以苏民困而厚民生。张澜先生即是极力主张南充实行地方自治的最主要代表人物。他认为，南充地方要求得政治的稳定、经济的发展，则须实行地方自治；而要实现自治，根本的出路是发展地方实业。因为只有实业发展以后，才会使人民的财力增加，才可以求教育的普及，地方自治事业才有钱有人去办。因此，他明确提出“南充的自治，也就是实业的自治”。基于这种政治主张，张澜先生进一步提出，南充实业的发展，关键在于教育事业的发展；要使教育服务于实业，则又必须大力发展实业教育。他说：“南充教育的根本计划，不专是注重教育，实在是倾向实业，是要把教育的基础建筑在实业上面。”他最终得出结论：“南充的教育可以说是实业的教育。”

南充的教育，自清末废除科举以后，虽然也发生了重大的变化，如创办了不少新式近代学校，并传授近代科学知识等，但仍然存在不少弊端。其弊端的表现，正如张澜先生所指出“前此中小学校授之普通科学，专为升学的准备。苟使小学毕业后不能再入中学校，中学毕业后不能再入专门学校，则其所学殆全归于无用。所谓学生者，亦遂成为废材，为商不能，学工不可，勉强充当小学教师外，大多数流为无业游手之人，甚而不是杂人匪徒，即去缘附军队以求生活。”为了改变这种状况，张澜先生认为只有注重实业教育，“使多数青年得有谋生的智识与技能”，从而才能保障社会秩序的稳定。因此可见，改变自清末以来南充教育中所存在的弊病，以稳定地方秩序，这也是张澜先生创办南充实业教育的重要原因。

张澜在南充创办实业教育，开始于1914年。是年，张澜先生因不满袁世凯的独裁统治，辞去众议员职务，由北京返回南充，并在南充地方有识之士支持下，创办南充县立中学校、实业学校和果山蚕业社。这些学校均实行半工半读，学生一面学习课本知识，另一方面则实地进行种桑养蚕与缫丝，学生毕业后回乡生产。这是张澜实业教育思想的发端时期。

1920年，张澜由北京回南充。因受五四运动新文化新政治思想的影响，有感于北洋政府的腐败无能，回南充后在政治上积极倡导地方自治，在教育上除传播新思想外则大力提倡发展实业教育。他从1921年起出任南充县立中学校长和端明女子中学校长，积极从事教育改革。

他不顾四川省教育厅的阻挠和反对，于1924年毅然对学校体制进行改革，将县立中学校、乙种实业学校和县立高等小学合并为一校，并在学校内设立师范部、中学部、农蚕部，后又创设中医班、工业班。在端明女子学校内也分设中学部、小学部、师范部、职业部。合并后的南充中学是一所较为典型的实业学校，也是当时四川省内第一所职业教育学校。这一时期，是张澜实业教育思想的形成时期。

1931年，张澜先生辞去国立成都大学校长的职务后，再次出任南充县立中学校长。在从事抗日运动的同时，于1932年将县中与县立初级实业中学合办，更名为南充县立职业中学，分设农业、工业、乡村师范、普通中学各科。张澜在1942年又积极领衔倡导、筹办南充私立育才高级职业学校，并出任名誉董事长。该校设有工科、商科，后又增设中等水利科等。其创立之宗旨，是以培养中等技术人才，服务桑梓，振兴实业为最高目标，是一所非常典型的职业教育学校。这一时期，是张澜实业教育思想发展时期。

张澜先生创办实业教育具有以下几个特点。

首先，将实业教育与传播新思想相结合。张澜先生认为，“教育是社会政治的一个部分，只有改造社会政治，才能完成改进教育的使命”。所以，他在创办实业教育过程中，不仅重视对学生知识技能的培养，同时也注意加强对学生的思想教育，培养学生具有改造社会的新理想。他谆谆教育学生，要求他们认真读书，学好本领；并经常教育学生关心国家大事，鼓励学生继承五四精神（即民主与科学的精神），特别是支持学生参加实际的政治活动。例如在1925年发动学生反对南充军阀何光烈横征暴敛、鱼肉乡民。在教师使用上，既重视教师教学水平，也非常注意思想进步。在他主持合并后的南充中学校务时，聘用了大批学识水平较高、思想进步的青年教师如张秀熟（后任中共四川省委书记）、袁诗荛（后任中共川北特委宣传部长）、何珌辉、程鸣家、任乃强、杜象谷等，从事学校的管理和教学。他还曾经邀请吴玉章先生在南充中学举办马克思主义政治经济学讲座，传播马克思主义，从而使得南充中学的民主气氛更加浓厚。1931年，张澜所聘用的教师多系成都大学毕业的社会科学研究社的学生。这部分学生思想进步，倾向马列主义，他们到南充中学任教，不仅传播新知识，更重要的是向学生传播新思想，使学生树立起新的世界观。张澜先生的这些办学主张，促进了学生的思想解放，使他们树立起关心国家民族命运的壮志，形成了南充青年学生特有的新风气。

其次，实业教育与生产劳动实践相结合。这是职业教育的重要特征，也是张澜创办实业教育的显著特点。远在1914年创办县立中学、实业学校和果山蚕业社时，张澜就已明确制定了教育与生产劳动相结合的原则。学校实行半工半读，学生不仅学习课本知识，同时还要实地进行种桑养蚕和缫丝，毕业后则回乡生产，做到学以致用。1924年张澜主持南充中学校务时，更加注意提倡劳动教育，教学生注重躬行实践，不尚空谈，提倡劳动。他鼓励学生半工半读，既掌握课本知识，又从事劳动实践锻炼。例如，南充中学创设师范部，则办有附属小学，供学生学习、试教。创设农蚕部，则开办有农场、桑园、蚕室、烘茧灶，以便学生参加生产实践。创办工业班，则与地方染织业合资建立“嘉陵织绸厂”，提供学生实习。此外，医学班也开设有药房和诊断处，供学生实习使用。1931年，他再任南充中学校长时，又新设立机械科，并附设机械工厂，聘请专门技师指导学生实习。特别是由他领衔倡办南充私立育才高级职业中学，更加注重理论与实践相结合。例如，理科除设有国文、数、理、化等基础课外，还设有会计学、统计学、银行学、财政金融概论等专业课。同时，学校办有实习银行，供学生实习，并且还与当时有关业务单位挂钩，到银行中实习。这种理论教育与生产实践相结合，既提高了学生的理论水平，也培养了学生实际工作的能力，有利于学生成才。

再次，实业教育的多层次性。这是张澜先生创办实业教育的又一特点。张澜在1913年创办实业学校时，其职业教育还仅仅局限于种桑、养蚕和缫丝。到1924年合并南充中学，则不仅设普通中学部，而且设立农蚕部（分农蚕班、蚕丝班）、师范部，后来，又设立工业班、中医班。1931年在南充中学内又新设机械科，1932年组建南充县立职业中学，则分设农业、工业、乡村师范、普通中学各科。到1942年倡建私立育才高级职业中学时，则又设立商科、工科、水利科等。由上可见，张澜创办实业教育，不仅有普通中学教育而且还包含有师范、医学、工业、农业、水利等多种教育，这样就使学校所培养的学生能够充分发挥各自特长，成为社会各项事业的骨干力量。曾经主持过南充中学校务的秦树风先生指出，多层次教育，“使诸生各得发展其天然本能，养成一艺之长，以自树立”。

最后，实业教育与地方经济发展相结合。这是张澜创办实业教育的显著特点。南充历来是四川重要的蚕桑出产地，也是四川丝绸生产的首区之一。张澜先生关心家乡实业发展，而特别是对南充蚕丝业发展更寄予厚望。他认为南充地区气候土地“最宜于种桑”，而南充的出产也“只有蚕丝业可望发达”。因此，他指出南充实业发展首先是重视蚕丝业的发展。在这种认识的基础上，他创办南充实业教育重点就放在发展南充地方经济上。在1914年，他创办实业学校和果山蚕业社，其目的就在于培养地方蚕桑事业人才。1924年改革南充中学学制后，即专门设立农蚕部，培养具有较高学识和技术的农蚕业人才，“将来在社会上去作农蚕业的指导者”。后来，新设立工业班，“注重染织，准备将来改良机织业”，生产更上乘的蚕丝。同时，为了满足南充地方需要，南充中学农蚕部开设了一两年毕业的蚕业速成班，“为社会上广造有栽桑养蚕缫丝的普通智识和技能的人”。并且从1924年开始，农蚕部开办了四年毕业蚕丝班，教学“注重制丝造成精良技术，为地方丝业界储备专门技师，以求制丝的改良进步”。张澜先生这种将实业教育根基于地方经济发展的教育主张，也就是赋予了实业教育发展的生命力。张澜先生在《南充之实业自治》一文中就指出：“吾人对于县中实业，苟依此计划不断地进行，预期十年以后，南充全境将无地不见有桑，无户不事养蚕，制丝的精良在本国中最低限也当与杭产比并，南充俨然成为蚕丝业的著名产区。”

张澜先生创办实业教育取得了较大的成功，同时也对南充社会产生了较大的影响。

张澜先生在南充创办实业教育，不仅是四川兴办教育的创举，同时也推动了南充教育事业的发展，深受社会各界的支持。比如，张澜在1924年大胆改革南充中学学制，举办实业教育，曾受四川省教育厅的阻挠和反对。省教育厅并以不发给学生盖印文凭为要挟，企图挑起学潮。但张澜在社会各界人士及学生家长和学生的拥护下，毕业证书不报省教育厅盖印就发给学生，得到社会公认。对此，省教育厅也莫可奈何。事实上，张澜所主持的南充中学，不仅吸引了川北一带有志青年争先恐后奔向南充，其声誉也波及全川，从而推进了南充教育事业的发展。今天的四川省蚕桑学校，其前身就是张澜在南充中学创办的农蚕部。同时，张澜先生在创办实业教育过程中，注重对学生进行思想教育，帮助学生建立正确的人生观，树立起关心国家民族命运的大志，从而培育出了许多爱国的青年志士，使他们走上了革命道路。如罗瑞卿（农蚕部学生）、任白戈（师范部学生）等，皆出自南充中学。

特别值得注意的是，张澜所创办的实业教育为南充地方培养了大批实用人才，促进了南充经济的发展。其中，尤以农蚕班的创设，影响甚大。它为当时南充培养了一批蚕丝业人才，对南充蚕桑和丝织业发展，起了很大的推动作用。南充的蚕桑丝织业尽管历史悠久，但在1910年以前其发展是相当缓慢的，只是到了民国建立以后，才逐渐走上了较快发展的道路。20年代以后，南充日益成为四川蚕桑业和丝织业的中心地区之一。南充蚕桑、丝织业的发展，原因很多，但主要是与张澜先生的倡导、创办实业有密切的联系，也是与张澜先生创办实业教育、广植人才的影响有关。比如，1925年张澜先生与南充地方染织业合资创办嘉陵织绸厂，该厂使用的工人多由南充中学农蚕部学生中招收，由于生产者知识水平较高，再加之技术上的优势，因而织绸厂的生产发展非常迅速，产品质量较以前地方创办的织绸厂大大的提高，产品畅销省内外。其后，南充又创办“五福绸厂”“荣禄绸厂”和四五十家机房，都无不以嘉陵织绸厂为楷模。可见，南充桑蚕丝织业的开创与发展，是和张澜先生创办实业教育的积极推动分不开的。此外，张澜先生创办的中医班，也为南充培养了一批具有科学知识的中医，南充著名中医李务滋、李文光、马遂良等，均为该班学生。

总之，张澜先生创办实业教育，不仅推进了南充教育的改革与发展，也对南充经济的发展起了积极的推动作用，这是张澜先生对家乡发展所作出的贡献之一。本文就算是对先生历史功绩的一点缅怀吧！

选自1999年张澜纪念文集　作者：潘家德

日本蚕丝业视察概略·序言

蚕丝乃吾国天产，外为国际贸易之大宗收入，内为无数劳工之生活依赖，于国计民生，关系綦重。日人有恒言曰："纤纤一缕之丝，国家之生命系焉。"其重视斯业何如耶！故其政府提倡保户于上，社会人士扶持互助于下，朝也一心，积数十年不断的努力研究，遂一跃为世界产丝最富之国家。然回顾吾国则固蚕丝发明最早，曾获世界丝国之荣誉者，今乃全国生丝出口只及日本六分之一，言之实可慨叹！此无他良，以清末至兹，政局未能安定，凡百事业，胥受摧残，而以吾川为尤甚。盖因地近边陲，文化传番较迟，机械之输运艰难，原料与技术既乏改良，而工厂之经营尤形落后，故遇近年世界经济恐慌，市价急转直落，致有全部破产现象，倘犹再不急谋改进，仍然故步自封，坐视此关系国计民生之事业，沦于自身自灭之境而不复振，则吾国生丝将来在国际市场其尚有立足地耶！盛克勤先生于20年前赴日专门研习蚕丝，返国后经理丝厂者亦10余年。民19秋，因见吾川丝业岌岌危殆，遂又赴日考察，斯时为荩曾附骥侍从；事竣归来，盛君于途次曾著有日本蚕丝业视察概略12章，约6万余言，于日本蚕丝业之新的知识，新的机械，叙之綦祥，而于蚕丝将来之趋势阐论尤为精到。20年春，为荩以吾川而欲起衰振弊，则丝业亟应设法补救，故当盛君因新建工厂无暇理稿之前，曾择其关系较重之第10章、11章、12章，在渝城报纸披露，冀以日政府保护丝业之尽力，而促起吾川政府之反省；日企业者之勇猛精进，而振奋吾同业急起直追之雄心，庶免坐看日人将我固有之市场一一取而代之也。惜当时未蒙政府及同业之注意，而未荩旋撄重疾，卧病经年，盛君则又不幸，于是年夏为监工新建丝厂染疫病故，时年才52岁，悲夫！盛君不独于丝业之学识经验，堪为吾川巨臂，道德文章之美，更属有口皆碑，为荩于辗转病榻之顷，得闻噩耗，既痛吾川实业界之中坚摧折，复惜个人良师益友之凋谢，每展读其遗作，悼伤无已，时思付梓，以公社会，无如自21年病愈后，为人作嫁，行踪漂泊，未偿所愿，时深内疚。22秋，服务四川大华生丝公司上海办事处，始得抽暇校稿，亟谋付印。虽知著成于3年以前，而内容之充实，立论之精到，固无嫌于明日黄花也。

（胡）为荩谨序。民国22年冬。

四川南充六合（集团）有限责任公司第十二个五年发展规划纲要

（2011 年 1 月 20 日）

“十二五”期间，是六合集团实现“百年跨越、华丽转型”的关键时期！企业历经百年的艰辛与奋斗、坚持与发展，现已成为集缫丝、丝织、炼染、服装、家纺制品、仓储及其他配套服务为一体拥有完整产业链的企业集团，是目前国内唯一具有百年历史的丝绸生产型企业。经过“十一五”的快速发展，六合集团已初步成为西部地区丝绸行业标杆型企业。为充分抓住国家新一轮西部大开发、东桑西移、产业大转移和国务院通过成渝经济区域规划的机遇，在又好又快的发展中实现自我超越，特编制企业“十二五”中长期发展规划纲要。

十二五企业目标

到“十二五”末将百年六合打造成为：国际知名品牌，中国一流企业。

文化建设：构建和完善“外树形象、内聚人心、进步创新、彰显活力”的文化体系。

品牌建设：打造中国第一时尚丝绸品牌。

营销网络建设：建立灵活、高效的电子商务与实体销售相融合，覆盖面广，竞争力强的现代化综合营销系统。

技术改造：围绕打造以化纤为主导，多种纤维交织的家纺及装饰面料产业，全面提升装备水平和产品上档升级。

产品研发：建立完善的自主创新与合作开发相结合，充分满足企业品牌发展和提升核心竞争力需要的研发体系。

完成经济指标：年实现工业总产值 15 亿元，销售收入突破 10 亿元，上交税金 5000 万元，实现利润 6000 万元。

实现目标的举措

一、通过发掘与弘扬企业厚重的历史文化，建立和完善与时俱进的企业文化体系和品牌创建机制。

六合集团始建于 1912 年，是由民主革命先驱张澜先生与留日归国实业家盛克勤共同创建的。企业产品“金鹿”牌生丝早在 1915 年就荣获巴拿马国际博览会金奖。悠久的历史和无数的荣耀既是企业的财富，更是企业文化的根基与精髓！

企业宗旨：弘扬丝绸文化　引领多彩生活

企业精神：天地人合争朝夕　丝路百年敢为先

企业价值观：让社会因为我们的贡献而欣慰，让顾客因为我们的产品而满意，让员工因为身在企业而幸福。

企业发展思路：以品牌建设为核心，市场营销为重点，创新为突破口，开放合作为助力，通过技术进步，不断推动六合集团做强做优。

企业品牌发展战略：挖掘千年的丝绸文化精髓，紧跟现代潮流，开创和引领时尚多彩的品质生活。

1. 建立内外联动，凝聚人心与塑造形象相结合，不断优化和发展的企业文化建设体系；充实企业文化建设队伍，培养熟悉和热爱企业的高水平企业文化建设人才；完善企业文化设备及配套设施，在“十二五”末形成内涵先进、社会欣赏、员工满意、助推效果明显的企业文化。

2. 实施商标战略，创立适应市场和企业发展需要的多层次、多领域的商标体系，并创建6－10个新商标。在已获得四川省著名商标、四川老字号和中国高档丝绸标志的基础上，完成“百年六合”等企业核心商标的申报、注册，取得“中华老字号”、“中国驰名商标”等具有国家级水准或标准的权威性称号及荣誉。

3. 建立反应快速、效果明显、影响广泛的品牌推广体系，培养高水平的专业品牌运作人才。创新思路，低成本高效率地提升企业品牌形象。

二、通过市场建设及营销战略规划的实施，迅速提升企业竞争力，确保企业可持续科学发展。

随着世界经济一体化进程的加快和新经济、新观念、新潮流的风起云涌，人们的消费理念和营销模式也随之悄然转型。对此，企业将适时调整相应的产品结构和营销模式。

（一）在产品结构调整方面

1. 完成有梭低附加值产品向剑杆高附加值面料的大转型；

2. 完成纯真丝、纯面料型产品向多种纤维产品、丝纺服装和家纺成品的大转型；

3. 不断提升“贴牌”加工成品水平，迅速扩大自主品牌成品的产销规模。

（二）在营销网络体系建设方面

1. 建立以电子商务为主导，实体销售相结合、相互促进的“双核”现代营销模式。更新观念，彻底调整过去庞大、冗长、单一的实体销售方式。

2. 依托现代物流和电子商务技术，采取以自有系统为基础，与国际国内优秀的网络技术平台及电子商务技术先进的公司或团队合作，逐步建立和完善先进灵活的电子商务营销系统。

3. 科学规划实体销售网络，集中优势力量打造“五大”中心，形成区域辐射。即东部以苏杭为中心辐射长三角区域、北方以京津为中心辐射环渤海区域、南方以深广为中心辐射珠三角区域、中西部以成都重庆为中心辐射成渝经济区域、以香港为中心辐射海外市场的实体销售网络系统；

4. 到“十二五”末，企业电子商务总额占总销售收入的50%以上；自有品牌产品销售占总销售收入不低于10%；遍布全国的销售办事机构、直营店、加盟店等不低于100家；相关营销从业人员达600人以上。

三、通过与企业发展方向相契合的技术改造，实现企业产业及产品结构的大调整。

未来五年，南充市“十二五”规划重点建设的石化产业，随着中石油120万吨PTA项目将投入生产运行，必将催生川东北区域纺织业结构的根本性变化。围绕纺织主业，公司将完成投资2亿元，在“十二五”末形成：设备精良，品种多样，链条完善的规模性、实力型集团公司。

1. 面料生产方面：淘汰落后的有梭织机426台，保留100台；新增新型无梭织机500台，使无梭织机总规模达到588台。有梭织机用于生产传统的精品纯真丝绸，无梭织机用于生产中高档交织面料、提花面料、化纤面料等。形成无梭织机产品新、特，有梭织机产品精的局面。各类面料产能达到3000万米。

2. 服装生产方面：新增工业平缝机200台，服装生产设备总量达到1000台套。各类服装产能达到280万件（套）。

3. 制丝方面：新增自动缫丝能力2400绪，缫丝设备能力由“十一五”的4800绪增加到7200绪。年产桑蚕丝达到300吨。

4. 炼染方面：新增宽幅特种面料的炼染生产线一条，新增成衣活性染色生产线一条。宽幅绸缎炼染年处理能力超过100万米，成衣染色年加工能力达到400万件（套）。

四、通过不断的技术创新，从而让企业焕发生生不息的发展活力。

1. 完成“省级企业技术中心”成立与验收；

2. 力争完成“国家级企业技术中心”的申创；

3. 建立和完善企业技术创新机制，不断拓宽思路，进一步加强与高等院校及专业机构的创新合作，确保企业技术创新的与时俱进；

4. 增强技术创新的时尚性、适用性，不断提升技术创新水平，不断提高技术创新产品的经济效益，确保其对企业的利润贡献率到达30%以上。

五、以人为本，创新人力资源培育、使用新机制，不断增强企业软实力。

通过“建立健全人才工作领导体制，完善人才管理体系和制度，落实教育培训经费，营造良好的人才成长环境，完善和创新人才分配机制”等举措，培养自有专业人才队伍，创建外部协作人员人才库，以满足企业生产经营和可持续发展的需要。

1. 建立一支思想政治素质高，业务能力强，适应新型工业化发展形势快的职业化、市场化、国际化的企业中高层经营管理人才队伍；

2. 培养和聘请一支数量充足、素质优良、结构合理，具有较高丝绸、家纺、化纤、服饰专业水平和较强创新能力，适应企业经济发展要求和产业结构调整需要的专业技术人才队伍，企业从事专业研发的人员不少于50人；

3. 提升和引进一支充满激情，头脑灵活，正直有为，合作上进的营销队伍，以适应和满足企业实施现代营销战略的需要；

4. 造就和储备一支数量充足，技艺精湛，能吃苦耐劳，结构合理，爱岗敬业，适应我司生产经营特点和新型工业化发展以及产业结构优化升级要求的高技能人才队伍。

六、通过企业融资工作大创新，充分满足集团发展资金需求。

不断探索融资新模式，有效利用各类资源，累计筹融资总额达到5亿元，确保“十二五”企业发展资金需要。

1. 充分利用政府、政策性融资平台和企业充裕的不动产及设备资产优势，进一步加强与金融机构的合作，满足企业技术改造项目资金和生产经营流动资金需要；

2. 通过不断优化公司治理结构，积极探索创业板上市、三板挂牌交易以及有针对性地转让子公司股份等股权融资新方式。积极尝试与国际国内风投机构的投资合作，创造性拓宽公司融资渠道；

3. 深入分析国家关于支持中小企业发展的新政策和宏观经济的新动向等，把握政策导向，充分利用政策和机遇，积极争取中省市各级、各类财税关于项目补助、贷款贴息、税费减免等资金或政策支持；

4. 盘活企业一切存量资产，通过招商、招租、投资合作等方式，提高企业资产收益率，增大企业资产总量；

5. 保障资金安全，加速资金周转，不断提高资金使用效率。

七、通过肯定员工的劳动，最大限度满足员工的合理需求，不断增强员工对企业的安全感、认同感和荣誉感；同时积极参与文明社区建设，更好地履行企业的社会责任，努力使企业成为有口皆碑的和谐企业。

1. 严格贯彻执行国家相关法律法规，以省市经济发展速度为参照，建立和完善员工薪酬增长机制，确保企业员工收入处于地方同行业领先水平；

2. 不断增添和更新员工文化、健身、娱乐等设施，同时定期和不定期地组织员工的文化娱乐活动，增强员工凝聚力；

3. 加强社区沟通与联系，通过社企联建特困员工和弱势群体档案，干部“一帮一”结对帮扶活动，主动关心困难员工再就业、医疗救济、子女升学等实际问题和困难，切实关心和维护员工利益，确保员工工作与生活稳定；

4. 始终坚持“安全第一，预防为主”的基本方针，健全组织，配备完善的消防设施设备，落实责任抓好安全生产；

5. 形成职工代表大会年会例会制度，通过职代会让员工更全面更系统了解企业，同时也让企业更关心员工；始终坚持对企业重大决策、财务决策、大额资金使用、重要人事任免，招投标及涉及员工切身利益等重大问题，做到公开、公正、透明；通过厂务公开增强企业的凝聚力和向心力，使企业成为蓬勃向上、紧密团结、和谐发展的典范企业。

工人运动

民国15年（1926），中共南充地下组织领导了六合丝厂（南充丝二厂）反对厂主压榨盘剥工人的“七七”工潮。民国27年（1938），中共南充地下组织领导了南充丝二厂工人的“抢茧风潮”。民国29年（1940），中共南充地下组织领导了南充丝厂工人的联合大罢工。中共南充地下组织领导南充的三次工人运动都获得胜利。

【七七工潮】 民国15年（1926）5月20日，南充丝织业联合工会成立，各丝绸厂基本都建立了工会组织，只有六合丝厂因遭受厂主的百般阻挠，尚未建立工会组织。六合丝厂是当时南充规模最大的丝厂，有500多名工人。厂主与军阀何光烈相勾结，残酷压榨、盘剥工人。为维护自己的合法权益，六合丝厂工人多次到联合工会控诉厂主及工头的恶行，表达了要求协助建立工会组织的强烈愿望。民国15年（1926）7月7日，南充县工会派李介（共产党员）、任启愤（共青团员）带领林子明、罗瑞卿（共青团员）、任白戈（共青团员）等人，到六合丝厂宣传演讲，协助建立工会组织，遭到厂主带领工头、打手围攻毒打。消息传出后。800多名缫丝、力行等工人迅速赶来支援，包围了六合丝厂。与此同时，李介请来的姜可明带领一队进步士兵也火速赶到现场，配合工人制止暴徒行凶。厂主见势不妙，仓皇从厂后门逃到正府街海清楼书店躲藏。中共南充地下组织、南充县工会立即号召全城工人行动起来，支援六合丝厂工人的斗争。南充县城内丝厂、作坊、商店、码头、力行等工人纷纷罢工，中学罢课，很快发展成为全城1万多工人和劳苦大众参加的工人运动，全城处于瘫痪状态。慑于工人群众罢工的威力，厂主同意建立六合丝厂工会、赔偿被打伤工人的医药费、给六合丝厂工人增加工资等条件，罢工斗争胜利结束。

【南充丝二厂“抢茧”风潮】 民国27年（1938）7月，中共川北工委在南充县城外清泉寺召开扩大会议，决定在南充丝三厂、南充丝二厂（原六合丝厂）内发展党的组织。随后，在南充丝二厂建立了两个党支部，由黎春廷、何云才分别担任支部书记。南充丝二厂党组织成立后，根据工人的劳动强度和待遇，提出了“改善生活，保障工人健康”的口号，动员工人起来为谋求应有的生活待遇而斗争，立即得到工人们的拥护。10月2日，南充丝二厂50多名工人在厂外荒坡秘密集会，4名工头持枪跟踪到会场，并开枪威胁，被工人缴了枪。这时，厂警赶来，抓捕了党才富、吕炳然等6名工人。第二天，厂方宣布开除参会的15名工人，此举引起了全厂工人的极大愤慨。迫于生计，被开除的工人在南充县城内设秤收茧，遭到四川丝业公司南充办事处的阻止，生活顿时陷于困境，激起了更多工人的义愤。在中共南充丝二厂地下组织的领导下，爆发了“抢茧风潮”。10月6日，四川丝业公司南充办事处的一只木船，满载白茧172包顺江而下，运往南充丝二厂。船行至南充县城郊中坝附近时，突然从芦苇丛中驶出数只木船，约200余名工人一拥而上将茧包全部夺走。四川丝业公司南充办事处当即要求南充县政府缉拿“匪徒”。次日，县政府逮捕了总工会筹备会的丝业工人代表江直廷。10 月 8 日，在中共南充丝二厂地下组织的发动下，1200 多名工人举行罢工，600 多名工人进城示威游行，得到社会各界人士的支持。国民党四川省政府立即派丁视察员到南充调停，丁视察员以每人 60 元钱来收买参加谈判的黎春廷等工人代表，遭严词拒绝。10 月 10 日，南充丝二厂数百名工人两次进城，分作两路，一路去县政府、县党部请愿，一路去四川丝业公司南充办事处请愿。由于工人群众齐心协力的斗争，厂方同意工人提出的提高工人工资、不迫害参加抢茧斗争的工人、被开除的 15 名工人全部回厂工作等条件，南充县政府也释放了工人代表江直廷。工人们交还了茧包，回厂复工。

【南充丝厂工人联合大罢工】民国 29 年（1940）春节后，南充丝二厂厂方通知工人回厂上班。待工人们从各地赶回厂后，厂方欲开除男工，用工资更低的女工和童工，借口维修机器，不让工人进厂复工。为求生存，一部分工人赶去城里向南充县工会请愿，一部分工人找厂方说理，数百工人堵在南充丝二厂门口达 6 天之久。厂方怕事态扩大，同意工人进厂上班，条件是每个工人必须找两家担保。被逼无奈的工人们难以满足厂方的苛刻要求，群情激愤，打算砸机器、烧厂房。中共南充中心县委因势利导，指示中共南充丝二厂地下组织立即提出“要吃饭，要做工”的口号，把工人组织起来与厂方作斗争。3 月 13 日上午，南充丝二厂工人黎春廷（共产党员）、李孝山（共产党员）带领一群工人到四川丝业公司南充办事处门口静坐示威。当时设在四川丝业公司南充办事处旁的南充丝三厂（当时为四川丝业公司第四制丝厂，1945 年更名为四川丝业公司第三制丝厂，南充群众习惯称之为南充丝三厂）的女工居多，工资比男工更低，还经常受到管事、工头的打骂和人身侮辱，早已忍无可忍，看到南充丝二厂工人兄弟遭此不幸，更激起了强烈的斗争要求。在女工积极分子王德元带动下，女工们纷纷扯断丝绪，关掉机器，开始罢工，并加入南充丝二厂工人的斗争行列。中共南充中心县委立即提出新的斗争口号：“丝二厂工人支持丝三厂工人要求增加工资”、“实行男女同工同酬”、“反对管理人员侮辱、压迫女工”、“丝三厂工人支持丝二厂工人要做工，要吃饭”、“反对厂方要工人找担保的要求”。中共南充中心县委通过各种途径，组织发动猪鬃、机房、理发、学生自治会、商会等各方面力量，支援南充缫丝工人的斗争。一场声势浩大震动全川的联合大罢工爆发。两厂厂方和四川丝业公司南充办事处忙与时任十一行政督察区专员陈开泗密谋，决定采取分化瓦解、各个击破的手段来平息这次工潮。13 日下午，陈开泗在国民党南充县党部大礼堂召集两厂工人开会，这一调虎离山之计，被中共南充中心县委识破。在中共南充中心县委的安排下，两个厂只选派了 400 多名工人前去参会，其余近 1000 名工人仍驻在两厂内。与会工人不仅拒绝了陈开泗在会上提出的条件，还将陈及保安队员轰走。陈开泗随即派出一批国民自卫队员到南充丝三厂进行武力恫吓，用枪托毒打工人，工人们纷纷用石头、瓦片、木棒、板凳还击，邻近工厂的工人也闻讯赶来增援，将自卫队赶走。14 日，国民党南充驻军几百名士兵分别从仪凤街和猪行巷（今顺庆区吉庆巷）气势汹汹地向南充丝三厂开来，工人们立即拿起各种武器阻拦在各通道，准备迎战。危急时刻，南充县城内各行各业的工人、商人、学生及时赶来支援。学生联合会宣布罢课，商会宣布罢市，猪鬃厂工人代表送来了捐款，机房工人代表赶来慰问，围观群众呐喊助威。

几百名士兵见势不敢前进，陈开泗怕事态扩大，只好下令撤走军队。15 日，国民党南充县党部书记李亚东和县总工会理事长秦起藩出面“调解”未遂。16 日，国民党南充地方当局又调兵包围了南充丝三厂。中共南充丝三厂地下组织召集工人成立了罢工防暴指挥部，将厂内 1200 多名工人组成 20 多个联防组，分别担任巡逻、侦察任务。此时，中共南充中心县委通过多种渠道，组织各界人士，利用各种形式支援南充丝厂工人的联合罢工斗争。为使工人免遭意外袭击，还分别组织人员聚集在去南充丝二厂必经的要道口：织绸帮堵在鸡市口，猪鬃帮扎在仪凤街口，缫丝帮扎在平城街一带，与国民党南充地方当局的武装形成对峙。17 日下午，陈开泗带着保安队来到南充丝三厂，在平城门上架起机枪。在派兵把 120 名工人强行押往南充丝二厂时，与工人发生冲突，保安队员开枪打伤 6 名工人，工人们奋起反抗，砸伤保安队队长，并缴获步枪 4 支，斗争持续到深夜。国民党南充地方当局见武装恫吓无效，不得不与工人谈判。3 月 28 日，经过双方谈判，四川丝业公司南充办事处同意工人代表提出的五项复工条件：一是丝二厂立即开工，工人免担保入厂；二是增加两个丝厂工人的工资，达到抗战初期的标准，改善工人伙食和医疗卫生条件；三是男女同工同酬，待遇平等；四是厂方不得借故开除工人，今后开除工人要征得工人代表的同意，否则无效；五是工人有自由组织工会的权利，厂方不得干涉。中共南充中心县委见罢工的主要目的已达到，指示南充丝三厂、南充丝二厂工人在 29 日后复工。4 月 1 日，两厂正式复工，中共南充中心县委领导的历时 18 天的南充丝厂联合大罢工胜利结束。

南充丝绸文化

南充，素以丝绸之乡著称，3000多年悠久的栽桑养蚕缫丝织绸历史，促进了南充各个时期的社会经济发展，改善了人们衣着品位，丰富了人民的经济生活，孕育了具有南充地方特色的丝绸文化。南充丝绸文化包括蚕丝地名、蚕丝习俗、蚕丝文物、蚕丝文献等内容。

【蚕丝地名】南充是全国著名的丝绸之乡，因桑蚕丝绸或与桑蚕丝绸业有关而得名的街道、乡村、山谷甚多，现择其部分地名记之。

机房街 街名，位于阆中市保宁镇。阆中缫丝织绸业在汉代就相当发达，到唐代已能织造出进贡皇室的精美丝织品，水丝花素大绸亦极有名。唐宋时期阆中缫丝织绸业集中在一条主要街道生产，先民称其为机房街，代代传承到21世纪。

丝市街 街名，位于阆中市保宁镇，今倒退街与净圣街之间。明代形成茧丝市场，清代、民国时期市移东街。

茧市街 街名，在顺庆区。得名于民国12年（1923），为当时南充县城蚕茧主要交易场所。蚕期为每日市，平时为米市。南充解放后，市政府对茧市进行了大规模改造，更名为“人民中路”、“人民南路”，但群众仍习惯称五星花园一带为“茧市街”。至2011年，中国工商银行五星花园储蓄所仍用中国工商银行茧市街储蓄所称谓。

鸡市口丝市 街道名，位于顺庆城区果山街与解放街交界处，是20世纪30年代中期川东北最大的生丝交易市场。除南充各县外，广元、昭化、剑阁、三台、射洪、蓬溪、盐亭等县的丝贩都到鸡市口丝市街买卖生丝。鸡市口丝市兴旺时间持续20余年。1954年被撤销。

桑树街 街道名，据民国33年（1944）《蓬安县志》记载：蓬安县城（现锦屏镇）有条街名桑树街。街口有一颗大桑树，需两人牵手才能围住，每年估计能产8背桑叶（每背桑叶约20公斤~25公斤），1959年该树被毁。

丝绸一条街 街名，位于顺庆区三公街。20世纪90年代初，南充地区茧丝绸公司在该街开办丝绸经营部，南充各丝绸企业的丝绸产品都到该街展销，当时的三公街成为南充丝绸产品的销售中心，人们称三公街为丝绸一条街。

万桑园 村名，位于蓬安县河舒区利溪镇。清光绪年间，利溪乡龙洞沟伍彝超先后栽桑140余亩，共1.6万余株。他在居宅刻有对联，上联“五亩耕地有殖民策”，下联“十里内外无好家居”，横额“万绿桑庄”。万桑园因此得名。它是南充历史上最大的私人桑园。乡政府于1953年在该处兴办小学，取名“万桑园小学”。

桑树湾 山谷名，位于蓬安县盘龙乡。民国初，萧成源从成都实业学校毕业回家后，将4亩好土建成桑园，其余10多亩地亦全部在地边栽上桑树。当地萧成藻、萧玉成、萧成继又先后各栽10多亩地边桑，全湾共有30亩~40亩地栽桑，故人称该地为桑树湾，名称袭用至今。

织机山 山名，位于西充县城西。山上有一洞谓“织女洞”，据称：“洞内有仙女织机声，凡贫穷者，持丝祷于洞口，三日后往取即成绢”

蚕丝山 （1）山名，在阆中市城东10公里处。（2）村名，在西充县凤和镇境内。

蚕华山 村名，在西充县青龙镇。

蚕丝窑 村名，在南部县柳树镇。

蚕丝庙 村名，在阆中市妙高镇。

丝公山 （1）山名，在南部县群龙乡境内。清道光《南部县志》载：其山“峭壁秀丽，状类锦屏，丝公庙存焉”。（2）村名，在西充县鸣龙乡。

锦屏山 （1）山名，在阆中市城郊，嘉陵江南岸，石壁面江，山顶横竖1脊，左平右突，中段微凹，四时花木错杂如锦，恰似名城阆中的一道锦绣屏障，故名。宋代陆游对此山有“城中飞阁连危亭，处处轩窗对锦屏，涉江亲到锦屏上，却望城郭如丹青”的题咏。（2）山名，在蓬安县城郊。（3）村名，在西充县群德乡。

锦　屏 （1）旧乡名，在阆中市内，1984年改名天鞍乡。（2）镇名，现蓬安县锦屏镇。（3）村名，在高坪区斑竹乡境内。

白绫坪 村名，在阆中市裕华乡。

滚锦坪 自然村名，在阆中市。清末曾建有泰丰丝厂。

染　房 村名，在营山县灵鹫镇。

染房湾 自然村名，在嘉陵区盐溪乡。

梁厉院 自然村名，在嘉陵区八角乡。

染　坊 村名，在蓬安县利溪镇。

重锦乡 乡镇名，位于阆中市。西魏时期，阆中农村盛产重锦，县东55公里处曾有重锦镇；明代，又设重锦乡（今老观镇境内）。清光绪三十四年（1908），重锦乡撤销，辖地归并第九区。

龙蚕镇 在蓬安县。龙蚕乡原名会龙公社，1965年起，把蚕桑生产列为骨干项目，成为全省产茧量最多的乡之一。1978年，荣获国务院嘉奖。由于蚕桑生产突出，1983年取名为龙蚕乡。1992年更名龙蚕镇。

丝绸村 职工住宅区名，位于顺庆区金鱼岭，1956年，西南蚕丝公司第三制丝厂（南充丝三厂）在该处修建职工宿舍12幢，住职工192户，成为南充第一个丝绸职工住宅区，定名为丝绸村。

丝绸城 南充市别称。顺庆区历来被称为“丝城”、“丝绸之城”，然正式定名则在1985年。是年，南充市（今顺庆区）政府在城中心五星花园兴建织女雕塑1座，著名雕塑大师刘开渠亲题“丝绸之城”

丝绸大厦 楼名，位于顺庆城区丝绸路51号。20世纪90年代初，南充地区茧丝绸公司兴建。赵蕴玉题写“丝绸大厦”四字，为16层楼的电梯办公大楼，是市茧丝绸协调办公室、市丝绸公司、市丝绸研究所、市蚕业总站的办公场所。

丝绸大世界 商厦名，位于顺庆城区丝绸路60号。20世纪90年代初地区茧丝绸公司、地区财政局、地区信托公司出资，各县、市入股投资兴建，占地37亩、建筑面积4万平方米，商展面积3.46万平方米，第三、四届中国·四川·南充丝绸节在该处举办。

丝绸路 街道名，位于顺庆城区。20 世纪 90 年代初，南充兴建了丝绸大世界。第三、四届中国·四川·南充丝绸节在丝绸大世界举办。同一时期，南充地区茧丝绸公司亦在同一条街段兴建了丝绸大厦，该公司由顺庆区三公街迁至丝绸大厦办公，市政府地名办将其所在街道命名为丝绸路。

【蚕丝习俗】南充的蚕丝习俗，有行规业习、方言土语及栽桑养蚕谚语等。

敬蚕神 南充各地均有敬蚕神的陈旧习惯。清咸丰《阆中县志》载："蚕丝庙，各乡有之，皆乡人祈蚕之所。"清道光《南部县志》载："每春正望日，乡民祈蚕者络绎于道，祷之辄应。"咸丰《阆中县志》载："文风山，在县东一百里，下有蚕石，其形如茧。每岁上元，乡人多于此祈蚕。"民国《新修南充县志》载："正月初八蚕日，必设盛馔，日蚕过年。"20 世纪 50 年代后敬神习俗渐绝迹。

蚕 忌 1950 年前，民间流行着许多蚕忌，有些是养蚕的经验总结，有些是不科学的陈旧习俗。据清光绪《西充县志》载，养蚕有 22 忌：忌寒冷，忌食湿叶，忌食雾叶，忌食汽水叶，忌食黄沙叶，忌食肥叶，忌喂叶失时，忌秽气，忌香气，忌灯油，忌面生人，忌在蚕室食姜暨蚕豆，忌蚕新生在室内扫尘，忌烟火纸，忌侧近舂杵，忌敲击门窗，槌箔及有声之物，忌哭泣叫唤，忌带酒人，忌切桑烟熏，忌产妇、孝子人家，忌烧皮、毛、乱发，忌酒、酸、膻、腥、麝等物。

三皇会 清末民初，南充丝织业的"匠帮"，于每年农历九月十三日放假 1 天，在岳王庙内举办"三皇会"，主祭轩辕，以谢"传艺"之恩。午时，摆上猪头、鸡、鱼三牲、九礼，燃放香烛火炮，会首率领全体成员向"三皇"叩头礼拜，祈求保佑"请泰平安，消灾灭病，暗传技艺，丰衣足食"，拜后会餐，开怀畅饮。机房老板不集中办会，只在家里敬"三皇"。每逢初二、十六打"牙祭"时，要给每张机子敬刀头（熟猪肉 1 方），燃香烛，烧纸钱，祈求菩萨保佑老鼠不咬经丝滚子，俗称祭机头。上述活动，既有敬祭行业神主的意思，也有行业同仁聚合同乐的意思，解放后悉停。

学 徒 民国及从前，丝绸行业收学徒，要有介绍人和担保人，拜老板为师，拜老板指定的技工为"教师"。其间，学徒办"敬师酒"、"出师酒"，并给教师买鞋袜或衣帽等物，作为谢师礼。要订投师文约。文约主要规定：学徒期限为 3 年，也有 5 年的。学徒期内，风寒暑湿，疾病灾难，听天由命，与主无涉；待遇，只供伙食，一日两餐，初二、十六打牙祭，不给工资只在过年时给制 1 件土布衣服，或发点"欢喜钱"。学徒先从打杂、烧火、理屑物等着手，再逐步上车学艺。工余时间，要帮老板带小孩、倒马桶、搞清洁等，每日工作 12 小时以上，不遵守规约或工作不好. 要开除或体罚。学徒期满后，还要半帮半学 1 ~3 年，领取同工种 50% 的工资，然后方可另谋出路。20 世纪 50 年代起，学工除分配上按政策规定领取学工工资外，其他待遇皆一视同仁。

工匠市 民国时期，每天夜晚 8 时 ~9 时，南充织绸工匠聚集在鸡市口十字路口，或待雇，或另选机房。机房老板聚在邻近的东南角茶馆，物色工匠，由工匠相互介绍，形成雇佣工匠的市场，人们亦称为"人市"。20 世纪 50 年代后改为由企业招工和政府组织劳动就业。

体 罚 民国时期，南充缫丝业有一条行规陋习，即男学徒工挨屁股。凡缫折大 2 钱挨 1 个，大 3 钱 2 个，大 5 钱 4 个；匀度 70 分挨 1 个，65 分挨 6 个，60 分挨 10 个。

挨打时自端板凳。女学徒工罚挨打手心。成年工人挨耳光，或者拖下车位一顿毒打，或者开除。南充解放后废止。

计量术语 包：茧包 =25 公斤，丝包 =1 关担；厢 =1 箱 =1 关担；1 匹丝 =0. 48 市斤；1 关担 =60. 479 公斤。20 世纪 50 年代前使用。

蚕丝方言土语

抱种——催青。

报头——苗蚁。

收蚁——下纸、抖蚕子、扫毛蚕。

蚕——蚕子、蚕儿、蚕宝宝、桑蚕。

蚁蚕——毛蚕、毛毛蚕、毛蚕儿、咪咪蚕、小毛蚕、蜗儿。

稚蚕——小蚕、咪咪蚕。

壮蚕——大蚕、大蚕儿、大蚕子。

眠蚕——眠头子、眠娘。

达眠蚕——不服眠蚕、不眠蚕、青蚕、青口子、青头子。

起蚕——起眠蚕、脱壳蚕、起娘。

熟蚕——老蚕。

养蚕——喂蚕、看蚕。

养蚕人——蚕姑、蚕娘、蚕母、蚕农、养蚕员。

第一眠——头眠。

第四眠——大眠。

人眠——落眠。

眠期——打眠装。

脱皮——脱壳、蜕皮。

停食——不搭桑叶、勒食、不喂食、断食。

饷食——起蚕后喂头道叶子。

给桑——喂食、喂叶子、搭桑叶。

蚕沙——替子。

除沙——翻沙、退沙、提沙、提蚕子、翻蚕屎、体刮。

焦糠——炒糠、黑糠。

分箔——分盖子。

扩座——拨稀、排开、匀蚕、摊稀、松蚕。

绢丝腺——丝肠。

上蔟——上山、上树、上垛子、上梢子、捉老蚕、捉亮蚕。

蚕蔟——蚕树、蚕窝、蚕垛子、蚕梢子。

蜈蚣蔟——草龙、草窝、蚕毛中垛子。

采茧——下山、回山、塔茧子、下茧子、摘茧子。

蚕箔——蚕箩箩、蚕芭、蚕盖子。

升温育蚕——火功蚕。

补温——加火、烤火。

补湿——洒水、扯润气。
采桑——摘桑叶、采桑叶、弄叶子、捋桑叶。
贮桑——装桑叶、松桑叶、摊桑叶。
调桑——切叶、宰叶子。
制种——对种、做种、做子、照种、摇种。
蚕连纸——蚕种纸、蚕蛋子。
产卵——撒种。
土种——春蚕种、红蚕种、黄茧种。
改良种——洋蚕种、广种、国蚕种。
桑木虱——白毛儿、巴蠓、巴茅。
尺蠖——寸寸虫、尺子虫、量布虫。
天牛——盐贩子、天牛子、看牛母、铁牛儿、夹夹虫。
金龟子——绿绿虫、黑壳虫、地龟虫。
桑野蚕——桑蚕、野蚕。
白僵病——僵蚕。
软化病——死蚕、黄蚕。
空头病——亮脑壳。
脓病蚕——肥蚕、竹节蚕。
同宫茧——双头茧、大茧。
薄皮茧——粑皮茧、亮壳茧。
茧衣——丝网子、蠓透子。
正常茧——好茧、细茧。
茧成本——茧缴、压缴、茧本、茧费用。
蚕蛹——蚕纽（儿）。
黄蚕丝——火丝。
火把丝——火车丝。
泡把丝——大蚕丝。
麻花丝——小蚕丝。
直缫丝——柜柜丝。
改良丝——磁眼丝。
返丝——厂丝、扬返丝。
百两丝——把丝。
缫丝——取丝、吆蚕蛹屁股。
缫丝工——丝匠、取丝匠。
查烂附——批绪头。
做鞘——抡燃绞。
粒附——窝子。
索绪工——打盆工。
茧巴——挽手（儿）。

落壳——薄皮、蛹衬、汤茧。

长吐——茧筋、丝筋、茧巴、绪丝。

茧絮——丝絮、水絮、张绵。

混领茧子——吆耗子。

扬返车——扛车。

返丝——扛丝。

丝经纪——打丝枪、中人。

绸经纪——打绸枪、中人。

贩丝商——丝贩子、丝滚贩子。

木机提花装置——木龙头。

铁机提花装置——铁龙头。

铁筘——蓬齿。

织绸——吆乌棒。

织绸工——挡车工、匠师。

整经——牵经。

整经工——牵经工。

卷纬——倒纡子、摇纡子、摇纬、纺纡。

络丝——解丝。

并丝——传籰。

捻丝——打线、拈丝。

浸渍——泡丝。

生绸——生绢子、生货、生坯绸。

熟绸——熟货。

花绸——花货。

素绸——素货。

练缸——练桶。

精练——练绸、练货。

纹板——纸板、花纸板。

栽桑养蚕谚语

栽桑种桐，子孙不穷。

治穷致富．多栽桑树。

栽了桑，养了蚕，子子孙孙不缺钱。

要得富，栽桑树；要用钱，多养蚕。

家养一张蚕，全年不缺油盐钱；家有百株桑，衣服装两箱。

养张蚕，一百元；二亩地，三月柴。

桑树不瘦地，柏树不荫田。

栽上百株桑，不怕年成荒；种得一亩桑，可免一家荒。

一年两季蚕，可抵半年粮。

吃饭要种田，用钱靠养蚕。

要养鱼，先挖塘：要养蚕，先栽桑。
桃三李四柑八年，栽桑受益一两年。
冬季栽桑，梦里移床。
十年培桑，不耐一年荒。
枝密如网，叶小如钱。
栽桑不护桑，一年两年光桩桩，三年四年进灶膛。
小暑三天打头蟥，处署三天打二蟥。
春分前后晴，桑叶加一成。
清明桑芽一粒谷，养蚕人儿向叶哭。
清明以前叶开苞，养蚕人儿向叶笑。
立夏穿棉袄，蚕娘要“倒灶”。
长喂猪，短养蚕，三十多天进现钱。
上半年蚕养田，下半年田养人。
清明孵蚕子，立夏见新丝。
三月清明蚕等叶，二月清明叶等蚕。
谷雨孵蚕，小满使钱。
养好小蚕八成收，养孬小蚕八成丢。
养蚕不消毒，叫你养得哭。
春蚕不吃小满叶，夏蚕不吃小署叶。
养蚕养到小满上，养蚕娘子要吃糠。
男采桑，女养蚕，三十来天就见钱。
蚕熟一时，麦黄一夜。
人老一世，蚕老一时。
蚕老不宜留．留下丝断头。
宁叫蚕老叶不尽，莫叫叶尽蚕不老。
麦黄蚕老秧上市，娃哭屎胀豆浆沸。
养蚕要养改良蚕，多收茧子多卖钱。
高温多湿解舒差，茧色不一防夹花，气候干燥防洁净，茧形不齐防偏差。
拉花的上瞭望乡台，织机的死了半截没有埋。

【蚕丝文物】南充蚕丝历史文物甚多。现选择部分地方志记载的蚕丝历史文物记之。

果州花红绫 唐代生产，现存日本奈良正仓院。

宋代石碑 宋宝庆元年（1225），阆中贡士陈澡撰写题为《灵州灵城岩记》的碑文，碑文对阆中三庙乡的茧丝山作了较为详细的记载。石碑存阆中文物管理所。

明代丝绸服装 1984 年 4 月，阆中县沙溪乡朱家山出土一处明代早期墓葬。石墓中木棺外有椁，棺内用水泥保尸，葬者为男性，身着的丝绸服装为提花织物，鞋帽上有刺绣图案且保存完好。其中衣长 134 厘米，摆宽 104 厘米，袖宽 53 厘米。从丝织物花纹看，当时的丝绸刺绣技术已达到相当水平，现存于阆中市文物管理所。

清代缫丝木车 朱德早年在仪陇马鞍老家曾随父辈从事栽桑养蚕缫丝。朱德故居纪念同现保存着朱德家遗传下来的1架清代缫丝木车。该车共3绪，由炉灶、铁锅、丝籰、大小传动轮和踏板等部件构成，外形似矮脚风车，1人操作。操着时炉灶烧杠炭，使机内保持一定温度，铁锅内煮茧、理绪、缫丝，脚踏踏板，转动大轮，带动小轮、线籰工作。

六合院 六合院位于六合集团公司内，始建于20世纪20年代，是留日归国实业家盛克勤在民盟创始人张澜先生资助下建造的，占地1000平方米，上下共三层，一、二楼为办公区，三楼为钟楼，青瓦白墙，雕花窗棂，木门，古朴典雅，原有大小房屋50间，是典型的晚清穿斗式结构建筑。跨进院落大门是一汪碧水池塘，假山略浮于水面，池塘四周，8棵桂花树枝繁叶茂。

1949年，六合院经过了1次大的修缮，由三层楼改为两层，钟楼被拆除。1950~1993年，六合院为企业的办公场所。

1994年，新办公大楼建成使用，行政机构从六合院搬出。六合公司成立后，办公场所又搬回六合院，并对其作了修葺。

六合院古韵十足的建筑风格，一直深受各界人士的喜爱和称赞，2010年，高坪区委宣传部和北京如影如随影视文化传播公司联合出品电影《凌云山》曾专门到六合院取景，不少外国客户来六合公司洽谈生意，无一不对六合院赞不绝口。是年，商务部市场运行司司长，国家茧丝办主任王炳南在参观了六合院之后，建议将六合院打造成丝绸博物馆。

朱德手植桑 清光绪三十二年（1906），朱德于仪陇县马鞍乡旧居栽植。此株桑树主干围粗81厘米，树身高316厘米，主干皮大部分完好，中间木质部空心，根系发达，植株生长旺盛，上部枝干于1958年嫁接成湖桑。当地群众习惯称该桑为“嘉陵桑”，1982年8月1日被列为“朱德同志故居纪念馆”展出项目，以后群众改称该桑为“朱德手植桑”。

百年老桑 六合公司“鹿鹤园”内有一棵老桑树，远看像一把巨型大伞，树身高约8米，树干粗1.9米，树枝伸向空中，占据空间15米左右，枝叶繁茂，每年春夏之交桑果累累，与园内6棵高大的银杏树争相斗妍，常有游人到此驻足观赏。据在都京镇土生土长，现已90多岁的老人介绍说，他们还是小娃儿时就见到这棵桑树，且每年春夏之交都要到这棵树上采桑叶摘桑果。

【蚕丝文献】南充在发展桑蚕丝绸的历史长河中，形成了诸多蚕丝历史文献，现择清代至1990年的部分蚕丝文献记之。

四川丝业公司阆中蚕种场建设纪略碑　民国29年（1940）3月立。碑文为：日军内侵，江浙鲁粤皖鄂蚕桑区域沦陷敌手。政府以后方生产重于前方抗战，乃积极发展川滇蚕桑，用增抗战资源。27年春，实业部蚕桑场派熊其锐来阆筹办公场，旋由试验场尹场长接收转交本公司续办。种场初租临济堂萧氏住房我场址，制种2.60万张。28年自开桑园240亩，并向县财委租定公园西侧旧陕西会馆为永久固定场址，增建大小蚕室4所，制种7万张，成绩所昭。幸承各方推许，本年春续建新楼为蚕室，预定全年制种10万张，并增开桑园260亩，完成1个单位之桑园设备。自兹逐渐增修到场国30年后，每年可产种15万张。承范总经理意并期于最短期就近择地续修2个单位之桑园设备，用谋生产大量蚕种，以应川北农民之需要。兹事体大，取精用宏，有待来绘，是为纪。经理顺庆盛润生、保宁赵挺生、场长江苏钱幼啄资志。石碑现存于阆中蚕种场。

白坚致王奎善函　民国17年（1928），白坚致函王奎善，对南充丝绸大加赞誉，鼓励南充人民振兴丝绸业，扬物之华，供海内外之求。此函搜撰于民国18年（1929）新修《南充县志》。函文为：

奉别一载，时切神依，忽奉闰月十七日教书，伏审起居安善，至为欣幸！南充为名邦，其志乘，得大笔纂述之，征信千载之后，甚盛事也。按南充物产之绫，原为苏杭所不及，盖苏杭之绫，失之细密；南充之绫，较为疏松。唯其疏松，帮最适于书画。明代书画名家，如董香光、杨龙友多乐用绫。其绫，盖皆自南充出，相沿至今。北平袁励准侍讲，所称为顺庆绫者，是也。袁侍讲颇工临池，尝以不得顺庆绫供书写书憾。盖今南充机业衰颓，绫业殆废，故外方无从求之也。丙寅之秋，坚尝游日本奈良，观其帝室正仓院所藏唐代吾国输往之古器物中，有古绫，绫上有花，红色，其国文学博士内腾虎谓坚曰："是绫，为蜀绫，其红色，为蜀红。"夫蜀中产绫，唯顺庆，然终不能如蜀绫之恰到好处；染色亦极鲜丽，然终不能如蜀红之恰到好处。观览之余，深幸吾郡有此天宝，产此物华，留恋而不能去也。此坚所知南充绫为用之大，驰誉之广，敬以奉文。如载之志乘，使南充振兴机织，因天宝，扬物之华，供海内外之求，复唐明之盛，幸如何哉。

《南充蚕丝志》1984年4月至1987年7月，中共南充地区茧丝绸公司党委，先后抽派30名资料人员奔赴全国各地100个单位查阅有关南充的茧丝绸史料，查阅文书档案12000多卷、书刊5000多册、报纸50000多期号、征集文献资料300多件，口碑资料1000多人次，建立资料卡片40000多页，总资料量达2500万字。1987年8月至1990年10月，在完成搜集史料之后，先后组织15人按拟定篇目分写章节试写稿，试写稿达200多万字。之后，在南充地区志办指导下，反复研讨，几易其稿，形成了140多万字的《南充蚕丝志》送审稿。《南充蚕丝志》全面地记叙了南充悠久的茧丝绸历史和全行业桑、种、茧、丝、绸各部门、各企业的生产、技术、设备、产品、科教、职工、经营、管理等史事。中顾委委员、中国企业家协会会长袁宝华在审阅送审稿后，题写了《南充蚕丝志》志名，原国家经委主任、中国工业经济协会会长吕东审阅送审稿后，作了"发挥丝绸优势、振兴南充经济"的题词。《南充蚕丝志》出版后获省政府哲学社会科学优秀成果三等奖。是全省行业志唯一获省政府奖的志书。《南充蚕丝志》存南充市地方志办公室、南充市档案馆、南充市茧丝绸协调办公室档案室。

逆风飞扬

——记中共南充市委委员、南充六合集团董事长胡光明

安　子　杨　飚

谁说你已走向夕阳？
那是嫦娥奔月的霓裳；
谁说你退出竞争沙场？
那是决战前的蓄势整装。
啊！从巴拿马捧回的白色精灵，
在五彩斑斓中再展辉煌。

——作者采访手记

丝绸，中华民族的瑰宝，古丝绸之路的美好使者，曾给它的发祥地之一——南充的父老乡亲几多惊喜，几多忧愁。

历史上，南充丝绸名声远播，尊为财源。夏商时代，丝绸被列为朝廷贡品，源源进入京城。秦汉年间，蚕丝业跃居各业之首，成为人们经济生活一大支柱，有“巴蜀人文胜地，秦汉丝锦名邦”的美誉。唐宋650年间，这里更是“天上取样人间织，满城皆闻机杼声”，其丝绸产量和质量冠居国界，有绸、绫、锦、绢、丝等10多种产品被定为朝廷常贡，留下了脍炙人口的“胜苏杭品质之优，享天宝物华之誉”的诗篇。此间，果州花红绫由长安输往日本，日皇室至今珍藏为国宝。民国4年（1915），南充丝绸在巴拿马万国博览会上荣获头奖。新中国，南充丝绸业迎来了蓬勃发展的新时代，一万多平方公里的红土地上，“田中清水盈盈，陌上新桑扶疏。农夫挥鞭叱牛，村姑攀枝采桑”。全国最大的几个缫丝织绸企业点缀其间，轰鸣的机器中，片片五彩缤纷的锦绣，飘向天南地北和五湖四海，把南充人的生活装点得富庶美好，绚丽多彩。资料显示，上世纪七八十年代，南充数百万农民收入的一半来自栽桑养蚕；南充工业的半壁江山，乃丝绸工业。南充市五星花园三位天仙织女凌空飞翔的巨型雕塑，就是南充丝绸业灿烂辉煌的真实写照。那手舞绸带当空舞的织女，那飘飘欲仙的舞姿，那气势恢弘的基座，无不向人们昭示丝绸之乡的古代文明和现代丝绸业的兴旺发达。

然而，天有不测风云。到了1994年，国际国内丝绸市场形势急转直下。南充丝绸行业开始由巅峰滑向低谷。不经意间“绸城”变“愁城”。

公元1996年10月，拥有近百年沧桑历史、被誉为亚洲最大缫丝企业的南充嘉丽华集团公司爆发一起恶性事件：数千名生活无着的职工拦截了国道318线，阻断南充东大门进出口……呼号、哀哉、哭泣、悲鸣像幽灵一样在果州上空久久游荡：“南充丝绸业的末日已经来临!”、“南充经济发展的支柱行将倾覆!”

时光奔流到2003年。初春，中央、省、市新闻媒体云集南充，各路记者纷纷使出看家本领争抢独家新闻，在这场看不见硝烟的新闻大战中，其被采访的主角便是在嘉丽华

集团公司破产废墟上进行资产重组建立起来的南充六合（集团）有限责任公司及其董事长、总经理胡光明。是年，南充六合集团已连续三年保持丝绸工业经济的高速发展，探索出了国有大型丝绸企业破产重组后如何走出困境、加快发展的新路子。对此，中共中央政治局委员、书记处书记，时任中共四川省委书记周永康在视察六合时说："我看到了南充丝绸的希望！"分管工业的副省长杨志文则称赞六合是"一朵奇葩、一面旗帜"。

六合何以绝境逢生，逆风飞扬？

天气乍暖还寒。2004 年 3 月的一天，我们走进了位于高坪区都京坝的六合集团，走进了六合集团的当家人胡光明。

"我欣赏'风萧萧兮易水寒，壮士一去兮不复还'的悲壮，如果引领全体职工树立这种舍生取义的勇气，齐心合力，背水一战，企业定能在风浪中起锚"。

1996 年 11 月 26 日。中共南充市委、市政府的一纸任命，时年 36 岁、人称"少帅"的胡光明从市茧丝绸公司副总经理，履职满目疮痍的嘉丽华新任总经理。进厂这天，职工、家属几千双眼睛仔细地审视着这位年轻人，但见他身材魁梧，腰板笔挺，国字型脸庞，双眼中那略显忧郁的神情掩不住一种睿智与深沉，走路咚咚作响，讲话声如洪钟。从职工们流露出的沉思、冷漠、微笑等种种表情看，他们切盼新的当家人带领他们在废墟上重建家园，找回失落的人生，开创崭新的生活。

胡光明在办公楼前伫立良久，顾不上喝一口水，擦一把脸，就一头扎进职工群众中，走访、询问、座谈、拉家常……

了解到的情况比已知的还要严重得多——企业正常运转，每月最低支出需 300 万元，3100 多名职工待安置，2500 多名离退休职工生活必须要保障……而当时嘉丽华集团公司财务账上仅有区区 2 万块钱！

几年来，企业停工停产，工人、技术人员想干没事干，有力无处用，有劳没有得，一些家庭 10 余口人同在这一企业里挣扎沉浮，生活相当困难……

胡光明被深深的震动了，刚强的汉子止不住热泪长弹。这就是为企业发展做出了贡献的父老姐妹的归宿吗？这就是企业濒临倒闭带给工人们的必然结果吗？

胡光明的心在滴血，血在燃烧。

那一双双呆滞的眼睛，一张张凄苦的脸，在胡光明眼前晃动、拉长、放大。他脸色铁青，双手震颤，从不吸烟的他，一支接一支地抽着香烟，没有半点睡意。午夜，他挪着沉着的脚步，盘桓在厂外的嘉陵江畔。萧瑟寒风中，千里嘉陵滚滚东去，永不复回。他猛然吟诵起《战国策》中送荆珂诗句："风萧萧兮易水寒，壮士一去兮不复还"。顿时，他心旌摇曳，感慨万千，古人壮怀激烈、舍生取义的悲壮之美，撞击着他的心灵，更坚定了他的选择，坚定了他为了企业和职工永不退缩的信心。

胡光明是从基层成长起来的年轻干部。在市茧丝绸公司任职期间，全行业缫丝织绸、科研开发、结构调整、蚕茧收烘……他付出了极大的心血和汗水，取得了显著的成效。特别是 1990 年起连续举办 4 届"中国·四川·南充丝绸节"，他呕心沥血，勇挑重担，为南充丝绸业扬名海内外，进一步促进地方经济和社会的发展作出了卓越的贡献，获得了市委、市政府的充分肯定和社会各界的极高赞誉。他完全可以继续在丝绸公司的领导岗位干下去，同时有条件交流到其他重要领导岗位……

此行，当我们走进当年盛克勤修建的那座六合四合院，在胡光明简朴的办公室与他聊起当初到嘉丽华的动力是什么时，胡光明平静地说到：信心和责任。阳光透过窗格照耀在他的脸上，那是一张成熟男人坚毅的脸。为了组织的信任和企业再生的责任，这位硬汉明知前路艰险，生死未卜，但还是义无反顾，欣然受命。

河滩上留下了胡光明深深的足迹，江水在漩涡中翻腾，但没有任何力量能留住它前进的脚步。胡光明舒展双臂，遥望朝霞初露的东方，发出深深的感叹。

古代的壮士啊，但愿我不重蹈你的悲壮！

“力能胜贫，谨能胜祸”。胡光明饱读诗书，从中寻求力挽狂澜的动能。或运筹帷幄、集体会诊，或走访专家、问计职工。胡光明智慧的大脑在高速运转，一剂剂治病疗伤的偏方良策，一条条扶危济困的锦囊妙计新鲜出炉。

“当务之急是千方百计恢复生产，大力发展新老客户，让企业重返竞争的大市场，让职工早日有薪可拿。重点是重建企业精神支柱，凝聚涣散的人心，实施‘以德治厂’，关键是领导实干，做出榜样，引领职工以壮士一去不复回的勇气和果敢，迎难而上”。胡光明在干部职工大会上条丝缕析，慷慨陈词，“丝绸百年基业，如果毁于我们这一辈人，有愧祖先，愧对后辈！”

“哗啦啦……”久违的掌声在会场上经久不息。会后，他亮出了看似寻常，实则奇妙和艰难的一个个招数：

恢复生产，虽是一个奇招，但也不是一件容易的事。当时，嘉丽华集团正处于破产清算期，按规定要实行关门破产。工人不能进厂，机器不能开动。对此，胡光明心急如焚，坐卧不安。他知道，嘉丽华资产总值较大，门类极多，按其他企业破产进度看，清算期长则两年，短则半年至一年。若等破产结束再行生产，则设备更加陈旧，市场更难启动，职工生活更陷入困境，其后果不堪设想。能不能找到既进行破产清算，又让机器设备运转起来的两全之策？胡光明灵机一动，以另一新企业六合的名义租赁嘉丽华资产进行生产。他要同时间赛跑，唱一台破产、生产同台竞技的好戏。他跑领导机关，找法院法官，去有关部门，四处奔忙，八方游说。从职工生活的困苦说到职工上岗的渴望；从资产闲置说到织机开动的效益，从恢复生产谈到市场的开拓，从破产清算说到租赁经营可行性；从具体清算的细节谈到恢复生产互不影响的操作程序，终于赢得了有关领导和法院的理解支持，同意一边进行破产清算，一边恢复生产。

得到租赁经营的指令后，全厂职工像过节一样喜气洋洋，豪情万丈。但启动资金紧缺的难题，又使大家面带难色。于是胡光明又全身心投入到筹措资金的一场场艰苦的战斗中。

他四处奔波，八方求助，凭着他的真诚和信誉，打动了人心，借来资金 100 万元。

他拍板卖掉原公司领导乘座的两辆高级轿车，收回资金 60 多万元投入生产。领导外出办事大多挤公共汽车。

他说服公司其他领导和干部，将办公室从 14 层现代化办公大楼搬进废弃多年的四合院，每年节省近 30 万元办公费用于生产。

经过短时间的不懈努力，胡光明终于筹措到 200 多万元的启动资金，于是，织绸、服装生产线开始运转，沉寂了较长时间的都京坝又响起了织机的欢唱声，产品迅速挺进市场，公司上下一片欢腾。

他坚持做到无论企业资金有多紧张，哪怕东挪西借，都要按时发放职工工资奖金等收入，绝不拖欠他们一分钱，基本保障了职工生活无忧。

生产的恢复，职工生活的好转，使六合集团的发展显现出了一个良好的开端。胡光明又思考着如何使企业在破产清算期间稳健发展，效益大增。让职工付出的劳动得到更多的回报，以此形成良性循环机制，使企业尽快走出困境。

他针对以前厂级干部与职工情绪对立，关系紧张的矛盾，提出重建企业精神支柱先建干部精神支柱，以德治厂，先治干部思想的策略，用“三个代表”的重要思想武装干部头脑。以“有了困难找干部，干部自己找困难，困难面前有干部，干部面前无困难”的理念，严格要求干部，以他们的务实苦干、为政清廉来感召职工。

他为排干扰，在干部中狠刹吃喝风，彻查部门“小金库”，纠正干部多占房，职工拍手叫好。

他实行厂务公开，坚持公司领导向职代会述职，中层干部向部门职工述职。大力支持职工参政议政，民主管理，自觉接受职工民主监督。

……

凡此种种重建企业精神支柱和以德治厂的动作，构建了管理层的约束机制、廉政机制，引爆了他们的进取精神，奉献品质，由此产生了极强的感染力和亲和力，干部和工人的距离拉近了，心灵沟通了。多年干群关系紧张、人心涣散的深层危机得以冰释。如此，公司既赢得了在破产清算中启动生产的良机，凝聚了职工的人心，又从管理层人手，构建企业精神支柱，融洽了干群关系，为公司决策的实施和改革的深化，铺设了平顺的道路。

后来的实践证明，胡光明租赁嘉丽华闲置资产这一胆大的创造性举措，使六合的生产经营提前了一年半时间得到了恢复，这就意味着企业提前一年半突出了重围，职工提前一年半走出了生活的阴影，市场提前一年半被六合打开，产值、利润、绝对值净增上亿元。

“改革是企业活力的源泉。只有实施‘脱胎换骨的大型手术’，六合才能死而后生，稳健发展。尽管这个过程是痛苦的，但别无选择”

民国元年（1912），西充人傅骏三投资白银万两，在南充都京坝开办兴隆丝厂，民国6年（1917）盛克勤创办六合丝厂。全国解放后，先后易名为南充地区丝二厂、南充第二丝绸厂、嘉丽华丝绸集团公司。在近百年的发展中，企业由小而大，一直是南充经济的台柱和脸面。不幸的是，到了20世纪90年代初期，年近百岁的嘉丽华苍老了，在内外交困的夹击下，它由小恙而逐渐病人膏肓……

是在恢复中求稳定？还是在恢复中求发展？前者，可以守住“摊子”，保住“位子”；而后者，则如趟地雷阵，既可能守不住“摊子”，也可能保不住“位子”。

开弓没有回头箭。胡光明深知，企业启动了生产，只是在利用原有人员和设备上的恢复性生产，是为解决职工生活困难的短期举措。要让企业彻底起死回生，走上发展的快车道，必须在恢复生产的基础上进行脱胎换骨的改革，创建新制。否则，恢复生产既不能持久，更谈不上企业发展。

“只要有利于发展生产力和企业兴旺，我们就要大胆去干、去闯，不怕失位、不怕失权。”此时的胡光明是一名军人，他不假思索，利剑出鞘，要在荆棘密布的地雷阵中杀出一条血路！他更是一位高明的内外科专家，精心炮制一剂剂治病疗伤的金方良策。在市场竞争日趋激烈的这个战场上，他扮演着双重角色。

在恢复生产取得干部群众充分信任和祈望发展的良好氛围中，胡光明胸有成竹的重头戏——深化改革——了断国企职工身份，开始登场了。

这是一个让人心悸的日子：1999 年 8 月，嘉丽华集团依法破产，在此基础上进行资产重组，构建新制，盘活存量，六合集团开始进入实质性运转。

在谈到为啥要恢复老厂名时，胡光明说，六合者，上下四方，囊括天下精华之精也。

一出丝绸业的“凤凰涅架”由此揭开了悲壮的一幕。

胡光明认为，企业重组后，如果不对干部职工进行身份转换，将与新的管理体制和经营机制格格不入，最终后患无穷。于是以治疗企业肌体而实施的伤筋动骨内外科手术紧张进行。

这一次，胡光明又从管理干部开刀，以此打开关口，从善如流。

他在公司党委书记宋立新，党委副书记、工会主席王蜀英，副总经理任立荣和黄裕君等班子成员的支持下，通过深入调研，制定了党员、干部在改革中的纪律规定。大会上，全体党员干部以共产党的名义签名承诺：支持改革、参与改革，誓做企业改革排头兵。

“老宋，对企业改革方案您还有什么看法?”小会议室里，胡光明再一次征求党委书记宋立新的意思。此时，胡光明的心是愧疚的，他深深知道这个方案对宋立新意味着什么。此前，宋作为方案的参与者和制定者，当然知晓其中的利害关系，但胡光明还想再听一听他的想法。“哎，我说老胡你今天怎么婆婆妈妈的”，宋立新掐灭手中的烟头说：“不是讲好了的吗，方案就这么定了”。

“行”。胡光明“腾”地一下子站了起来，两双热烙的手紧紧地握在了一起。

“全体职工了断国企职工身份，中层干部到副总经理一律实行竞聘上岗，一年一聘，凡不称职者，随时解聘。”胡光明的话掷地有声。他大刀阔斧地裁减管理干部的职数和人数，非生产管理人员由原来的 300 多人，唰一下子减少到 30 人，由以前占职工总数的 17% 猛跌到 2% 。

宋立新，这个由市委任命的正县级领导干部，第一个买断工龄，自断退路，为中层以上干部带了一个好头。

宋称企业利益远远高于个人利益。

为确保企业和社会稳定，推进改革的有序进行，胡光明多次深入工人群众中摸思想、排问题、拉家常、寻良策，分层次召开在职职工会、非在职职工会、离退休职工会、职工家属会……

当时电影巨片《泰坦尼克号》正风靡全市城乡，忧伤而悲壮的主题曲《我心永恒》无不撞击着每位观众的心灵，给人们带来了深深的生存与死亡的震撼。胡光明形象地说：企业就是一条巨船，现在遇到了大风大浪，如果几千人都不下船，也许就是泰坦尼克的命运；如果让一部分人先下船，就很有希望到达彼岸，尔后共同努力，同舟共济，就都能走出危机，获得新生。

大多数职工认同胡光明的“下船共生论”，自愿了断身份，自寻出路。但有部分工人始终认为，企业不会永远困难下去，只要市场形势发生好转，企业就会起死回生，自己又是国企职工。在这种思想的支配下，他们提出“生是企业的人，死是企业的鬼，誓与企业共存亡”，不愿了断国企职工身份。

“当年招工能进亚洲最大的丝绸厂，我们高兴得几天几夜没睡着觉，乡亲们羡慕得不得了。他们敲锣打鼓把我们送到县城，都说我们为山里山外增了光，可现在了断了身份，没有经济收入不说，也没有脸面回去见父老乡亲啊!”

“我们进厂后，那些年每月薪水不断，劳保福利也不错，有病到厂医院看，孩子从幼儿园读到高中不出厂门口，我们真的很留恋，了断了身份，我们又没有其他技能，一家人到哪里找饭吃啊!”

伤感和失落写在职工脸上。

面对此情此景，胡光明深深地同情和理解，他苦口婆心地劝说，不厌其烦地讲解。从社会主义市场经济特征，讲到国有企业从竞争领域退出的必然趋势；从职工身份的转变讲到企业发展的美好未来；从社会保障的不断完善讲到竞争时代个人价值的体现。在座谈中，他深情地回忆起五、六十年代职工们争先创优，永葆“红旗不过江”的辉煌历史，赞美他们当年的奉献和牺牲精神，引起了这些职工心灵深处的共鸣，激起了他们深沉的怀旧情感，激发了他们心中的奉献品质，许多人心情好转，脸上的愁云逐渐散开。

在一次与离退休职工的对话中，老同志们不知道胡光明为解决他们的医疗保险问题呕心沥血，八方协调。有的老同志拍起了桌子，深感委曲的胡光明也拍了桌子，当他手掌落下后，立即后悔不已，面对一群为企业作出了贡献的老同志，一群有具体困难需要解决的职工，一群无法知晓相关实情的老人，我凭什么这样对待他们呢？胡光明当即双手抱拳，向在场的每一位老同志赔礼道歉，连声说，对不起！对不起！

“为了企业的生存和发展，个人受点委屈又算什么呢?”采访中，胡光明对我们说。

改革按照既定方案在强力推进。胡光明实施为“柔情操作”：

他提出全家人均在企业的，了断身份后安置一人到新的企业就业。

他反复向有关领导和部门汇报协商，争取到了职工退休的优惠政策，为40、50（40岁的女职工、50岁的男职工）人员的身份了断解决了后顾之忧，稳定了大多数职工的情绪。

他在企业经费十分紧张的情况下，仍出资对了断身份的职工进行电脑、缝纫、文秘、财会、幼教、家政等方面的培训，提高了他们的技能水平，帮助600多名了断身份的职工实现了再就业。

他在下岗职工中树立典型，表彰先进，创造了自主创业光荣的良好氛围，引导了更多的了断身份职工自谋职业。

他发动班子成员、党团员对困难职工进行帮扶，每个班子成员和每个党团员分别帮扶五户和一户困难职工，平时为他们办好事实事，逢年过节带上物品一一到家慰问。

他倡导在工会设立了困难职工基金会，采取由行政划拨和发动捐赠等形式筹集资金，每年帮扶一百户左右的困难职工。

他承诺企业发展起来后，优先安排了断身份的职工到六合集团再就业。

他为离退休人员争取了医疗养老保险的社会统筹，使他们病有所治，老有所养。

在如此人性化、柔情化操作下，以前人们视为畏途的了断国企干部、工人身份的改革，终于在较短时间内划上了圆满的句号。3800多名职工与企业解除了劳动关系，成了自由工人，愿在六合上班者竞聘上岗，一年一聘；2500多名离退休人员交由社区服务管理，生活有了保障。

“这得益于市委、市政府主要领导的坚定支持，也得益于宋立新和王蜀英、任立荣、黄裕君等班子成员的奉献和牺牲精神”。采访中，胡光明如是说。

六合的改革，由此引发了中国企业界一种独特的现象：国有资产的六合，却无国有职工，正是这种现象，奠定了六合的发展希望o

“混沌开始之初，经典科学就终止了。企业破产之时，传统体制就死亡了。这时就亟须创新管理机制，让新机制引领企业做大做强”

在职工了断身份改革成功的基础上，胡光明大力推行创新性经营管理。他尝试实施“模拟私营企业模式”。生产工人按产量、质量、消耗三大指标计发工资；营销人员按销售额、货款回收额两大指标确定报酬；科技人员依据新产品开发个数、试制成功个数，销售额提成分配；管理干部工资、费用包干，超支不补。

为搞活内部二级单位，胡光明创设有效资产和职工有机结合的人格化经营机制，先后通过拍卖、租赁、参股人股等形式，对建筑公司、食堂、医院和丝绸部分生产线进行优化重组，成立丝织公司、营销公司、能源供应公司、物业管理公司，实现了经营者和部分职工由劳动者向股东和劳动者双重身份的转变，在市场机制下优化配置了各生产要素。以上举措，不仅使公司每年减少近150万元的支出，还减少亏损近百万元，同时盘活资产、回收资金200多万元，近三年累计节省非生产性支出500多万元，大大降低了公司运行成本。

胡光明注重把市场机制引入企业经营管理，坚持以“货币化的交易”为切入点，以“为谁服务谁支钱”的原则，建立链式管理模式。集团公司小车，只要付钱谁都可以使用。各二级单位乃至各工序、岗位的经济往来都是纯粹的市场买卖关系，再没有“谁听谁，谁为谁”的说法，如果哪家交不出水、电、气费，能源公司照样会立即拉他的闸。同时，各单位既可对内，也可对外独立开展业务。2002年以来，丝绸公司一直满负荷运行，但80%的订单却不是营销公司拉来的，彻底改变了过去生产经营协调难的状况，实现了企业综合效益的最大化。

他提出“制度就是高压钱”、“企业无特殊员工”的职工操守理念，坚持一切行动听“规矩”。缫丝厂一劳模丢弃20多粒薄皮茧被拿获，胡照“规矩”对他作出开除留厂察看的决定；一名车间主任因丢弃屑丝按“规矩”而被撤职。自此上下震动，长期以来原料高耗的局面彻底改观，吨丝成本下降2万元。在质量管理上，胡光明决不允许产品质量出丝毫差错，否则，就得下岗、赔偿，没有“下不为例”和“缴学费”。一管理人员因疏忽错用原料，照“规矩”全部赔偿原料费6000元。有客户反映一产品有质量问题，胡光明查实后立即免去了这一产品生产负责人的职务。近4年来，六合集团因违规违纪被处分者多达500多人次，其中包括公司领导、中层干部50多人次，无人因此闹事。

“什么是法不责众?”胡光明说：“前提是众不违法”。

整纲肃纪，胡光明带出了一支敢打硬仗的职工队伍。

这是胡光明“狠”的一面。在六合的采访中，我们还听说了这样一个故事：

职工任红梅与企业解除劳动关系后，远赴新疆打工，不料就在到达新疆的当晚，宿舍突然起火，任红梅全身50%烧伤。那年除夕，返家的任红梅正躺在床上为伤痛和债务暗自垂泪，但令她想不到的是，胡光明率领公司党政工一班人来看望她这个与企业已经没有任何关系的人。病榻前，胡光明详细询问了任红梅的病情，鼓励她战胜伤痛，扬起生活的风帆。随后，胡光明、宋立新、王蜀英等集团公司领导纷纷慷慨解囊，向任红梅献上一份爱心。为进一步帮助任红梅筹集巨额医疗费用，并解除她的后顾之忧，胡光明发动六合干部、职工开展了一场“拯救生命”的捐款大行动，并主动恢复劳资关系，使其老有所依。

捧着 1.5 万元捐款，感动的不仅仅是任红梅，集团公司所有的职工都把这份沉甸甸的爱牢记在心里。

民主管理也是胡光明整个创新管理体系的重要内容。在六合集团，每一个职工都是企业真正的主人，无论你是什么工种，只要有意见和建议都可直接与胡“面对面”，甚至促膝长谈；企业有重大的决策和事项，他都要让职工广泛参与讨论，表达自己的看法和主张。几年来，无论企业处于什么境况，胡光明都坚持荣誉励，树明星、立典型：并给予隆重表彰奖励；国庆、元旦、三八节更是文艺表演不中断。

只要精神不滑坡，办法总比困难多。胡光明说，六合的崛起需要活力和激情。

刚柔相济，绵里藏针，是胡光明的性格特征，也是他治厂方略的特色。

实际上，胡光明领导六合，靠的不仅是市委、市政府赋予他的法定的强硬组织职权，更在于他的软权力，一种基于人格魅力的个人权力。软权力，更多的时候，不是“权”，而是“势”。

胡光明虽然是市委委员，还兼任着市政府副秘书长，但在六合，人们习惯于尊称他“胡总”，却很少有人唤他“胡委员”或“胡秘”。

以“德”治厂，言传身教相结合，这就是“势”的力量。“势”是个看不见的东西，但它却渗透在六合的每个角落，支撑着六合人的精神世界。

时任中共四川省委副书记秦玉琴曾一语道破：

我看这个企业主要是选好了一个法人代表。

历史将会永远记住这一年：1998 年企业重组的当年，轻装上阵的六合集团实现工业总产值9600 万元，利润351 万元，上交税金200 万元，结束了长达15 年的巨额亏损，在四川省国有大型丝绸企业中率先扭亏为盈。

职工食堂，杯盏觥筹间，胡光明喝了一个酣畅淋漓。“醉了吗?”我问，胡指了指窗外说酒可是自酿的桂花酒，喝了不上火，循着他手指的方向，天井中几棵桂花树在春日的阳光下舒展着绿叶。

在对工人师傅的采访中，一位工人回忆当时的情景说，“胡总经常在外没日没夜地跑回来之后啃一口馒头，伏在办公桌上眯一眯眼，又一头扎进车间去了……”

“真不容易啊，那些年不知他是怎么挺过来的”。此时，一些工人师傅的眼睛湿润了。从他们的泪眼里我们分明看见职工群众对胡光明的深深拥戴之情。

“借鸡下蛋。借船出海，借箭反攻，这些中国古人的杰作，用到六合发展中，就是以存量为‘诱饵’，引来高手共钓‘大鱼’，共图发展”

你知道世界知名服装品牌美国 POLO，香港 G2000、u2 等主要生产基地之一在哪里吗？其实就在六合集团。

这是一个“借鸡生蛋”发大财的经典事例。

流动资金紧缺是当今众多企业都遇到的极大难题，六合的情况更加严峻，因嘉丽华破产，银行早已停止供血。内部改革虽然激活了二级单位，但远远不能撬动全公司7000多万的存量资产，极有市场的产品只因资金的匮乏而望机兴叹。

怎么办?

胡光明那敏锐而焦灼的目光四处扫描，最终还是定格在六合的装备和品牌上。他要上演一幕幕现代资产营运把戏——以死钱变活钱，以小钞变大钞。

1997年的一天，香港怡德公司和深圳新维服装公司应约而至。他们对六合服装厂指指点点，饶有兴趣，但他们只认可其价值50万元。

“我的妈!”胡光明吓了一大跳，“这可是180万的资产呀，近4倍的悬殊!”但胡光明对这两个公司的底细早已摸清：的确是两个大卖家。

“不图所有，只图所得”。在谈判中，胡光明紧紧抓住对方欲擒故纵的心理，绕过50万的焦点后，层层逼近，寸土必争。

“算50万人股，可以，但前五年内我方年保底分红18万。”

“GOOD!”（好）

“所有一线工人和中层管理人员由我方输入。”

“GOOD! GOOD!”（好、好）

谈判下来，胡光明扑哧一笑：“服装厂账面资产虽是220万，但每年亏损四五十万，五年刚好亏完，现在减法变成了乘法，五年后不摆了！有人提醒说：”胡总，你怕承担国有资产流失的责问吗?”胡坦然一笑“只要国有资产保值增值，什么责任我都负得起。”

果不出所料，合作的金嘉服装公司中，不仅六合的60套设备全部运转起来，对方还新购进240套，全都开足马力生产。2003年，该厂出口创汇960万美元，成为四川省最大的服装生产出口基地。目前，六合的股份已由25%飚升到38%，净值1500万元；五年来六合共从金嘉分红收回100多万，此两项是190万账面资产的近8倍。如今金嘉服装公司生产红火，六合的收益像滚雪球一样还在一直滚大。人们不得不佩服胡光明的机智与胆识，连港商也笑称他是“精明的川耗子”。

在南充市庆祝建市10周年举办的投资说明会暨合作项目签约仪式上，深圳金维服装有限公司董事长叶德茂先生在讲话中对与六合的合资感到非常的满意，他表示将追加投产规模，新建锭子染丝生产线，力争把金嘉服装公司建成国内一流的时装和高档面料生产企业。

与竞争对手结成战略伙伴关系，实现“双赢”，叶德茂做到了，而“借鸡生蛋”的胡光明何尝不是如此呢。

几年来，胡光明以先进的经济思想和理念为指导，大打招商引资牌，共引进生产资金2.1亿元，引来合资合作企业13家，7000多万的存量资产全部运转起来，创产值近10亿元。权威人士评价说：胡光明又玩弄了一个魔方，一个由资产升华到资本经营的飞跃，力助六合在废墟上崛起，雄踞全省丝绸业的龙头地位。

“随着全球经济一体化的到来，六合必须改造提升传统产业，大力发展丝绸最终产品，实施名牌战略，提高企业核心竞争力，拓展国际市场”

丝绸曾作为东方文明的使者，开创了举世瞩目的“丝绸之路”，成为中华辉煌灿烂文化的代表。目前，中国生丝和坯绸产量分别占世界总产量的70%和45%以上，居世界第一位，真丝印染、丝绸服装和丝针织产品的产量也位居世界前列；生丝和坯绸出口量分别占国际市场贸易量的80%和60%左右，具有绝对的垄断地位。中国也因此肩负着振兴世界丝绸的重任。

但是，令胡光明倍感痛心的是长期以来，我国工业技术装备、印染后整理水平与先进发达国家相比还存在着较大差距，以至素有“纤维皇后”之称的不少中国丝绸产品沦为欧美发达国家的地摊货。一些国内优势企业仅靠出口原料和停留在加工订单收取加工费的水平上，被老外讥笑为：“中国的原料，意大利的品牌，国际市场上的价格”。

再看周边国家，近几年印度在世界银行、泰国在欧盟、越南在法国的支持下，茧丝绸业得到较快发展，特别是印度和泰国形成了印度绸和泰绸等风格独特的产品，与我国丝绸产品争夺市场，越南则以低价的成本在国际市场上与我国产品相抗衡。

一种紧迫感时时攥住胡光明的心。他说，憋得慌、痛。

我们理解这种“痛”，那是来源于他对民族工业的挚爱和对事业的执著。

“在计划经济条件下，南充丝绸之‘毛’没有长在市场这张皮上，随着市场经济体制的逐步建立和完善，特别是中国加入WTO后，作为外向型依存度较高的六合无疑要站到市场的前沿。”胡光明接着说：“当务之急是改造和提升传统产业，培育具有自主知识产权的名牌产品，拓展国外市场。否则不到一年，我们大家就只有去喝嘉陵江水过日子。”

在干部会上，在一线车间，在同职工交心谈心中，胡光明时时不忘兜售他的“六合危机论”，委实给人以极大震撼。

好个胡光明，又率领六合人进行了一场场科技兴企，优化结构，铸造品牌的革命。

缫丝是六合的传统优势主导项目，但这种以初级加工为主的产业和产品结构，由于其附加值少，抗市场风险能力弱，致使企业陷入“产值量越大，亏损额越大”的怪圈。为此，胡光明果断调整缫丝、织绸、服装品种在丝绸经济中的比重，以丝绸服装等终端产品拓展和引导市场。他与各投资方及苏州大学等科研院所采取项目合股、合作研发、按效益分红等多种形式，累计完成技改投入2000多万元；引进先进的意大利剑杆织机24台，增加厚重型无梭休闲服装面料100多万米生产能力；完成服装生产线二期扩建工程，增加工业设备400台（套），扩大服装生产能力100万件（套），完成针织横机厂房扩建和设备引进安装以及有梭织机全面整修和缫丝机组的改进，实现多纤维交织面料研究立项，使丝绸产品在现有基础上迅速提高质量档次。目前，六合以每年开发100多个新产品的速度抢占市场。双宫绸、蛹蛋白纤维等多项产品在国内外市场独占鳌头；环保型大豆纤维、竹子纤维等产品相继光彩亮相；大豆、真丝、羊毛“三合一”产品荣获国家茧丝办专项资金……

机遇总是青睐辛勤的耕耘者。2003年11月，中国丝绸服装博览会在杭州举办，六合的素绉缎套装和睡衣两支新产品被评为金奖。

为应对来自周边国家的挑战，胡光明又相继派出人员到越南、印度、巴基斯坦等国家进一步调查摸底，为拓展市场奠定基础。胡称：知己知彼，百战不殆。面对欧盟市场这块诱人的“蛋糕”，他不惜重金成立专门的营销机构，及时捕捉消费动态，满足消费需求。

如今，“六合”品牌的一系产品已远销世界20多个国家和地区，特别是“六合”服饰系列产品在东南亚和欧洲一些国家颇为畅销。

“中国渊远流长的丝绸文化，一定会在异国之帮重放光芒。”胡光明坚定的语气，挥洒着的不仅仅是一种豪迈。

在六合的采访中，我们正赶上来自美国驻华使馆商务参赞，以及德国客商来公司参观、洽谈。这无不为六合走向世界作了最好的诠释。

短短6年问，胡光明把一个破产重组企业发展成为一个年实现销售额2.8亿元，利润600万元，上交税金800万元，出口突破1000万美元的大型优势集团，占据南充丝绸工业半壁江山。六合因此而跻身于全国丝绢纺织行业企业销售收入前37强和四川省纺织工业最大规模、最佳效益前10强。

胡光明已获得了全国纺织系统劳动模范、四川省优秀青年厂长、南充市十大杰出青年等称号。

“责任使我不敢懈怠，使命使我崇尚实干”。在荣誉和鲜花簇拥面前，作为省市人大代表的胡光明没有陶醉，他说：我现在最欣赏两句话，一句是丘吉尔先生对遭受重创的英国公众讲的话“Nevernevern－evegiveup！”（永不放弃），另一句就是“满怀信心地上路，远胜过到达目的地。”

时光如梭。自1996年到2004年，胡光明在六合一干就是8年。人生能有几个8年?!

胡光明像一只翱翔的海燕，期待着广阔的天空，搏击更大的风浪。

选自2004年《南充社科论坛》（茧丝绸专辑）

南充丝织装备现状分析及对策

丝绸业是南充传统产业，有着悠久的生产历史。在 20 世纪 90 年代期间，南充丝绸业从职人员就达到 10 多万人，丝绸业总产值超过 l0 亿元。其中丝织生产能力增长最快，“六五”期间全市共有织机 2600 台.“七五”期间 3500 台，到“八五”期间达到了 6300 台。在这期间，一些企业还投资数千万元，先后两次引进了 24 台意大利剑杆织机及意大利倍捻机、瑞士精密络筒机、西班牙整经机等配套经纬设备。然而到了“九五”期间，丝绸业效益全面下滑，丝织企业规模大幅减少，引进的先进设备几乎处于停机状态，先进的设备没有带来效益的增长，反面使企业背上了沉重的债务。

进入本世纪以来，南充丝绸产业有了复苏，丝织生产规模也出现了恢复性增长。早先引进的剑杆织机先后被一些丝织企业启用，在开发新型中厚型交织面料方面取得了一定的效益。一时间，淘汰有梭织机，采用剑杆织机的呼声又高了起来。可几年过去了，在全市的 3000 余台丝织机中，剑杆织机也仅有 60 台，只占织机总数的 2%，这么小的比例，在其他丝绸产业地区是少见的。探究其中的原因，也许对我市丝织企业设备改造会有所帮助。

1. 丝织设备发展趋势及运用情况

我国丝织机经历了由木织机到铁木织机，再到全铁织机的漫长过程。上世纪 70 年代中期，为了提高生产效率，人们在织造的引纬方式上开始进行革命，由最初的人工投梭引纬到机械投梭引纬发展到现在的剑杆引纬、片梭引纬、喷气引纬、喷水引纬。由于桑蚕丝丝胶的水溶性以及多纤维在高压气流下易蓬松的关键难题尚未解决、片梭引纬价格昂贵，故现代丝织机多用剑杆引纬，形成了如今南充丝织机以有梭织机和剑杆织机为主的格局。且绝大多数为 K251、K72、GD604 等有梭织机。这类设备一般为双梭箱织机，踏盘开口。幅宽有 110、145、160 等三种规格，145 规格最多，车速在 150 转/分左右。最初制造厂家为了提高设备效能，提高纬线的均匀度、实现多色纱变化组织等，织机设计有单侧多梭箱、双侧多梭箱以及自动换梭机构。这些机构使织机在运行中噪声大，故障率高。特别是自动换梭机构对各运动机构的精度要求很高，稍有误差就会出现轧梭、卡梭等现象，使用效果不理想。

国外剑杆织机起始于是 1925 年，70 年代中期引入我国，开始用于毛毯生产，随之又运用于其他纺织业，80 年代中期又在丝织业中推开。随着电子技术在剑杆织机上的运用，先进的剑杆织机已完全实现了计算机技术、传感技术、变频调速技术与织机机械的完美结合，使得原本复杂的工艺流程和难以掌握的织造技术变得简单化了。自动去除纬向疵点；自动寻纬；电子送经、电子卷取；自动控制正、反转；自动开启均匀张力控制系统；电子纬纱制动系统；自动改变纬密；电子选纬等系列自控技术，减少了绸面疵点产生的机率，减轻了工人劳动强度。大容量的经轴、筒子纬纱，提高了织机的运行效率。目前，剑杆织机已成为发达地区丝织企业设备改造的首选。

剑杆织机分国产剑杆织机和国外独资或合资剑杆织机。比较有代表性的国产剑杆织机有：山西经纬的JWGl726机，山东昌润的GA731机，浙江精工的GA一731机. 浙江泰坦的TT一96机等。国外独资或合资的剑杆织机有：无锡（PANTER）的E5X机，上海（意达）的K88机，上海（斯密德）的GS900机和苏州（必佳乐）的GTM机等。

近几年来，随着国际先进织机制造技术的引进吸收，国内丝织装备制造技术取得了长足进步，用于剑杆织机配套的经纬设备已完全能满足丝织生产工艺的要求。笔者最近到江浙一带的丝织企业进行了考察调研，那里大部分丝织企业都使用的是剑杆织机，且多选用幅宽3200mm以上的合资或独资企业的剑杆织机，产品朝宽幅家纺、中厚型天然纤维交织面料方向发展。一般说来，国产剑杆织机在2400mm以下幅宽技术较成熟，棉纺织、化纤织造企业使用较多。桑蚕生丝是一种细旦的蛋白质天然纤维，主要由丝胶和丝素组成的，强度较低，在高速运行中丝线与机械的摩擦很容易造成纱线的断裂，这就要求剑杆织机在高速运行过程中，尽量减少剑头、剑带对经丝的摩擦，采用相适应的织造车速。幅宽在2400mm以下的国产剑杆织机在织棉麻织品、化纤织品时车速可达到370转/分钟，织桑蚕生丝/棉交织品时车速在300转/分钟以下。独资公司或合资公司的剑杆织机，由于采用了窄剑带、小剑头、剑带悬浮在经线上、剑头与剑带偏心连接、梭子开口度小等技术，织造生丝产品时车速可达到430转/分钟。传统丝织品的门幅规格确定了幅宽在2600mm以下的机型不好安排品种，织单幅面料设备效率低，原料能源消耗较大。选择宽幅3400—3600mm的机型，可根据品种规格织双幅、或三幅面料，从而达到效率高，原料能源消耗较少的效果。国产中窄幅剑杆织机技术相对成熟，而宽幅剑杆织机推出较晚，用于丝织品生产还有些技术问题需要进一步攻克。

2. 丝织设备更新改造之瓶颈

分析南充丝织设备更新改造的瓶颈主要有以下几点：

2.1 从市场方面分析

南充丝绸产业虽然历史悠久，但丝绸市场建设滞后，没有比较宽广的市场网络，也没有一个稳定的丝绸交易市场，更不说像嘉兴“东方丝绸市场”、杭州“丝绸城’’那样的丝绸市场。这是制约南充丝绸产业发展的因素之一。

2.2 从经济实力方面分析

南充丝绸产业长期以来由于设备落后，不能生产高附加值的产品。近年来市场流行的、附加值较高的、且需求量旺盛的天然纤维交织绸、宽幅色织绸、厚重型纯真丝绸等新型面料，由于门幅宽、姆米（m/m）数大、交货期短，有梭织机无法生产。目前，各企业仍以生产传统产品为主，产品主要集中在纺、绉、双宫绸三大类，其中又以电力纺、洋纺、乔其、双绉、双宫绸、素绉缎为主，且多为练白绸。这些传统产品附加值本来就低. 再加之行业产品的同质化带来的企业间的恶性竞争，使企业盈利极少。同时，企业由于资金、信息、运输、出口信用等因素，大多数丝织企业只能靠订单生产，收益甚微。

由于企业效益不高、自我积累不足，故资金实力不强，也没有能力在设备改造方面进行投入。

2.3 从思想观念方面分析

一是南充丝绸行业缺乏创新意识，在新产品开发上不愿承担风险。认为传统产品工艺织造技术成熟，风险小，用有梭织机做起来轻车熟路，难度不大，也略有薄利，于是满足现状。

二是传统产品目前还有市场。有梭织机在生产传统丝织品中对品种和原料的适应性比较强，生产出的面料边为折入边，绸边光滑平实，有一定的客户群。

这两方面因素影响了企业在设备方面再投入的积极性。

2.4 从资金投入方面分析

用于丝织生产的剑杆织机的价格远远高于有梭织机。这里以年产 100 万米 06 电力纺生产规模为例，采用纯国产窄幅剑杆织机需要 50 台，以 14 万元/台计，加上配套经纬设备，需要投资约 900 万元左右。采用独资公司的剑杆织机，窄幅机需要 34 台，以 33 万元/台计，加上配套经纬设备，需要投资约 1300 万元左右。如果采用宽幅机需要 26 台，以 38 万元/台计，加上配套经纬设备，需要投资约 1200 万元。而有梭丝织机 K251P 价格为 1.2 万元/台，GD618 价格为 1.7 万元/台。100 台织机及配套经纬设备，投资只需 260 万元左右，如果选用二手设备，投资也就是 60 万元左右，二者投资差额巨大。加之南充社会上待岗的熟练挡车工相对充足，招来就可上岗，可大大节省员工培训资金的投入。所以，近年来，一些新建丝织企业也大都选择使用有梭织机。

2.5 从设备的优势方面分析

剑杆织机对生丝原料要求比有梭织机高，经丝原料一般应在 3A 或 4A 以上（特别是对生丝的强伸度和洁净指标要求较高）。从产品的加工费来看，以 06 电力纺为例，用有梭织机生产，一般加工费用在 3 元/M 左右，扣除各种成本费用，（不含折旧费用），净利润只有“0.25”元/M 左右，如果做直接单，净利润也只有 0.4 元/M 左右。同样产品用窄幅剑杆织机生产，加工费用要达到 4 元/M 以上才有利润。用宽幅织机织双幅加工费要达到 3.5 元/M 才有利润，如果算上设备折旧费用，就根本没有利润。

而用剑杆织机生产中厚型天然纤维交织面料，特宽幅色织真丝绸如丝/棉、丝/绢、丝/麻交织面料、重磅真丝绸等，加工费一般在 7 元/M 左右，扣除各种成本费用，净利润在 2.5 元/M 元以上，如果做直接单利润在 3 元/M 以上。

由此可见，先进丝织设备加工传统产品优势难以发挥。所以，丝织企业若使用了剑杆织机后不实现产品创新，不在高档面料、新型厚重型面料市场上实现突破，仍然用于做一些传统生丝面料产品的加工单，不但不会给企业带来经济效益，反而会使企业背上一个沉重的包袱。

综上所述，南充丝织企业在短期内投入大量资金实施技术改造，普及剑杆织机的可能性还不大，有梭织机还将在一段时间里占主导地位。

3. 问题与对策

3.1 存在的问题

尽管目前有梭织机在南充丝织生产中有一定的比较优势，但这种优势是不会长久的，主要存在以下几个方面的问题、

3.1.1 自动化程度低

从现有丝织生产技术质量控制的角度来看，有梭织机的自动化程度低，产品的质量和生产效率跟挡车工操作技术水平密切相关，对于诸如“换纡接档”、“断经断纬”等绸面疵点的发现和处理；撬小、撬大绸面疵点的防止等等，全凭挡车工技术熟练、脚勤、手勤、眼快。

3.1.2 不易操作

有梭织机不易操作，挡车工培训周期长，一个新工要经过近一年时间的培训才能成为一个熟练的挡车工。

3.1.3 职工队伍稳定性差

由于有梭织机效率低，劳动强度大，工作环境较差，生产的产品附加值低，利润薄，职工收入增长缓慢，职工队伍难以稳定。

3.1.4 难以保证有充足的劳动力补充

眼下南充丝织企业招工困难的问题已十分突出，挡车工平均年龄在 40 岁以上，保养工平均年龄在 45 岁以上。随着老一批职工的陆续退出，这种矛盾将更加突出。

面对以上问题，南充丝织业必须引起高度重视，采取有效措施加以防范，做到未雨绸缪。

3.2 对策措施

3.2.1 建设完善的大型丝绸市场，形成西部地区丝绸市场集中地

南充是西部地区茧丝绸生产加工最为发达的地区，但市场建设却远远落后于生产加工业，制约了南充丝绸业全面、协调、稳定的发展。为此，可以由一些有实力的企业、经销商、投资者，在政府的政策扶持下建立和打造南充以及西南地区的丝绸大市场，使之与“中国绸都”称号相匹配，同时，要努力开拓国内市场和国际市场，为南充丝绸企业提供一个发展平台。

3.2.2 走技术创新之路，在新产品开发上下大功夫

乘国家“东桑西移”战略的东风和大力发展“新型纺织面料”的机遇，企业应加快科技创新和产品创新的步伐，努力开发高档丝绸面料，以顺应服装面料的发展潮流。目前，传统的丝织品生产能力已处于饱和状态，市场利润空间极小，而新型的厚重型、特宽幅型纯真丝面料、中厚型天然纤维交织面料需求正不断上升，如特宽幅重磅真丝绸、

生丝/棉、生丝/绢、生丝/竹纤维等面料因用途广泛而十分走俏，尤其是在国际市场上这类产品需求量不断增长，价格看好。所以，开发这类产品应该是当前有实力的丝织企业的主攻方向。

3.2.3 **加大设备更新改造力度，充分发挥先进设备的作用和效能**

剑杆织机由于与电子技术和机构的完美结合，自动化程度很高。所以目前先进的剑杆织机相当于“傻瓜织机”，操作非常简单。培养一个熟练挡车工用不到一个月时间。且工作强度相对较小，用工少，生产效率高，工作环境也大大改善。

同时，加工新型厚重型面料和特宽幅面料，由于打纬力度、多纤维交织、组织变化复杂等。采用剑杆织机容易完成这类产品的开发。

4. 结论

随着中高档天然纤维交织面料、宽幅厚重型纯真丝面料市场需求的不断扩大；国产剑杆织机工艺技术的日益成熟，价格日趋合理；劳动力成本的不断增加，剑杆织机会得到一些有实力的丝织企业优先选用，而有梭织机将会流向小型丝织企业，作为丝织产业设备的一个补充。到时，南充丝织业中的剑杆织机比重将大大增加，逐步形成以剑杆织机为主生产中厚重型高档新型面料，以有梭织机为补充做精传统丝织面料，以满足国内外市场需求。从而使南充丝织业形成“新产品新”、“传统产品精”的局面。

选自2006年《四川丝绸》第4期 作者：王泽泉

《六合集团志》（1912～2011）编纂始末

2011 年 10 月，六合集团董事会、党委研究筹备翌年六合集团百年庆典，决定编纂《六合集团志》（1912～2011）。12 月正式启动，经历组建机构、制定方案、收集资料、志稿初撰、初稿审读、图片编辑、志稿终审等过程，历时9 个多月，4 易其稿，成功付梓出版面世。

组建机构 2011 年 12 月，六合集团成立以董事长总经理任立荣任主任、党委书记宋立新，纪委书记黄裕君任副主任的《六合集团志》编纂委员会（简称编委会）和以总经理办公室及党委办公室主任任光明任主任、工会副主席李永春任副主任的《六合集团志》编纂办公室（简称志办）。特邀原南充市轻工业局调研员、《南充市志》特邀副总编罗永师担任主编。蒲凌云、赵冰等五名员工为编纂编务人员。

制定方案 特邀主编用 4 天时间夜以继日查阅 1985 年整理的企业史料，结合六合集团现状，依据编纂志书有关规定，拟制了包括指导思想、编纂原则、编纂体例、篇目设置、完成时间、保障措施等内容的编纂方案。市志办主任夏建平、副调研员于明、《南充市志》特邀副总编徐方强（原市发改委副调研员）从纂志的指导思想、类目排序、图片辑用等方面进行了悉心指导，帮助把好纂志政治关、保密关、体例关。12 月 13 日，编委会讨论通过编纂方案。

收集资料 2012 年 2 月 2 日，特邀主编针对前期资料情况，向编委会提交了 32 个方面的资料收集提纲。编委会副主任黄裕君及时召开会议研究部署，编委会主任任立荣强调了收集资料的重要性紧迫性，并将工作分解落实人头，规定完成时间。会后，任立荣、黄裕君、王蜀英等 43 位员工按照要求提供了文字资料。蒲凌云、赵冰查阅档案卷宗，走访知情人员，收集文史口碑资料 20 万字以上。总工程师王泽泉提供的缫丝织绸生产工艺改进、设备更新改造、新产品开发、支援地方经济建设等方面的资料，详实细全。4 月 17 日，原厂级老领导王敬东、梁文炳、冯志荣、韦义回到六合集团参加修志座谈，讲述口碑和史事。《六合集团志》所收资料共达 430 余万文字。

志稿初撰 按照设置篇目，特邀主编将部分易写篇目分给熟悉该篇目史事的 14 名员工撰写，自己撰写有一定难度的篇目。员工撰写出来的篇目，特邀主编进行认真阅读和修改。2011 年 7 月，完成初稿，文字 14 余万。

初稿审读 2012 年 4 月 11 日，志办将纂出的大事记、集团公司沿革、企业文化、企业科技、生活和文化设施、支援地方经济建设等篇目，打印送发编委会成员、原厂级老领导和部分员工，重点审读初稿记述的南充解放之后六合集团各个时期的内容是否符合中共中央《关于建国以来党的若干历史问题的决议》精神；是否符合《中华人民共和国保守国家秘密法》及相关法规；入志的史事和人物记述是否言之有据；重要史事有无漏记；是否突出了六合集团特色等五个方面。编委会主任任立荣在繁忙的工作中挤出时间审读整部志稿，补充了部分史事，进行了志稿修改。编委会副主任宋立新、黄裕君更正了部分史事，提出了中肯意见。总工程师王泽泉共计作了40多处的补正。志办主任任光明利用晚上休息时间，逐页读校。南充第二丝绸厂原党委书记王敬东，对初稿志名、类目、重要史实、入志图片、文字文句、行文逻辑、标点符号、字体、排版、突出企业特色、集团名优产品和所获奖励的记述方式等慎酌细究，4次回到公司商榷修改，对提高志稿质量给予很大帮助。特邀主编根据审读初稿的反馈意见，用2个多月时间调整志稿内容顺序、补充史实，8月中旬形成了近13万字的《六合集团志》（送审稿），交送编委会成员、南充资深修志专家审读。采集意见之后，特邀主编又对送审稿反复推敲，9月中旬形成了27万多字的《六合集团志》（终审稿）。编务王华挤时完成了《六合集团志》（审读稿）、（送审稿）、（终审稿）的打印和电脑上的修改任务。蒲凌云对志稿进行了精心校对，尽力避免志稿疏误。

图片编辑 启动编纂《六合集团志》后，李永春、龙建伟征集图片800余张，新摄600余张。根据志书需要，筛选采用了120张图片，按照“领导关怀、历史记忆、党群活动、企业风貌、职工培训、劳模风采、文体活动、丝绸产品、获奖荣誉”的排序进行编辑，展示六合集团百年的发展变化和成就。

志稿终审 2012年9月26日，编委会召开了《六合集团志》终审会议。市志办主任夏建平、副调研员于明、《南充市志》特邀副总编徐方强、南充第二丝绸厂原党委书记王敬东和六合集团董事长总经理任立荣、党委书记宋立新、纪委书书记黄裙君、副总经理姚刚、李亚波、总工程师王泽泉、总会计师陈于思、《六合集团志》特邀主编罗永师及志办主任任光明、副主任李永春等20人出席会议。

终审会上，终审验收组在听取六合集团董事长总经理任立荣就《六合集团志》编纂的组织领导工作和特邀主编罗永师就《六合集团志》的体例、层次结构、主要内容及特色、编纂概况等情况汇报后，对《六合集团志》进行了认真审查验收，发表了终审意见，并对志书最后修改完善提出了具体建议。

市志办主任夏建平充分肯定了六合集团董事会、党委重视修志工作和《六合集团志》编纂工作取得的成效，要求编纂人员按照终审会上提出的意见，再对志稿精雕细琢，做好装帧设计，力争把《六合集团志》编纂印制成为一部质量上乘的精美志书。

会上，夏建平代表终审验收小组宣读了终审验收意见：《六合集团志》指导思想正确，坚持辩证唯物主义和历史唯物主义的观点，全面、系统、客观地记述了六合集团百年发展历史，体例较完备，资料较翔实，内容较丰富，行文较规范，语言精炼朴实，企业特色突出，志稿质量较高，达到出版要求，同意修改完善后交付出版，予以发行。

终审会后，志办组织力量查阅补充了1976~2011年六合集团生产、销售数据，特邀主编根据终审验收的意见和建议，按照编纂精品佳志的要求，对《六合集团志》从头至尾作了最后的修改完善，终于形成近17万字的《六合集团志》定稿。西华师范大学美术学院院长、教授刘清扬为《六合集团志》封底篆刻了“千年绸都百年六合”的篆字。2012年10月11日，南充市地方志办公室以南市志发［2012］15号文件批复四川南充六合（集团）有限责任公司，同意出版《六合集团志》（1912~2011）。2012年10月17日交成都力扬文化传播有限公司正式印制出版。

《六合集团志》编纂办公室
2012年10月

《六合集团志》（1912～2011）初稿编纂人员名录

类　目	初稿编纂人员
凡　例	罗永师
概　述	罗永师
大事记	罗永师　王泽泉　任光明　蒲凌云　黄裕君　李永春
企业沿革	罗永师　赵 冰　蒲凌云
企业生产	罗永师　王泽泉　任光明　蒲凌云　赵　冰 任德武　钱洪平　杜勤怀　袁　勋　胡志强
产品销售	任立荣　罗永师　蒲凌云　袁　勋　杜勤怀
企业管理	罗永师　刘爱民　任德武　陈于思　蒲凌云　陈洪基　龙建伟
企业改革	罗永师
企业文化	罗永师　黄裕君　李永春　赵　冰
企业科技	罗永师　王泽泉
生活和文化设施	罗永师　任光明　李永春　赵　冰　蒲凌云
支援地方经济建设	王泽泉　罗永师
名优产品	罗永师　赵　冰
省部级奖励	罗永师　龙建伟
人　物	罗永师
图片编辑	李永春
附录编辑	罗永师
编纂始末	罗永师　任光明　李永春
图片征集摄影	李永春　龙建伟

南充市地方志办公室文件

南充市地方志办公室
关于同意《六合集团志》出版的批复

南市志发〔2012〕15号

四川南充六合（集团）有限责任公司：

你公司《关于出版〈六合集团志〉〔1912～2011〕的请示》及《六合集团志》（终审稿）收悉。经南充市地方志审查验收小组终审验收，《六合集团志》（1912～2011）终审稿政治观点正确，体例较完备，资料较详实，内容较丰富，具有时代特点和企业特色，志稿质量基本达到出版要求，同意出版。

南充市地方志办公室

2012年10月11日

编后记

六合集团已有百年历程。抚今追昔，我们既为六合过去渊远久长而赞叹，更为六合现在欣逢盛世而鼓舞。

六合百年华诞，我们深感有必要、有责任将其跌宕径途和宝贵历史财富进行梳理、记载于册，利于以史为鉴，明志前行。因此，集团董事会、党委决定，编纂《六合集团志》。

2011 年 12 月，《六合集团志》编纂工作正式启动，今已通过终审定稿，交由成都力扬文化传播有限公司付梓出版。

《六合集团志》的编纂，得到南充市委、市政府、中国丝绸协会的高度重视，将其列为六合集团百年庆典的一项大事，全国政协副主席、民盟中央第一副主席张梅颖（张澜孙女）为其题写志名，杨永元会长亲自为志写序，给予修志工作巨大鞭策。同时，得到南充地志办公室的悉心指导、原厂级老领导的关心支持以及数十名员工的积极参与，促成书稿符合规范、翔实丰润。全体编纂编务人员仔细收集资料，认真核审史实，潜心笔耕，协力运作，终使志书如愿修毕，成功面世。《六合集团志》是领导关怀的硕果、集体智慧的结晶。

《六合集团志》记述了六合百年的坎畅衰荣，铸印了六合员工的可歌业绩。我们期盼并且相信志书能够发挥“存史、资政、育人”的功能，助推六合集团强盛发展。

值此《六合集团志》出版发行之际，我们谨向所有关心、支持、帮助《六合集团志》编纂工作的各级领导、各界人士、编纂编务人员、成都力扬文化传播有限公司致以崇高敬意和衷心感谢。

《六合集团志》虽已出版发行，但是鉴于记述时间跨度长达百年，部分史料缺失，加之编纂时间较短，编纂人员知识范围、文词驾驭有限，修志水平初识门墙，疏漏误处在所难免。我们恳请阅读此志的各级领导、广大读者、桑蚕丝绸业界同仁指正，以便续修《六合集团志》时补遗改进。

工业兴国是党和政府的重要方略。丝绸工业作为我国的传统产业，承载着先辈的创造与智慧，担当着民众丰衣、国家富强的责守和使命。六合集团任重道远。我们一定把握时代要求，弘扬优良传统，以“天地人合争朝夕，百年丝路敢为先”的六合精神，继写六合辉煌未来，为中国丝绸工业的发展做出新的更大贡献！

四川南充六合（集团）有限责任公司董事长总经理　任立荣
中共南充六合（集团）有限责任公司委员会书记　宋立新
2012 年 10 月